ROADTRIPS SCHOTTLAND

Unvergessliche Traumrouten
für den perfekten Urlaub
mit Auto, Camper & Motorrad

Udo Haafke

ROADTRIPS SCHOTTLAND

Unvergessliche Traumrouten
für den perfekten Urlaub
mit Auto, Camper & Motorrad

BRUCKMANN

INHALT

← Highland Dancers beim Edinburgh Military Tattoo ← Der Leuchtturm Mull of Galloway am südlichsten Punkt Schottlands
↑ Wetterfahne in Kirkcudbright ↑ Der malerische Loch Craignish mit dem Yachthafen von Ardfern

↑ Die »12 Apostel« von Catacol auf Arran ↑ Abend im Hafen von Kirkwall auf Orkney

UNSER NACHHALTIGKEITSKODEX

Die Welt birgt viele Wunder, Abenteuer und spektakuläre Aussichten, die wir gerne erkunden möchten. Doch sie ist auch leicht aus dem Gleichgewicht zu bringen. Hier ein paar Tipps, wie wir unsere Welt nachhaltig entdecken können:

- **Die Hauptsaison meiden:** Wenn wir nicht gerade auf die Ferienzeiten angewiesen sind, können wir der Umwelt einen großen Gefallen tun, indem wir in der Nebensaison verreisen. Damit tragen wir zu einer gleichmäßigeren Auslastung der Umwelt und der Infrastruktur bei und der Urlaub wird dazu auch noch wesentlich entspannter.

- **Die Aufenthaltsdauer dem Reiseziel anpassen:** Je weiter das Reiseziel ist, desto länger sollte der Aufenthalt sein. Dadurch lernen wir die Region nicht nur intensiver kennen, sondern stärken sie ganz nebenbei noch durch unsere Ausgaben vor Ort. Anfahrtsintensive Tagesausflüge sollten besser vermieden werden, das bedeutet nur Stress, sowohl für die Umwelt als auch für uns selbst.

- **Umweltbewusst fahren:** Reisen mit dem Auto oder Womo sind grundsätzlich umweltfreundlicher als mit dem Flugzeug, dennoch können wir noch mehr tun und zum Beispiel den Kraftstoffverbrauch minimieren, indem wir vorausschauend fahren, so wenig Last wie möglich mit uns führen und die Umgebung vor Ort mit dem Fahrrad oder zu Fuß erkunden.

- **Nur dort parken und campen, wo es erlaubt ist:** Selbst, wenn wir uns noch so vorbildlich verhalten und unseren Aufenthaltsort so hinterlassen, wie wir ihn vorgefunden haben, stören wir den Lebensraum von Wildtieren und hinterlassen Spuren und Gerüche. Auch Lagerfeuer entzünden wir ausschließlich an den dafür vorgesehenen Stellen und achten dabei auf Waldbrandstufen und Naturschutzgebiete.

- **Ressourcen gewissenhaft nutzen:** Manche Umweltressourcen sind bereits knapp, endlich sind auf jeden Fall alle. Um sie zu schonen, sollten wir sparsam mit ihnen umgehen, gerade in Gegenden, in denen zum Beispiel Wasser oder Strom nicht im Überfluss vorhanden sind.

- **Ein guter Gast sein:** Nachhaltig unsere Umgebung zu erkunden bedeutet auch, der hiesigen Flora und Fauna mit Respekt zu begegnen. Pflanzen sollten auf keinen Fall gepflückt werden, aber sie stehen uns bestimmt gerne Modell für das eine oder andere Foto. Das gleiche gilt für wilde Tiere: wir füttern sie nicht, halten Abstand und beobachten sie aus der Ferne.

- **Auf den Wegen bleiben:** Wer die vorgegebenen Wege verlässt, dringt nicht nur in die Rückzugsräume heimischer Arten ein, sondern trägt auch dazu bei, dass sich neue Wege bilden, was zur Erosion des Bodens führt.

- **Abfall wieder mitnehmen:** Plastikverpackungen jeglicher Art, Dosen, Flaschen und Papiertaschentücher (es dauert Jahre, bis sich ein einzelnes Taschentuch vollständig abgebaut hat!) gehören nicht in die Natur, sondern artgerecht entsorgt. Am besten gleich eine wiederverwendbare Brotdose oder Trinkflasche mitnehmen. Dazu zählen natürlich auch Toilettenpapier und der Inhalt von (Chemie-) Toiletten. Entsprechende Entsorgungsstationen finden sich überall.

- **Lokal kaufen:** Dadurch lernen wir Land und Leute besser kennen und unterstützen die regionale Wirtschaft, außerdem sind regionale Produkte meist auch preisgünstiger und qualitativ hochwertiger.

So wie wir die Umwelt respektieren, wollen wir auch unseren Mitmenschen und deren Kultur Respekt entgegenbringen, gerade im Hinblick auf deren Traditionen, Religion oder typische Gebräuche. So können ein Lächeln oder ein paar Worte in der Landessprache Berge versetzen!

KLEINES LAND, GROSSE GESCHICHTE

Die erstaunliche Anziehungskraft Schottlands begründet sich in seiner mystischen, landschaftlichen wie urbanen Vielfalt, seinen so liebenswürdigen wie exzentrischen Traditionen und Innovationen sowie nicht zuletzt einer sprichwörtlichen Gastfreundschaft.

Schottland querbeet

Schottland als zweitgrößtes Land Großbritanniens bildet den Norden der britischen Insel und beansprucht dafür ein Drittel der Landmasse bei jedoch nur knapp zehn Prozent der Gesamtbevölkerung. Während die Grenze zu England eine Länge von etwas über 175 Kilometern umfasst, nehmen die Küsten gut 10 000 Kilometer ein. Von den insgesamt 787 schottischen Inseln sind lediglich 130 bewohnt, manche von ihnen zwar nur mit wenigen Einwohnern, dafür meist jedoch mit unzähligen Schafen und zudem einer gewaltigen, lebhaften und gerne lautstarken Population an Seevögeln.

Das Einhorn

ist das Wappentier der Schotten und entspricht damit ideal der vielfältigen Kultur des Landes, die auf allerlei Mystik, Sagen und Legenden beruht. Die magischen, heilenden Eigenschaften des strahlend weißen Vierbeiners, seine unschuldige makellose Schönheit und seine Macht waren es, die etwa ab dem 14. Jahrhundert zu aristokratischen Wappen und Siegeln inspirierten und es nun im Verbund mit dem britischen Löwen zeigen, Einigkeit symbolisierend.

1861

fotografierte der Brite Thomas Sutton erstmalig in Farbe. Sein Motiv fand er in Schottland: eine Schleife im karierten Tartan-Stoff, die er in Schwarz-Weiß jeweils mit einem roten, einem grünen und einem blauen Filter aufnahm. Die drei Bilder projizierte er übereinander und schuf damit das allererste Farbfoto, das wir heute wie selbstverständlich und in unvorstellbarer Menge und Geschwindigkeit mit unseren Mobiltelefonen in die Weltgeschichte senden.

900 Kalorien

hat ein »deep fried mars bar«. Der frittierte Schokoriegel erblickte das Licht der Welt anno 1992 in einem »Chippy« in Stonehaven. Optisch eher zweifelhaft, geschmacklich indes eine Sensation stellte er das Bemühen infrage, dem Klischee kulinarischer Minderwertigkeit zu entkommen. Denn tatsächlich ist die schottische Küche weit besser als ihr Ruf, der Diät-Killer hat nur das Angebot bereichert.

3 Sprachen

sind in Schottland offiziell vertreten: Englisch, Scots und Schottisch-Gälisch. Letztere ist keltischen Ursprungs, eingeführt durch irische Einwanderer zu Beginn der neuen Zeitrechnung und sollte nach dem letzten Jakobitenaufstand und dem Willen Englands im 18. Jahrhundert verboten werden, konnte aber überleben. Ein Prozent der Schotten spricht heute wieder Gälisch, es wird an Schulen gelehrt und ist wichtiges Stilmittel schottischer Folkmusik.

44,7 Prozent

der Schotten stimmten am 18. September 2014 für die Unabhängigkeit vom Vereinigten Königreich, ein Ziel, das seit der Union mit England 1707 immer wieder verfolgt wurde und auch noch wird, denn durch den Brexit, im Land mehrheitlich abgelehnt, musste Schottland zudem die EU verlassen, was zum Zeitpunkt des letzten Referendums kein Thema war.

3000 Burgen

und noch einige mehr finden sich auf schottischem Boden, damit eine pro 259 km^2. Während einige noch in voller Pracht erstrahlen, gar zu stilvollen Unterkünften avancierten, erlitten andere das Schicksal unbarmherziger Zerstörung und sind als, mithin oft malerische Mauerreste kaum noch auffindbar.

1 bis 3 Prozent für die Engel

Whisky muss mindestens drei Jahre lang reifen, um als solcher verkauft werden zu können. Bei der klassischen Lagerung der fertigen Destillate in großen »warehouses« in ehemaligen Bourbon- oder Sherryfässern nehmen sie im Laufe der Zeit ihre charakteristische bernsteingelbe Färbung an. Gleichzeitig verdunstet allmählich ein Teil des Alkohols als »angels' share« in die schottische Atmosphäre.

BERGE, BURGEN UND VORWITZIGE SCHAFE

IM LAND DER TRÄUME

Schottland, das gelobte und gepriesene, das faszinierende und geheimnisvolle Land im Norden der Britischen Insel, gehört zu den weltweit populärsten Reisezielen. Und das, obwohl dort zumeist klimatische Verhältnisse herrschen, die für einen lukrativen Tourismus gemeinhin nicht sonderlich attraktiv zu sein scheinen.

Der eigentümliche Reiz des Landes, seine Anziehungskraft muss also andere Gründe haben. Golf, Whisky, Gastfreundschaft, gelebte Tradition von Dudelsack bis Kilt und wechselvolle Geschichte, die faszinierende Unberührtheit, die dramatische, karge wie majestätische, als Hochland bezeichnete Bergwelt, mystische Burgen und vorwitzige Schafe – der vergleichsweise ungewöhnlich große Facettenreichtum dieses kleinen nördlichen Landesteils im Vereinigten Königreich dürfte wohl eine entscheidende Rolle spielen, die jeden, der der unheimlichen Anziehungskraft Schottlands verfallen ist, nicht mehr loslässt und Sehnsüchte weckt. Meist begeistert er schon nach den ersten zaghaften Berührungen, schürt die Lust, die Neugier auf mehr.
So können die beschriebenen, subjektiv ausgewählten Routen, einige offiziell touristische Straßen, andere nach eigenem Gusto, als kleine Hilfestellung bei der Erkundung des Landes

Portpatrick war einstmals bedeutender Hafen für die Überfahrten nach Irland.

dienen, sie sollen jedoch nicht sklavisch befolgt werden oder gar davon abhalten, eigene Wege zu finden. Und – ganz wichtig – speziell in Schottland gilt: Der Weg ist das Ziel.

Unterwegs im Land

In Schottland – wir sind in Großbritannien – herrscht bekanntermaßen Linksverkehr, was Neulingen zunächst Kopfzerbrechen bereitet, sich in der Praxis jedoch nicht wirklich häufig als Problem erweist. Das Lenkrad auf der »falschen«, der anderen Seite eben als gewohnt, der Schaltknüppel muss mit der linken Hand bedient werden. Das wäre es aber auch fast schon, denn schnell hat man sich an die veränderte Technik gewöhnt und schwimmt mit im Verkehr. Auch das, entgegen der Gewohnheit zuerst nach rechts und dann nach links schauen, spielt sich recht zügig ein – ein etwas defensiveres Fahrverhalten ist in jedem Fall aber ratsam. Nur wenn die Straßen einsamer werden, wenig befahren oder – wie ausgesprochen oft in Schottland – als einspurige Single track roads angelegt sind, kann es zu brenzligen Situationen kommen, weil man bei Gegenverkehr automatisch nach rechts ausweichen möchte. Hier behindern darüber hinaus nicht einsehbare Kuppen, Hecken und rustikale steinerne Feldbegrenzungen sowie dösende Vierbeiner, gern mit Nachwuchs, meist Schafe, je nach Region, dafür aber seltener zottelige »highland cattle« oder Hirsche das zügige Vorwärtskommen. Da es sich aber kaum vermeiden lässt, einmal »Gegenverkehr zu werden« (wie es der Ruhrgebiets-Comedian der 1970er-Jahre, Adolf Tegtmeier alias Jürgen von Manger, bei seiner verfilmten Rundreise durchs Land bemerkte), sind – meist beschilderte – Ausweichstellen (»passing places«) in mehr oder weniger regelmäßigen Abständen eingerichtet, die das Passieren oder Überholen erleichtern, indem man stets auf der linken Seite anhält und dem anderen Verkehrsteilnehmer das Vorbeifahren ermöglicht. Zur guten Sitte gehört dabei das freundliche Nicken oder die Hand zum Gruß. Übergeordnete Landstraßen können mancherorts als »dual carriageway« angelegt sein, die zweispuriges Fahren in einer Richtung und damit erleichterte Überholvorgänge ermöglichen.

Tegtmeier wagte zudem eine recht ungewöhnliche Charakterisierung der schottischen Landschaft: Demnach besteht das Land in der Hauptsache aus reichlich Umgebung, die er bei der Fahrt mit seinem Opel Kadett zu entdecken suchte. Ein Prinzip, dem wir mit unserem Mietwagen, dem eigenem Pkw oder dem Wohnmobil folgen können, dies allerdings dann mit etwas mehr Muße. »Anhalten, aussteigen, gucken, schön finden, einsteigen und weiterfahren« sollte definitiv nicht unsere Prämisse sein. Um wirklich die Erhabenheit der Szenerie nachhaltiger zu erleben, sollte man den fahrbaren Untersatz in erster Linie als bequemes Transportmittel nutzen und intensivere Erkundungen per pedes oder auch mit dem Rad unternehmen. Erst dann entfaltet sich das ganze bunte Kaleidoskop aus Eindrücken, aus Düften und Geräuschen, aus dem Zwiegespräch mit der Natur in seiner ganzen Fülle. Dazu trägt auch das Wetter bei. Es vermag im unkalkulierbaren Wechselspiel von Sonne, Wolken, Wind und Regen Landschaften immer wieder in neues Licht zu tauchen und ihnen unerwartete Tiefe zu geben, ihnen mit satten Farben und klarer sauberer Luft eine geradezu träumerische Brillanz zu verleihen.

Streben nach Unabhängigkeit

Historisch betrachtet kämpfte Schottland stets um seine Eigenständigkeit, lag im permanenten Clinch mit dem großen, ungeliebten Nachbarn England. Man fühlte sich mehr dem Kontinent verbunden, vor allen Dingen Frankreich, als dem Land jenseits des Hadrianswalls. Schon die Römer wussten nichts Rechtes mit den aufmüpfigen Pikten und Skoten im Norden der Insel anzufangen. Doch das verzweifelte Streben nach Unabhängigkeit ging stets mit schicksalshaften Verwicklungen einher. Zuletzt 2014, als das von der schottischen Regionalregierung initiierte Referendum an der Zusicherung Englands über einen garantierten Verbleib Großbritanniens in der EU scheiterte. Konterkariert knapp zwei Jahre später bei einem neuerlichen Referendum, dieses Mal über den Austritt des Vereinigten Königreichs aus dem europäischen Verbund, dem Brexit. Obwohl sich Schottland erwartungsgemäß mehrheitlich für die EU aussprach, muss man nun mit den Folgen dieser politischen Maßnahme leben und denkt schon wieder recht laut über eine weitere Volksabstimmung nach. Abgesehen von der nun obligatorischen Mitnahme eines Reisepasses als einziges akzeptiertes Reisedokument, ändert sich jedoch nichts weiter hinsichtlich der Durchführung einer Reise nach und durch Schottland.

Inbegriff schottischer Traditionen – der Dudelsack, dessen Ursprünge wohl im Orient liegen

Mindestens ebenso spannend wie die Geschichte von Edinburgh Castle sind die Aussichten von dort aus über die schottische Hauptstadt und weit darüber hinaus.

Loch Shiel hatte ebenso wie der Glenfinnan-Viadukt seine Auftritte in den Harry-Potter-Verfilmungen.

DAS REICH VON SIR WALTER SCOTT

Die Landschaft unmittelbar nördlich des Hadrianswalls gilt als lieblicher Teil Schottlands und steht damit im Gegensatz zum weit verbreiteten Image als wildes, raues Land. Doch fehlt es der Gegend keineswegs an Romantik und Leidenschaft.

Unser Weg führt uns von der weithin bekannten Hochzeitsschmiede **1 Gretna Green** bis in die Hauptstadt Edinburgh. Zunächst auf der schmalen Bensmoor Road aus Gretna heraus in nordöstlicher Richtung, passieren wir flaches, von Wiesen und Weiden dominiertes Land. Rechts von uns schlängelt sich der River Sark durchs satte Grün, die natürliche Grenze zum englischen Nachbarn, die wir – unbemerkt – kurzzeitig überqueren. In Milltown geht es rechts auf die B6357, die an der Kreuzung hinter Evertown zur B720 wird. An der A7, die Landschaft beginnt nun, sich sanft zu wölben, fahren wir links bis Langholm, begleitet von den Windungen des River Esk.

INFO

Start: Old Smithy, Gretna Green
Ziel: Castle Hill, Edinburgh
Länge: 466 Kilometer
Dauer: 2–3 Tage
Beste Reisezeit: März – November

Bei der Kirche im Zentrum folgen wir der B709 nach Eskdalemuir. Flankiert vom Ufer des Esk strebt der Weg in weiten Windungen gen Norden. Er knickt in Ettrick nach der alten Brücke rechts ab, von hier dem Ufer des Ettrick Water folgend. Die B709 zweigt in Crosslee nach links ab, bei der Kreuzung mit der A708 fahren wir links bis Tweedsmuir, passieren drei Stauseen und erreichen an der A701 den Fluss Tweed, der den Charakter der Region nachhaltig prägt. Rechts geht es bis Broughton, wo die B7016 nach Biggar abzweigt. Wir biegen links auf die A702 und hinter dem Ort rechts auf die A72, die in St. John's Kirk in die A73 übergeht. An der Ampel in Hyndford Bridge folgen wir der Beschilderung nach New Lanark.

Floors Castle entstand in seiner heutigen Form nach Plänen des Architekten William Adam ab 1721.

Firth of Forth
NORDSEE
Aberlady Bay
EDINBURGH
Stirling
Alloa
Dunfermline
Cowdenbeath
Kirkcaldy
Buckhaven
Methil
Earlsferry
Isle of May
Grangemouth
Bo'ness
Falkirk
Linlithgow
Broxburn
Livingston
Bathgate
Whitburn
Airdrie
Shotts
Fauldhouse
Penicuik
Musselburgh
Dalkeith
Loanhead
Bonnyrigg
Roslin
Rosslyn Chapel
Lady Victoria Colliery
Craigmillar Castle
Crichton
Tranent
Longniddry
Aberlady
Gullane
Dirleton
North Berwick
Drem
Museum of Flight
Tyne Mouth
Whitekirk
Auldhame
Dunbar
Hailes Castle
Heddington
Pitcox
Lennoxlove House
Gifford
Garvald
Thorntonloch
Cockburnspath
Oldhamstocks
Lammermuir Hills
Lammer Law 529
Soutra Mains
St. Abbs Head
St. Abbs
Fast Castle
Coldingham
Burnmouth
Abbey St. Bathans
Grantshouse
Reston
Preston
Chirnside
Ellemford
Edrom
Duns
Manderstone House
Paxton House
Berwick-upon-Tweed
Tweedmouth
Longformacus
Westruther
Polwarth
Greenlaw
Swinton
Norham
Leitholm
Hume
Coldstream
Cornhill
Crookham
Lowick
Milfield
Doddington
Kilham
Kelso
Kelso Abbey
Floors Castle
Ednam
Nenthorn
Earlston
Scott's View
Dryburgh
Dryburgh Abbey
Melrose
Melrose Abbey
Abbotsford
Abbotsford House
Galashiels
Lauder
Thirlestane
Houndslow
Stow
Oxton
Moorfoot Hills
Windlestrow Law 659
Middleton
Howgate
Peebles
Innerleithen
Traquair
Traquair House
Broadmeadows
Ettrick Water
Selkirk
Roxburgh
Eckford
Ancrum
Lilliesleaf
Bonjedward
Jedburgh
Jedburgh Abbey
Cessford
Morebattle
Town Yetholm
Wooler
The Cheviot 815
Cushat Law 616
Northumberland
National Park
Alwinton
Netherton
Coquet
Carter Bar 418
Bymess
Redesdale Camp
Rede
Otterburn
Elsdon
Peel Fell 602
Kielder Forest
Kielder
Kielder Water
Saughtree
Hermitage
Hermitage Castle
Hawick
Hobkirk
Denholm
Ashkirk
Burnfoot
Roberton
Ettrick Forest
Mountbenger
St. Mary's Loch
Crosslee
Ramseycleuch
Tibbie Shiels Inn
Meggethead
White Coomb 822
Grey Mare's Tail
Broad Law 840
Tweedsmuir
Drumelzier
Broughton
Stobo Castle
Biggar
Drochil Castle
Blyth Bridge
Mountain Cross
Eshiels
West Linton
Pentland Hills
Dunsyre
Stonypath
Carnwath
Carstairs
Libberton
Lanark
New Lanark
Tinto 711
Lamington
Douglas
Crawfordjohn
Abington
Elvanfoot
Wanlockhead
Museum of Scottish Leadmining
Sanquhar
Lowther Hills
Moffat
Devil's Beef Tub
Beattock
Enterkinfoot
Morton Castle
Drumlanrig Castle
Carronbridge
Thornhill
Closeburn
Moniaive
Maxelton House
Parkgate
Amisfield Town
Lochmaben
Dunscore
Locharbriggs
Dumfries
Collin
Crocketford
Beeswing
New Abbey
Sweetheart Abbey
Caerlaverock Castle
Blackshaw
Ruthwell
Annan
Ecclefechan
Hightae
Lockerbie
Boreland
Eskdalemuir
Esk
Langholm
Newcastleton
Liddel Water
Canonbie
Fallford
Waterbeck
Gretna Green
Gretna
Longtown
Easton
Roughsike
Bewcastle
Kirkcambeck
Lanercost Priory
Smithfield
Blackford
Brampton
Carlisle
Port Carlisle
Kirkbride
Silloth
Wetheral
Eden
Hallbankgate
Cold Fell 621
Lambley
South Tyne
Haltwhistle
Greenhead
Hadrian's Wall
Bardon Mill
Haydon Bridge
Hexham
Allendale Town
East Allen
Blanchland
Wark Forest
Wark
Sighty Crag 518
Bellingham
Falstone
North Tyne
Gatehouse
West Woodburn
Ridsdale
Knowesgate
Humshaugh
Low Brunton
Castle Douglas
Dalbeattie
Kirkbean
Southerness
Kippford of Scaur
Palnackie
Haugh of Urr
Uddington
Larkhall
Carluke
Newmains
Forth
Avonbridge
Airth
Culross
Forth Bridges
South Queensferry
Inverkeithing
Aberdour
Burntisland
Hopetoun House
Edinburgh Airport
Currie
Kelty
Lochgelly
Ballingry
Loch Leven
Yetts o'Muckhart
Dollar
Tillicoultry
Alva
Bridge of Allan
0
10 km
N

In den Fluren vieler Hauseingänge im ganzen Land, wie hier in Duns, verbergen sich zauberhafte Kachelgestaltungen.

Im Zentrum Lanarks nehmen wir am Tolbooth die A743 nach Osten. Sie wird bei Ravenstruther zur A70 und zweigt am Kreisverkehr in Carnwath ab. Wir fahren weiter geradeaus auf der A721, queren die A702 und folgen in Kirkdean nach links der A72, die kurz darauf rechts abzweigt. Begleitet vom Lyne Water, der kurz vor dem Dorf Neidpath mit seinem alten Viadukt und dem versteckten historischen Wohnturm in den Tweed mündet. Entlang des Ufers kommen wir durch Peebles und das nette Örtchen Innerleithen, machen dort einen schnellen Abstecher zum Traquair House. Im großen Kreisverkehr bei Caddonlee, aus den vereinzelten Hügeln sind mittlerweile durchaus ansehnliche kleine Berge geworden, halten wir uns geradeaus auf der A707, ebenso an der Ampel bei der Tweedbrücke. Von der schmalen, kurvenreichen B7060 haben wir ein schönes Panorama über das Tal des Tweed.

Hinter der Tweedbrücke geht es rechts auf der A7 über den Fluss und gleich wieder links weiter auf der B6360. Diese führt am Ufer entlang bis Abbotsford, dem herrschaftlichen Heim Sir Walter Scotts. Im Kreisverkehr dann rechts Richtung Melrose und am nächsten Kreisel über die Waverley Road bis 2 **Melrose Abbey**. Die Annay Road (B6064) führt uns zurück auf die A6091, die wir am Kreisverkehr nach links auf die A68 verlassen. Nachdem wir den Tweed überquert haben, fahren wir direkt wieder rechts ab, halten uns links und gleich wieder rechts und gelangen auf der schmalen B6356 zum malerischen Aussichtspunkt Scotts View und wenig später zur Abteiruine von 2 **Dryburgh** in einer Tweedschleife. In Clintmains folgen wir der B6404 Richtung St. Boswells, von dort weiter auf der A68, bis wir diese hinter der Brücke über den Teviot nach rechts auf die A698 verlassen. Bei Lanton geht es auf enger Nebenstraße bis 2 **Jedburgh** mit seiner ebenfalls faszinierenden Abteiruine.

Der Osten im Süden

Über 2 **Kelso** und die Ländereien von Floors Castle folgen wir weiter dem Tweed, der sich wieder als natürliche Grenze auszeichnet, werfen einen Blick auf die ikonische Union Bridge und erreichen stets am Nordufer des Tweed den Küstenort St. Abbs. Über die B6438, B6437, B6355 und die A6105 kommen wir nach Duns, dem Geburtsort des legendären Rennfahrers Jim Clark, dessen Leben sich ein neu eingerichtetes Museum widmet. Die B6365 führt in nördlicher Richtung auf die B6355 durch die einsame, von Heidekraut pittoresk bedeckte Hügellandschaft der Lammermuir Hills.

Hinter dem Whiteadder Reservoir zweigen wir rechts auf die alte einspurige Straße nach Garvald ab, passieren auf dem Weg über entspannte Höhen sogar eine Furt, die nach Regen gut gefüllt sein kann.

Wir nehmen die B6370 und biegen nach links Richtung East Linton ab. Im Ort geht es nach der Unterführung unter der Autobahn A1 wieder links, auf der A199 bis zum Abzweig der B1347 rechts nach East Fortune. Am Museum of Flight am alten Militärflughafen East Fortune vorbei gelangen wir an die Küste nach North Berwick. Die A198, später B1361, führt uns entlang der Küste des Firth of Forth Richtung 3 **Edinburgh**, und wir wechseln am Kreisverkehr von Wallyford auf die A198. Beim TESCO-Kreisverkehr in Musselburgh nehmen wir die Olive Bank Road über den River Esk und erreichen bald die Ländereien und das Herrenhaus von Newhailes. In Craigmillar folgen wir schließlich der Beschilderung zum Castle. Hier befinden wir uns bereits in den südlichen Vororten der schottischen Hauptstadt, deren historisches Zentrum sich unterhalb des Hausberges Arthur's Seat erstreckt, entlang der Royal Mile von Holyroodhouse und dem modernen Parlamentsgebäude bis hinauf zum legendären Edinburgh Castle und weiter hinter der im Frühjahr mit Narzissen übersäten Parkanlage Princes Street Gardens bis in die New Town, die ebenfalls schon gute zwei Jahrhunderte Geschichte auf sich vereinigt.

RESTAURANTS / ÜBERNACHTUNGEN

EINKEHREN

★ THE GORDON ARMS
Am alten Landgasthof am Yarrow Water machten einst Robert Burns oder Sir Walter Scott Station. Heute sind es Radler, Biker und Wanderer, die die ausgezeichnete regionale Küche des typischen Lokals schätzen.
www.gordonarmsyarrow.co.uk

★ STOBO CASTLE
Zu ausgewogener Gesundheit gehört auch gutes Essen. Entsprechend dieser Philosophie legt man neben abwechslungsreichen Wellnessangeboten Wert auf qualitativ hochwertige Menüs (auch vegetarisch und vegan) im leicht plüschigen Ambiente des Restaurants.
www.stobocastle.co.uk

★ THE TOWNHOUSE
Innovative regionale Küche lautet das Credo in Restaurant und Brasserie des familiengeführten Town House Hotels am Marktplatz von Melrose nahe der historischen Abteiruine.
www.thetownhousemelrose.co.uk

★ 21212 RESTAURANT WITH ROOMS
Gehobene und höchst kreative Cuisine aus den Kochtöpfen des Sternekochs Paul Kitching machen jedes Gericht der Karte zu einer kleinen kulinarischen Sensation.
www.21212restaurant.co.uk

★ WHISKI
Stimmungsvolles Lokal an der Royal Mile mit einer Auswahl aus mehr als 300 Whiskysorten und kleiner Karte. Unbedingt empfehlenswert der »Haggis-Tower« als schmackhafte Variation eines schottischen Klassikers.
www.whiskibar.co.uk

ÜBERNACHTEN

★ NEW LANARK MILL
Das Hotel in der denkmalgeschützten Baumwollspinnerei bietet verschiedene Unterkunftsmöglichkeiten von Ferienwohnung über Hostel bis zum klassischen, komfortablen Hotelzimmer.
www.newlanarkhotel.co.uk

★ PEEBLES HYDRO
Den aristokratischen Charme eines ehemaligen Kurhauses konnte das Haus oberhalb des River Tweed am östlichen Rand von Peebles mit Blick auf den Fluss bewahren. Großer Spa-Bereich und gutes Restaurant.
www.peebleshydro.co.uk

★ SCHLOSS ROXBURGHE
Luxuriöses Herrenhaus mit renommiertem Golfplatz bei Kelso am Ufer des Tweed. Tolle Zimmer und das hervorragende kulinarische Angebot haben jedoch ihren Preis.
www.schlosshotel-roxburghe.com

★ THE BALMORAL
Legendäres Luxushotel mit ikonischem Uhrenturm am Bahnhof Waverley in Edinburgh. Hier verfasste J.K. Rowling das Ende der »Harry-Potter«-Geschichten. Es gibt ein mehrfach preisgekröntes Restaurant.
www.roccofortehotels.com/hotels-and-resorts/the-balmoral-hotel

★ THE HAYMARKET LAIRG HOTEL
Etwas westlich der Altstadt Edinburghs liegt verkehrsgünstig das kleine Hotel in einem Gebäude aus georgianischer Zeit mit 30 stilvollen Zimmern und moderaten Preisen.
www.lairg-hotel-edinburgh.hotel-mix.de

Die Maschinen im Industriemuseum New Lanark werden zur Anschauung betriebsbereit gehalten.

JENSEITS DER GRENZE

WAS DIE RÖMER SO VERPASSTEN

Der Tweed, Grenzfluss zwischen England und Schottland, erlebte über die Jahrhunderte viele blutige Keilereien um Macht und Einfluss und schrieb Geschichte. Aber gemeinsam mit seinen Nebenflüssen Clyde und Teviot war er auch maßgeblich an der industriellen Revolution im Vereinigten Königreich beteiligt.

Die verklärte Romantik Gretna Greens ist ein wenig verflogen, seit es für junge Paare legalere Wege der Heirat gibt. Nach einem britischen Gesetz von 1753 war dies minderjährigen Paaren ohne Zustimmung der Eltern verboten, daher flüchteten sie über die Grenze, um sich in der dortigen Schmiede das Jawort zu geben. Der unkomplizierte Weg der Schotten löste einen Boom aus, der das Dorf schon 1887 zum attraktiven Fremdenverkehrsziel avancieren ließ. Trotz heutiger Vermarktung nach allen Regeln der Kunst ist Gretna Green noch immer höchst populär unter Heiratswilligen, livestream im Internet inklusive, während die historische Schmiede nun museal genutzt wird.

1

Schon seit 2001 ist New Lanark UNESCO-Welterbestätte. Der Industriekomplex am Oberlauf des Clyde, der im engen Flusstal gehörig Fahrt aufnimmt, war zur Zeit seiner Inbetriebnahme 1795 die größte industrielle Anlage Großbritanniens. Etwas versteckt in der Schlucht liegen drei Baumwollmühlen und ihre Nebengebäude, in denen man ein gut funktionierendes Sozialsystem mit Vorbildfunktion schuf.

Industrie und Handwerk

Leben und Arbeiten vollzog sich in perfekter Eintracht. Die Beschäftigten der Mühle wohnten hier, hatten ihre Einkaufsmöglichkeiten, Krankenhaus und Schulen, bis 1968 die Produktion eingestellt werden musste. Zur Anschauung für den Museumsbetrieb hält man die Maschinen betriebsbereit und belässt viele der Einrichtungen in ihrem Originalzustand. Während die einst bedeutsame Textilindustrie in den hübschen Städtchen Peebles und Innerleithen am Tweed keine sichtbaren Spuren hinterlassen hat, findet sich in einem unscheinbaren Haus an der High Street von Innerleithen ein spannendes, noch funktionierendes Dokument viktorianischer Geschichte. Der Druckereibetrieb Robert Smail's Printing Works wurde 1837 gegründet und arbeitet noch mit Maschinen und Techniken, wie sie Ende des 19. Jahrhunderts üblich waren. Schon gut ein Jahrtausend zuvor wurde das herrschaftliche, ursprünglich als Jagdsitz genutzte Traquair House gebaut und gilt damit als ältestes noch bewohntes Gebäude Schottlands. 27 Könige und Königinnen, darunter auch Mary Queen of Scots, gingen auf Traquair ein und aus, das Ende des 15. Jahrhunderts in den Besitz der Stuart-Familie gelangte. Bonnie Prince Charlie fand dort 1745 Zuflucht und verließ Traquair über die lange Zufahrt durch die »Bear Gates«, das Tor, das nach Worten des damaligen Earls nicht wieder geöffnet werden soll, bevor ein Stuart wieder auf dem Thron sitzt. Es blieb bis heute geschlossen. Äußerlich eher unscheinbar besitzt das Gebäude ein spannendes Interieur mit Geheimgängen sowie Räume mit Gegenständen aus dem Besitz der Stuarts. Sehenswert ist auch die kleine Kapelle und die Craftbeer-Brauerei mit 300-jähriger Tradition.
Das malerisch in einer felsigen Bucht gelegene Fischerdorf mit Seebad-Attitüde, St. Abbs, markiert in etwa den östlichsten Punkt Südschottlands. Um 1890 erhielten Coldingham Shore am Meer und das Dorf Coldingham auf der Höhe der Klippen den Namen des früheren Klosters, das im 7. Jahrhundert hier angesiedelt war. Schmale Dorfstraßen ziehen sich am Klippenrand entlang und winden sich hinab in den kleinen Hafen, den Taucher wegen der ungewöhnlich klaren Wasserverhältnisse schätzen.

↑ Der Klassiker britischer Telekommunikation ist auch in St. Abbs vom Aussterben bedroht.
← Eine nachhaltige Kommerzialisierung hat sich in den vergangenen Jahrzehnten rund um das romantische Idyll der Hochzeitsschmiede von Gretna Green entwickelt.

TOP ERLEBNISSE

★ ST. ABBS HEAD
Das Naturschutzgebiet unter den Fittichen des National Trust for Scotland bietet Wandermöglichkeiten in wilder Romantik. Die abenteuerlichen, schroffen Klippen sind von Seevögeln bewohnt, die man auf dem Weg zum Stevenson-Leuchtturm von 1862 aus nächster Nähe beobachten kann.
www.nts.org.uk/visit/places/st-abbs-head

★ TRAQUAIR FAYRE
Auf den Ländereien rund um Traquair House, zu denen auch das größte Heckenlabyrinth Schottlands gehört, findet alljährlich am letzten Mai-Wochenende ein höchst authentisches Mittelalterfest statt. Ritter messen sich in Reiterspielen, aufmerksam von Burgfräulein gemustert, während Hofnarren neckische Spiele treiben. Selbstverständlich mit passender Kulinarik.
www.traquair.co.uk

2

DIE KLÖSTER DER BORDERS

HEILIGTÜMER ALS SPIELBALL DER HISTORIE

Im Umfeld des Tweed und seiner Nebenflüsse, die schon von alters her die natürliche Grenze zwischen England und Schottland bildeten, entstanden Anfang des 12. Jahrhunderts einige prachtvolle Abteien. Dem ständigen Konflikt starrsinniger Widersacher über die Jahrhunderte ausgesetzt, sind sie nur noch als mit ihrem Schicksal hadernde, mithin malerische Ruinen erhalten.

Melrose im Schatten der drei mächtigen Gipfel der Eildon Hills – der Sage nach schläft König Arthur an deren Fuße, um dem Land zu Hilfe zu eilen, falls Ungemach droht – beherbergt mit Melrose Abbey das erste Zisterzienserkloster Schottlands. König David I. gründete die Abtei 1136 unweit des vom heiligen Aidan um 640 errichteten früheren Klosters. Durch die Nähe zur englischen Grenze kam es in den Folgejahren jedoch immer wieder zu Zerstörungen, wie durch König Edward II. 1322. Robert the Bruce half beim Wiederaufbau, ihm lag das Kloster aus rosarotem Sandstein besonders am Herzen. Eine erneute Zerstörung 1544 läutete das Ende von Melrose Abbey ein. Verlassen und verfallen überstand es aber sogar Cromwells Bombardements und strahlt heute noch in beeindruckender Erhabenheit. Viele figurale Steinmetzarbeiten sind an der Südfassade gut erkennbar, Engel und Teufel, Fabelwesen und Dämonen sowie ein Dudelsack spielendes Schwein. In einem Bleibeutel unter den Bodenfliesen fand man vermutlich das Herz von Robert the Bruce.

Aufgrund ihrer Nähe und idyllischen Lage in einer Niederung des Tweed und einer großen Gartenanlage, die der elfte Earl of Buchan, David Erskine, im Sinne der Romantik gestaltete, verströmt die Ruine von Dryburgh Abbey bei St. Boswells eine ganz eigentümliche Atmosphäre, eine Mischung aus Mystik und Zauber. Um 1150 an der Stelle eines keltischen Klosters aus dem 6. Jahrhundert gegründet, wird sie gern als eine der schönsten Abteiruinen im südlichen Schottland angesehen. Die Grabstätten Sir Walter Scotts und des Feldmarschalls Haig befinden sich auf dem alten Friedhof unmittelbar neben den imposanten Ruinenmauern; die Abteikirche ist ein schönes Beispiel gotischer Architektur. Dryburgh Abbey erreichte nie den Ruhm und Reichtum der anderen Abteien und blieb immer der ruhige und beschauliche Ort, den man auch heute noch erleben kann.

↑ Das Leben und Schicksal von Mary Queen of Scots ist fester Bestandteil schottischer Geschichte.
← Zu den beeindruckenden Monumenten der schottischen Geschichte gehört auch die noch in ihren Grundzügen erhaltene Klosterruine von Jedburgh.

Sakrale Baukunst

Kein Dach wölbt sich mehr schützend über die Wände und Mauern des Augustinerklosters von Jedburgh, trotzdem ist die Abtei bestens erhalten und stellt ein Musterbeispiel für romanische Sakralbaukunst dar. Wie ein aufmerksamer Wächter thront sie über Jedburgh, dem einstigen Zentrum Roxburghshires, dessen Gerichtsbarkeit im Mittelalter als »Jeddart Justice« in Verruf geriet, weil man Angeklagte und Verdächtige zu hängen pflegte, bevor es zu einer ordentlichen Verhandlung kam. König David I. gründete die Abtei im Jahr 1138 und widmete sie 1147 der Jungfrau Maria. Neunmal zerstört und akribisch wiederaufgebaut, begann der Verfall nach der Reformation. Gleichwohl bemühte man sich um den Erhalt der eindrucksvollen Gebäudestruktur, wie sie heute noch erkennbar ist. Im Besucherzentrum sind einige historische Objekte ausgestellt, so der »Jedburgh Comb« und Teile eines Sarges aus dem 8. Jahrhundert.

Die älteste, einstmals größte und wohlhabendste der Abteien in den Borders ist Kelso Abbey, die ebenfalls auf Geheiß König Davids 1128 gegründet wurde. Ihre herausragende Bedeutung unterstrich die Krönung des schottischen Königs James III. im Jahr 1460, doch erging es ihr wie den anderen Borders-Klöstern: Im steten Konflikt mit den südlichen Nachbarn erlitt sie immer wieder Zerstörungen, letztlich besiegelt und aufgegeben nach der Reformation von 1560. Heute bilden die nahe der Ortsmitte Kelsos erhaltenen Reste der Abteikirche in Form des Westturms und des Querschiffs noch immer ein stolzes Ruinenensemble.

TOP ERLEBNISSE

★ 4 ABBEYS CYCLE ROUTE

Die etwa 90 Kilometer lange Rundfahrt mit dem Fahrrad, ausgeschildert mit einer »4«, führt durch das reizvolle weite Tal von Tweed und Teviot zu allen vier Klosterruinen. Es geht dabei größtenteils über ruhige Nebenstraßen mit moderaten Steigungen und Abfahrten und sollte auf zwei Tage ausgedehnt werden, um etwas eingehender den Reiz der Ruinen auf sich einwirken zu lassen.
www.scotlandstartshere.com/tours/4-abbeys

★ MARY QUEEN OF SCOTS

Das Besucherzentrum in einem typischen Wohnturm aus dem 16. Jahrhundert im Herzen von Jedburgh setzt sich eingehend mit dem tragischen Leben der Maria Stuart, die einige Monate des Jahres 1566 hier verbrachte, auseinander. Zu sehen sind zahlreiche Bilder und Objekte sowie verschiedene Schriftstücke, darunter ihr letzter Brief vor der Hinrichtung.
www.liveborders.org.uk

ABBOTSFORD UND DIE SCHOTTISCHE ROMANTIK

Sir Walter Scott gilt als einer der bedeutendsten Schriftsteller Schottlands. Zu seinen bekanntesten und in viele Sprachen übersetzten Werken gehören »Waverley«, »Ivanhoe«, »The Lady of the Lake« oder »Rob Roy«. Im Jahr 1811 kaufte der Literat die Farm Clartyhole am Ufer des Tweed bei Melrose, wo er bis zu seinem Tod 1832 residierte.

Mit Abbotsford gab er dem Anwesen einen neuen Namen, richtete das Haus am Tweedufer aufwendig neu ein und erwarb auch noch zusätzliche Ländereien in der Umgebung, die er nach seinen Vorstellungen modulierte. So entstand im Laufe der Jahre ein kleines, romantisches Schloss mit weitläufigem Landschaftspark ureigenster schottischer Prägung. Scott schuf mit Abbotsford ein wahres Schmuckstück schottischer Kulturgeschichte, indem er Türen aus dem Edinburgher Tolbooth einbaute, geschnitzte Eichenvertäfelungen aus der Old Kirk von Dunfermline verwendete

← Trotz erheblicher finanzieller Probleme gelang es dem einflussreichen Literaten, eine ausgesprochen umfassende Bibliothek zusammenzustellen.
↙ Sir Walter Scott gestaltete auch das Innere seines Herrenhauses Abbotsford am Ufer des Tweed mit schottischem Facettenreichtum.

und damit den Eingang dem Portal von Linlithgow Palace nachempfand oder den Boden der Halle mit schwarzem und weißem Marmor von den Hebriden versah. In der Bibliothek, im Dunstkreis seines massiven Schreibtisches, stehen mehr als 20 000 Bücher aus Scotts Sammlung, darüber wölbt sich eine ebenfalls kunstvoll geschnitzte Zedernholzdecke, gestaltet nach dem Vorbild aus Rosslyn Chapel.

Alles hat seinen Preis

Obwohl Walter Scott große literarische Erfolge feierte, blieb er Zeit seines Lebens in seinem erlernten Beruf als Jurist tätig und zeigte starkes gesellschaftliches Engagement, das durchaus weitreichenden Einfluss auf die Politik und den Lebensalltag hatte. Dies ist umso bemerkenswerter, da er extrem umtriebig war. Seine Werke wurden nicht nur frühzeitig international bekannt, er begründete zudem das damals neue und von literarischen Zeitgenossen wie Goethe oder Fontane gepriesene Genre der auf historischen Gegebenheiten beruhenden Romane und veröffentlichte in kürzester Zeit eine Vielzahl an hochgelobten Erzählungen, die alle schottische Themen zum Inhalt hatten. Es gelang ihm mittels der dargestellten Charaktere auf erstaunlich feinfühlige Weise, das Leben im Land widerzuspiegeln, das er offensichtlich in all seinem ganzen Facettenreichtum verinnerlicht hatte.
Trotz großartiger literarischer Leistungen hatte Scott stets finanzielle Probleme, natürlich auch weil er immense Investitionen zur Umsetzung seiner Vorstellungen, speziell für sein Domizil in den Borders tätigte. Die Einnahmen aus dem Verkauf seiner Bücher konnten die Kosten nicht decken, seine Schulden wuchsen stetig, er arbeitete noch mehr, um sie tilgen zu können, was ihn gesundheitlich jedoch ruinierte. Schon fünf Monate nach seinem Tod wurde das Haus Scotts für die Öffentlichkeit zugänglich gemacht. Abbotsford war damit eine der ersten touristischen Attraktionen Schottlands, noch bevor Queen Victoria wenige Jahre später für einen regelrechten Fremdenverkehrsboom sorgte. Scotts Romane legten auch den Grundstein für die vielen klischeehaften folkloristischen Vorstellungen, die man mit Schottland insbesondere mit den Highlands verbindet. Seine Beschreibungen lösten eine bis heute ungebrochene Anziehungskraft aus, die seine eigentliche Liebe, nämlich den schottischen Süden, nahezu komplett ignoriert.
Noch immer befindet sich Abbotsford in dem Zustand, wie es war, als der in Edinburgh geborene Literat darin wohnte. Knapp zwei Jahre dauerte die umfangreiche Renovierung und Restaurierung des Gebäudes, die mehr als 12 Millionen Pfund Sterling kostete. Queen Elizabeth II. übernahm höchstpersönlich die feierliche Wiedereröffnung. Die Besucher können sich nun, über 190 Jahre nach dem erstmaligen öffentlichen Zutritt, wieder in dem stattlichen Domizil des großen Schriftstellers umsehen. Im frei zugänglichen Besucherzentrum gibt es ausgezeichnete Ausstellungen zum Leben und Werk Sir Walter Scotts, ein stilvolles Restaurant und den unvermeidlichen Souvenir-Shop.
www.scottsabbotsford.com

EDINBURGH

DIE HAUPTSTADT SCHOTTLANDS

Verfolgt man auf der Webcam im Edinburgher Zoo die gemächlichen Bewegungen der Panda-Bären, kommt man kaum auf die Idee, sich in einer lebhaften Metropole zu befinden. Ihre Trägheit steht im krassen Gegensatz zum prallen Leben in den Straßen und Gassen, den Parks, Museen und Galerien Edinburghs, die zu jeder Jahreszeit den betriebsamen Mittelpunkt des Fremdenverkehrs in Schottland darstellen.

Edinburgh, gern als »Athen des Nordens« bezeichnet, übernahm zu Beginn des 15. Jahrhunderts von Perth Attribut und Bürde als schottische Hauptstadt und Regierungssitz. Konsequenterweise wurde auch das schottische Parlament, das sich im Mai 1999 konstituierte, hier angesiedelt. Mit seinen modernen, architektonisch provokanten, jedoch sehr durchdachten Räumlichkeiten und den Außenanlagen bietet es einen gravierenden Kontrast zum gegenüber befindlichen Holyrood Palace, dem altehrwürdigen Sitz des britischen Königshauses. Die Skyline der Stadt dominieren

3

allerdings Arthur's Seat, der markante Hügel vulkanischen Ursprungs im Westen, sowie die meistbesuchte Sehenswürdigkeit des Landes, Edinburgh Castle im Osten am Ausgangspunkt der Royal Mile. Unübersehbar auch in etwas weiterer Entfernung ragen die mächtigen Silhouetten der Brücken über den Firth of Forth in die Höhe.
Unter der Bezeichnung »Auld Reekie« ist Edinburgh, dessen Zentrum seit 1999 zum UNESCO-Weltkulturerbe gehört, etwas weniger bekannt. Damit umschreiben die Schotten die vom Rauch der Kohleöfen geschwärzten Sandsteinfassaden, die zuweilen durchaus düstere Assoziationen wecken. Vor allem in den schmalen, verwinkelten Gassen der Altstadt zwischen immens hohen dunklen, fast fensterlosen Hauswänden geht es, unterstützt von entsprechender Wetterlage, ausgesprochen unheimlich zu. Auch weht hier bisweilen ein recht eigentümlicher Geruch, der schon Theodor Fontane bei seinem Besuch aufgefallen ist. Nicht umsonst sind die allabendlichen Geistertouren so außerordentlich beliebt. Jeder Meter der Royal Mile, die stetig abwärts vom Castle nach Holyrood führt, birst vor Historie, Mythos und immer auch sehr viel Mystik. Allerdings wollen sich diese Merkmale nicht immer auf den ersten Blick erschließen, da sie von üppig überladenen Souvenirshops und Andenkenläden kaschiert werden. Typisches Schottentum verkommt dann manchmal zu schnödem Kitsch im traditionellen Mäntelchen: zu viele Karos, zu viele Kilts, zu viele Dudelsackklänge – allenthalben etwas zu viel Folklore.

Festivals im Sommer

Edinburgh rühmt sich, Gastgeber eines der weltgrößten Festivals zu sein, das mit verschiedenen thematischen und kulturellen Schwerpunkten prinzipiell den ganzen Sommer über ausgerichtet wird und die Straßen und Plätze der Stadt in einen quirlig-bunten Schmelztiegel überwiegend junger Künstler und Kulturschaffender verwandelt. Alljährlicher Höhepunkt im August ist das »Military Tattoo«, der friedliche Wettstreit internationaler Pipebands in der eigens dafür installierten Arena vor dem Portal von Edinburgh Castle, das jeweils mit fulminanten Lightshows und Feuerwerk endet. Grandiose Feuerwerksinszenierungen begründen auch den international ausnehmend guten Ruf für die spektakulärsten Silvester- bzw. Neujahrspartys.
Hat man seine Uhr vergessen, Edinburgh Castle hilft: Pünktlich um 13 Uhr wird von der Mills Mount Battery ein Kanonenschuss abgefeuert. Ein liebenswerter Anachronismus, der auf dem Wunsch von Bürgern und Händlern aus der Mitte des 19. Jahrhunderts basiert, als man einmal am Tag, außer sonntags, eine exakte Uhrzeit wissen wollte. Eigentlich sollte diese Aufgabe der »Time Ball«, eine herabfallende Kugel am Nelson Monument am Calton Hill übernehmen. Doch es stellte sich schnell als wenig praktikabel heraus, denn man musste schon genau zur rechten Zeit zum Turm auf dem 103 Meter hohen Hügel am östlichen Ende der Princes Street hinaufschauen, um die Kugel an der Standarte fallen zu sehen. Das kulissenhaft wirkende National Monument dort oben, erbaut um 1828, erinnert an das Relikt eines antiken griechischen Tempels, von dem noch zwölf Säulen übrig sind, und begründet wie das Observatorium davor und noch einige weitere Bauwerke im Stadtgebiet den antiken Bezug. Die meisten Besucher wandern auf den Calton Hill, um das besondere Panorama, den Blick über die Stadt und auf das Castle, insbesondere in abendlicher Dämmerung, zu bewundern.
Bedingt durch die geografische Lage der Altstadt sind hier imposante Häuser mit gut einem Dutzend Stockwerken zu finden, die sich geradezu dramatisch am Felsen auftürmen.

← Vom Calton Hill bietet sich ein toller Überblick über die Princes Street, die Edinburgher Altstadt und das ehrwürdige Castle.
↗ Im Dezember 1997 ging die Royal Yacht »Britannia« nach 44 ereignisreichen Dienstjahren in den Ruhestand.

BOBBY'S P

Mit den Princes Street Gardens trennt eine großzügige Parkanlage den dominanten Altstadtbereich von der eher eleganten, im georgianischen Stil errichteten Neuen Stadt, der nun auch schon über 200 Jahre alten New Town, die nach ausgefeilten Plänen angelegt wurde. Wer am Bahnhof Waverley Station, also in der Mitte zwischen beiden ankommt, bemerkt unmittelbar die so stark voneinander kontrastierenden Stadtteile, untermalt von dem Glockenklang der Straßenbahn, die seit Mai 2014 die Innenstadt mit dem Flughafen verbindet und sogar bis Leith verlängert wird.

Der Hauptstadthafen

Leith, bis 1920 eigenständig, stellte noch zur Mitte des 20. Jahrhunderts den geschäftigen Überseehafen der Hauptstadt, besitzt ein stilvolles, von georgianischer Architektur geprägtes Zentrum und mit der Royal Yacht »Britannia« eine der wichtigsten Attraktionen der Stadt. Das elegante Schiff, mit dem die Mitglieder der königlichen Familie bis 1997 auf den Weltmeeren unterwegs waren, liegt nun hier als schwimmendes Museum vor Anker. Wesentlich weniger Zulauf, dafür aber eine für eine Großstadt geradezu beschauliche Romantik, ja dörflichen Charme bietet das Dean Village, das man durch einen entspannten Spaziergang im Grünen von der New Town am Fluss Leith entlang erreicht. Die Siedlung aus mehrgeschossigen rötlich braunen, ebenfalls georgianischen Bürgerhäusern in Tallage entstand um gleich mehrere Getreidemühlen herum, die früher die Kornkammer für Edinburgh waren.

Ein paar Treppen weiter aufwärts erlebt man in den Anlagen vor der Scottish National Gallery of Modern Art modernste Formen der Landschaftsgestaltung und zeitgenössische skulpturale Werke. Nicht immer ganz nachvollziehbare Kunst des 21. Jahrhunderts erlebt man im Inneren des klassizistischen Bauwerks. Der wichtigste Bereich der Nationalgalerie befindet sich in den im Stil der Antike gestalteten Bauten in den Princes Street Gardens, die über eine hervorragende Sammlung europäischer und schottischer Kunst verfügt. Besonders prachtvoll präsentiert sich das National Museum of Scotland, das in diversen, thematisch zugeordneten Galerien wie ein verspielter viktorianischer Palast anmutet, schräg gegenüber vom Standbild des legendären, treuen Hundes Greyfriars Bobby. Der großen Zahl an Schriftstellern und Literaten verdankt Edinburgh als erste Stadt der Welt den Titel »UNESCO Stadt der Literatur«, verliehen 2004. J.K. Rowling verfasste erst im Elephant Pub, dann in einem Zimmer des Balmoral Hotels einen großen Teil der sieben Werke um den Zauberlehrling Harry Potter, und Ian Rankin, Schottlands bekanntester Export in Sachen Kriminalliteratur, streunt auffällig unauffällig durch die Straßen der Stadt auf der Suche nach neuer Inspiration.

↖ Die Galerien im National Museum of Scotland bieten auf verschiedenen Ebenen ein wahres Füllhorn an Kunst, Kultur und Geschichte.
↙ Dem treuen Hund Greyfriars Bobby und seiner rührenden Geschichte setzte die Stadt ein Denkmal.

TOP ERLEBNISSE

★ ROYAL BOTANIC GARDEN

Ähnlich wie der Edinburgher Zoo bieten die weitläufigen Anlagen des königlichen Botanischen Gartens, gegründet 1670, vielfältige Möglichkeiten zur Entspannung. Eine üppige Blütenfülle wetteifert mit dem beeindruckenden Palmenhaus von 1858, dem größten im Vereinigten Königreich, um die Gunst der Besucher. Sehr schottisch gibt sich der Queen-Mum's-Erinnerungsgarten.
www.rbge.org.uk/visit/royal-botanic-garden-edinburgh

★ BELTANE

In der Nacht auf den 1. Mai wird der Calton Hill zur heidnischen feurigen Kultstätte. Das »Beltane«-Festival markiert nach altem Brauch die beginnende Blütezeit des Jahres. Die magische Kraft der zahllosen Fackeln und die rüden Tanzdarbietungen sollen Dämonen und böse Geister vertreiben. Ende Oktober feiert man auf ähnliche Weise beim »Samhuinn« das Ende der Wärme.
www.beltane.org

★ HOLYROODHOUSE

Die offizielle Residenz des britischen Königs entstand auf den Grundmauern einer vor knapp 900 Jahren gegründeten Abtei. Jakob IV. baute sie zu einem schottischen Versailles aus, in dem Maria Stuart 1565 ihre (zweite) Hochzeit hielt. Ihr Gemahl Lord Darnley tötete neun Monate später im königlichen Schlafgemach Marias mutmaßlichen Geliebten David Rizzio. Zu erfahren bei einer Führung.
www.rct.uk/visit/palace-of-holyroodhouse

Die Leichtigkeit, mit der die Tänzerinnen bei den traditionellen Hochlandtänzen zu Werke gehen, ist Ergebnis ausdauernden und disziplinierten Trainings.

Die Zisterzienserabtei von Glenluce, dem »Tal des Lichtes«, wurde im Jahr 1192 gegründet.

ROUTE 2 – SOUTH WEST COASTAL 300

GROSSARTIGER SÜDWESTEN

Der Süden Schottlands leidet unter den Highlands. Reisende streben zügig nordwärts, ignorieren dabei die an der Autobahn liegenden Regionen nach Überschreiten der imaginären Grenze bei Gretna Green. Deshalb wurde mit der SWC 300 eine reizvolle Alternative zur NC 500 geschaffen.

Ausgangs- und Endpunkt der 480 Kilometer langen Rundfahrt längs der südwestlichen Küstenabschnitte des Landes und durch gefällige Mittelgebirgslandschaften ist **1 Dumfries**. Die A470 verläuft zunächst parallel zu den Ufern des Flusses Nith, der bald an Breite gewinnt und sich bei New Abbey nahe Sweetheart Abbey in den Solway Firth ergießt. Ein Flickenteppich aus Wiesen, Äckern und Feldern, gesäumt von weiten Ausblicken über den breiten Meeresarm, begleitet uns, bis wir die ersten größeren Waldgebiete und den Ort Dalbeattie am Urr Water erreichen.

INFO

Start: Dumfries
Ziel: Dumfries
Länge: 500 Kilometer
Dauer: 2–3 Tage
Beste Reisezeit: März – November

Wir halten uns links und fahren auf der A711 der Küste entgegen, ohne sie jedoch hinter dem flachen Land wirklich zu erreichen, dabei passieren wir kleine Dörfer wie Auchencairn und Dundrennan. In der Künstlerstadt Kirkcudbright überqueren wir den Fluss Dee und zweigen direkt danach auf die B727 ab. Diese verläuft zunächst am Ufer des Dee entlang und führt dann in weitem Bogen zur gut ausgebauten A75. Hinter Gatehouse of Fleet folgt die Straße der Küstenlinie und dem Ufer des Big Water of Fleet, der nahtlos in den Solway Firth und wenig später in die breite, fjordähnliche Mündung des Flusses Cree übergeht.

Am Solway Firth

Am Kreisverkehr hinter der Brücke über den Cree geht es links auf die A714. Die zunehmend schmalere Straße bringt uns in die Bücherstadt Wigtown und nach Bladnoch, zu einer der wenigen Whiskydestillerien der Lowlands. Nach Süden geht die Straße in die A746 über, die wir hinter Kirkinner an der Weggabelung verlassen und weiter geradeaus auf der B7004 fahren. In Garlieston biegen wir rechts ab und gleich wieder links Richtung Whithorn. Zur Linken erstrecken sich hinter einer niedrigen Feldsteinmauer die Ländereien und Gärten des Galloway House. Der nächste Abzweig nach links führt auf der B7063 erneut an die Küste. Wir kommen ins beschauliche Fischerdorf Isle of Whithorn mit der Ruine der St. Ninian's Chapel, einer einstigen Pilgerstätte aus dem 13. Jahrhundert.

Richtung Westen zweigt die B7004 nach rechts ab, der Weg wird zur A747, die uns über Grasserton und Monreith unmittelbar an das Ufer der Luce Bay bringt. Bei Glenluce ist die A75 wieder erreicht, die hier Ausmaße einer mehrspurigen Schnellstraße angenommen hat, was das Linksabbiegen etwas problematisch machen kann. Falls Zeit ist, lohnt ein

Der Leuchtturm am Mull of Galloway überblickt die Irische See bis hin zur Isle of Man.

Blick in dem Kapitelsaal der Abteiruine Glenluce. Dieser Raum verspricht jenen ein akustisches Hörvergnügen, die sich trauen, die Stimme zum Gesang zu erheben.
Nach der Brücke über den Water of Luce bringt uns die B7084 links um die Bucht herum auf die hammerförmige Halbinsel Rhinns of Galloway und in Sandhead auf die A716. Wir folgen weiter dem Küstenverlauf, halten uns am Abzweig hinter Ardwell links und gelangen in Drummore zum Ort mit der südlichsten Poststation des Landes. Weiter auf der B7041 gen Süden durch das Tal des Kildonan Burn wird die Straße schmaler und schließlich bei der zum Gewächshaus umgewidmeten roten Telefonzelle zur Single track road, die am ikonischen Leuchtturm Mull of Galloway, dem südlichsten Punkt Schottlands, ihr Ende findet.

Malerische Kurven

Nordwärts zweigen wir vor Drummore links ab auf die B7065 und erreichen nach ungezählten Windungen den idyllischen Hafen Port Logan, der schon einige TV-Rollen innehatte. Auf der A716 geht es bis Sandhead und links auf die B7042, die uns in kurvenreichem Auf und Ab ins schmucke Hafenstädtchen **2 Portpatrick** geleitet. Über die A77 nach Stranraer verlassen wir die Halbinsel wieder und streben zügig nordwärts, die Anleger der Irlandfähren passierend. An der Finnarts Bay schwenkt der Weg landeinwärts. Im Tal des Water of App wird die Landschaft hügeliger und die Straße kurviger, bevor wir oberhalb von Ballantrae wieder eine tolle Aussicht über die Küste haben, bis zum markanten Eiland Ailsa Craig, zur Insel Arran und nach Kintyre.
Über Girvan erreicht die Küstenstraße den legendären Golfplatz von Turnberry mit seinem ebenso legendären Hotel. Wir folgen nun der A719. In gemessenem Abstand zur Klippenküste passieren wir Culzean Castle und auf beinahe ondulierter Strecke die ungewöhnliche Wegführung des Electric Brae. Im Süden von **3 Ayr** machen wir Bekanntschaft mit Alloway, der Heimat des Nationaldichters Robert Burns. Auf der A77 wenden wir uns südwärts, bis wir hinter Minishants auf die B7045 abzweigen. In Straiton nehmen wir die B741 nach Osten. Auf der A76 in New Cumnock geht es geradeaus und in Mennock dann nach links auf eine schmale Straße bis in Schottlands höchstgelegenen Ort, Wanlockhead.
In Leadhills führt uns die B7040 nach rechts, später als A702 über die Autobahn A74, hinter der wir rechts auf die B7076 abbiegen. Sie verläuft parallel zur Schnellstraße. Die B719 führt uns links weiter gen Süden, trifft am Ufer des Annan Water auf die A701, die mitten durch das Borders-Städtchen Moffat führt. Nach Querung der Eisenbahn geht es wieder links auf der B7076 unmittelbar neben der Autobahn bis ins Zentrum von Lockerbie, das kurz vor Weihnachten 1988 durch einen terroristischen Anschlag und tragischen Flugzeugabsturz in die Schlagzeilen geriet. Über die A709 in westlicher Richtung ist Dumfries wieder erreicht.

RESTAURANTS / ÜBERNACHTUNGEN

EINKEHREN

★ KNOCKINAAM LODGE
Das mehrfach ausgezeichnete Restaurant des idyllisch in einer versteckten Bucht gelegenen Luxushotels offeriert feinste regionale schottische Küche und veranstaltet in regelmäßigen Abständen Tasting-Menüs.
www.knockinaamlodge.com

★ WILDINGS HOTEL
Fisch und Meeresfrüchte sind die Glanzlichter auf der Speisekarte des familiengeführten Hotels mit Blick auf und über Golfplatz und Leuchtturm von Turnberry an der Küste des Firth of Clyde.
www.wildingshotel.com

★ TORRS WARREN COUNTRY HOUSE HOTEL
Das stilvolle kleine Landhotel bei Stoneykirk bietet Bed & Breakfast auf höchstem Niveau mit liebevoll gestalteten Zimmern und einem herausragenden Frühstück.
www.torrswarrenhotel.co.uk

★ THE COCK INN
In toller Lage in Auchenmalg unmittelbar am, allerdings überwiegend steinigen Strand der Luce Bay wird die Küche des netten kleinen Lokals mit dem großen Wintergarten insbesondere für ihre Kuchenkreationen gerühmt.
www.facebook.com/lucebayleisure

★ HOLE I' THE WA'!
Das »Loch in der Wand«, eines der ältesten Lokale in Schottland, ist der Inbegriff eines traditionellen Pubs im Herzen von Dumfries. 1620 gegründet, gehörte es zu den Lieblingspubs von Robert Burns.
www.holeithewadumfries.co.uk

ÜBERNACHTEN

★ GARLIESTON CAMPING
In wunderschöner Lage zwischen dem Dörfchen Garlieston und dem Landschaftspark von Galloway House, bietet der kleine, gut ausgestattete Campingplatz schöne Ausblicke über die Bucht von Garlieston.
www.caravanclub.co.uk/club-sites/scotland/dumfries--galloway/garlieston-club-campsite

★ CORSEWALL LIGHTHOUSE HOTEL
In schöner, ruhiger Lage im Norden der Rhinns of Galloway entstand aus den einstigen Unterkünften der Bediensteten des Leuchtturms ein zauberhaftes Hotel, das zudem über ein hervorragendes Restaurant verfügt.
www.lighthousehotel.co.uk

★ GLENAPP CASTLE
Reizendes kleines Schloss im Baronialstil bei Ballantrae mit verspielten Türmchen, Zinnen und Erkern. Seit 2000 zum Hotel mit traumhaftem Park und vorzüglichem Restaurant umgestaltet.
www.glenappcastle.com

★ FAMOUS STAR HOTEL
Berühmt schon in seinem Namen ist das auch im »Guinness Buch der Rekorde« verzeichnete schmalste Hotel der Welt im Städtchen Moffat.
www.famousstarhotel.co.uk

Im »Loch in der Wand« in Dumfries war der Nationaldichter Robert Burns gern gesehener Gast.

VON DUMFRIES ZUM MULL OF GALLOWAY

DIE KÜSTE DES SÜDENS

Der Solway Firth ragt von Westen her in Form eines mächtigen Keils tief in die Britische Insel hinein und bildet eine natürliche Grenze zwischen Nordengland und Schottland. Überwiegend weite Sandstrände und flache Marschlandschaft prägen die Küste, an der historisches, teil noch gut erhaltenes Gemäuer seine Geschichten erzählt.

Dumfries, die ungekrönte Königin des Südens, besitzt Stadtrechte seit 1186 und ist Verwaltungssitz von Dumfries und Galloway. Robert Burns verbrachte hier seine letzten fünf Lebensjahre. Sein Wohnhaus ist heute ein Museum. Das geschäftige, etwas spröde wirkende Städtchen wird von warmem rotem Sandstein dominiert. Er stammt von den Ufern des River Nith und besitzt mit der Auld Brig, der ältesten und längsten mittelalterlichen Steinbrücke Schottlands, sein Wahrzeichen. Gebaut 1431, von der Flut weggeschwemmt 1621 und wenige Jahre später wieder

Romantische Geschichten und Legenden ranken sich um das Zisterzienserkloster Sweetheart Abbey.

1

errichtet mit nun noch sechs verbleibenden Bögen. Robert the Bruce ermordete in der Greyfriars Kirk seinen Widersacher um die schottische Krone, John Comyn, den Earl of Badenoch, was in der Folge zum Beginn der Unabhängigkeitskriege führte.
Eindrucksvoll, ja fast schon elegant auch die Relikte der roten Sandsteinmauern von Sweetheart Abbey, der 1273 gegründeten Kirche eines Zisterzienserklosters. Die Gründerin, Lady Dervorguilla, ist vor dem Hochaltar gemeinsam mit dem einbalsamierten Herzen ihres Ehemannes beigesetzt. Aus dem Jahr 1142 stammt die Abteiruine von Dundrennan, in der die legendäre schottische Königin Mary Queen of Scots ihre letzte Nacht in Schottland am 15. Mai 1568 verbrachte, bevor sie nach England ins Exil ging, kurz darauf inhaftiert wurde und nie mehr zurückkehrte. Sie verließ ihre Heimat mit dem Boot über den Solway Firth. Ihr Fußabdruck soll noch auf einem nun als Port Mary bezeichneten Felsen, der bei Ebbe aus dem Wasser ragt, zu sehen sein.

Heiliges Land

Zwischen der Luce Bay im Westen und Wigtown im Osten erstreckt sich die Halbinsel The Machars weit in den Solway Firth hinein. Der aus dem Gälischen stammende Begriff umschreibt den fruchtbaren Charakter der hier gefällig wogenden Landschaft. Das bezaubernde Fischerdorf Isle of Whithorn an deren Südende prägen bunte, schmale Häuschen, die sich rund um den Hafen drängen. Einst auf einer Insel gelegen und durch einen Damm mit den Machars verbunden, hat der Ort, mehr noch das nahe, aber wesentlich größere Whithorn eine wichtige historische Bedeutung, denn er gilt als Wiege des Christentums in Schottland.
Der in unmittelbarer Nähe im Jahr 350 geborene St. Ninian ist der älteste schottische Heilige, der in Whithorn die erste steinerne Kirche jenseits des Hadrianswalls errichtete. Weiß getüncht war sie weithin sichtbar und gedieh bald zu einer bedeutenden Pilgerstätte auch für gekrönte Häupter. Mary Queen of Scots stattete 1563 der Kirche den letzten royalen Besuch ab, bevor Wallfahrten in Schottland verboten wurden. Whithorn fiel in einen Dornröschenschlaf, aus dem der Ort mit der weit ausladenden, von Gebäuden aus dem 18. Jahrhundert gesäumten Hauptstraße noch immer nicht wirklich erwacht zu sein scheint. Über The Pend, der mittelalterlichen, niedrigen Tordurchfahrt, prangt stolz das königliche Wappen der Stuarts.

Licht des Südens

»Stevenson-Tower« wird der ikonische Leuchtturm von 1830 am südlichsten Festlandspunkt Schottlands, dem Mull of Galloway, gern genannt, obwohl die Familie Stevenson auch für den Großteil der weiteren schottischen Leuchtfeuer verantwortlich zeichnet. Aus der Höhe von 26 Metern über den 90 Meter hohen Felsklippen bietet sich bei einer Führung nach Absolvieren von 114 Treppenstufen eine phänomenale Rundumsicht. Die mächtigen Prismengläser, die früher das Licht bündelten und die gläserne Kuppel fast gänzlich ausfüllten, mussten reichlich unromantischen LED-Lichtern Platz machen. Sie sind nun Teil des sehenswerten kleinen Museums in den ehemaligen Unterkünften der Leuchtturmwärter.

TOP ERLEBNISSE

★ GESCHICHTE IM DREIECK

Errichtet als Stammsitz des Clans Maxwell im 13. Jahrhundert, musste sich die einzigartige dreieckige Burg Caerlaverock im flachen Land zwischen River Nith und dem Solway Firth mit Türmen an jeder Ecke schon wenige Jahre später und nach nur zweitägiger Belagerung den Truppen des englischen Königs Edward I. ergeben. Im ungleichen Gefecht standen 60 Schotten 3000 Engländern gegenüber. Doch zeigten jene durchaus Bewunderung für den ungewöhnlichen Festungsbau, dessen Inneres ab 1638 im Stil der Renaissance überarbeitet wurde.
www.historicenvironment.scot/visit-a-place/places/caerlaverock-castle

★ VIERBEINER MIT GÜRTEL

Die Gestade weiter Meeresbuchten begleiten uns im sanft gewellten schottischen Süden ebenso wie niedrige, rustikale Trockenmauern undefinierbaren Alters, die Dry Stone Dykes. Auf den Weiden dahinter tummeln sich mancherorts die schwarzen Belted-Galloway-Rinder mit ihrer markanten weißen Bauchbinde, von den Einheimischen liebevoll als »Belties« bezeichnet. Ohne auffällige Hörner, dafür aber mit ähnlich zotteligem, dichtem Fell und widerstandsfähig auch im rauen Klima sind sie leicht als nahe Verwandte der braunen Hochlandrinder zu identifizieren.
www.beltedgalloways.co.uk

2

VON PORTPATRICK NACH AYR

DIE WESTKÜSTE IM SÜDEN

Die Halbinsel Rhinns of Galloway liegt jenseits der populären Reiseströme. Sie ist ein facettenreiches Schmuckstück mit erstaunlichen Reizen, die auf ihre Entdeckung warten. Ähnliches gilt für den südlichen Küstenabschnitt des Firth of Clyde mit einzigartigen Schlössern, stilvollen Seebädern voller nostalgischer Elemente und tollen Stränden.

Im Schatten der bizarren Ruine von Dunskey Castle bietet Portpatrick das repräsentative Flair eines mondänen, heimeligen Seebades. Das war nicht immer so: Schon 1616 startete von hier die erste Fähre auf den Spuren des heiligen Patrick hinüber nach Donaghdee im irischen County Down. Es sollte 150 Jahre dauern, bis der Hafen entsprechend befestigt war und einen zuverlässigen Transport gewährleistete. Stets strengen westlichen Winden ausgesetzt, verlegte man den Fährhafen um 1870 nach Stranraer im besser geschützten Loch Ryan. Der Frachtschiffverkehr blieb und profitierte zudem von der 1862 eingerichteten Eisenbahnanbindung. Um 1900 drohte der wirtschaftliche Niedergang, der Hafen wurde zu klein, die Transportwege zu den Hauptrouten des Landes erwiesen sich selbst für die Eisenbahn als zu lang und zu mühsam. Mit dem Bau des Portpatrick Hotels oberhalb des Hafens gelang die Wandlung zum malerischen Erholungsort. Abenteuerliche Pläne des damaligen britischen Premierministers Boris Johnson des Jahres 2021, von Portpatrick aus eine Brücke über die Irische See nach Irland bauen zu wollen, scheiterten, ebenso wie jene eines alternativen Tunnels, zur kollektiven Erleichterung in der Region an ihrer finanziellen Undurchführbarkeit.
Stranraer seinerseits, größter Ort an der Pforte zu den Rhinns of Galloway, gab die Irland-Fähren schließlich an das

kleine, aber wesentlich besser zugängliche und ausbaubare Cairnryan am gegenüberliegenden Ufer des Loch Ryan ab und bemüht sich im Dunstkreis des Castle St. John und des Brunnens zu Ehren des goldenen Thronjubiläums von Queen Victoria um neue Perspektiven, die mit der SWC 300 realistischer wurden. Spätestens nach Verlassen des Glen App, wenn die Straße auf den Küstenort Ballantrae zuläuft, erscheint Ailsa Craig am Horizont und bleibt steter Begleiter bis hinauf nach Ayr. Die Insel, auch als »Paddy's Milestone« bekannt, da sie auf halbem Wege zwischen Glasgow und Irland liegt, ist vulkanischen Ursprungs, gut 340 Meter hoch und ähnelt in ihrer Form einem Curling-Stein. Kein Wunder, denn der Granit für die winterlichen Sportgeräte wird fast ausschließlich hier abgebaut.

↑ Der Leuchtturm am Turnberry Point ging 1873 erstmals in Betrieb, just dort, wo früher Turnberry Castle stand, der vermutliche Geburtsort von Robert the Bruce.
← Das Treppenhaus in Culzean Castle gehört zu den Meisterwerken des Architekten Robert Adam.

Große Söhne des Landes

Das imposante Turnberry Hotel war 1906 als Bahnhofshotel errichtet worden und verströmt trotz mehrfacher Umbauten und Besitzerwechsel – zuletzt ging es an die Familie des Ex-US-Präsidenten Trump – noch immer die Aura goldener Zeiten. Vor einem der sicherlich besten Hotels Schottlands liegen darüber hinaus drei international renommierte Golfplätze, die auch den markanten Leuchtturm und die Überreste des Turnberry Castle in sich vereinen. Der Legende nach soll die hier ansässige Marjorie, Countess of Carrick, im 13. Jahrhundert den Ritter Robert de Brus gefangen genommen haben, bis er der Heirat mit ihr zustimmte. Ihr erster Sohn, Robert the Bruce, der nachweislich seine Jugendjahre hier verbrachte, wurde später schottischer König. Ayr, das größte Seebad der Westküste, besitzt für eine Stadt dieser Größe den Luxus eines fantastischen, stets gut frequentierten Strandareals mit Promenade und Casino. Der berühmteste Sohn Ayrs und wie ein Held verehrte Nationaldichter Robert Burns, dessen Lied »Auld Lang Syne« zur Neujahrshymne im englischsprachigen Raum wurde, kam im nahen Dorf Alloway auf die Welt. Sein Geburtshaus, die oft besungene »Brig o'Doon«, die Brücke über das Flüsschen Doon, und die Alloway-Kirche atmen noch heute den kreativen Geist des Poeten, dem sich das Birthplace Museum ausgiebig widmet.

TOP ERLEBNISSE

★ TEE AM MEER

Als weltbestes »Halfway House«, eine Erfrischungsstation nach der Hälfte einer Golfrunde, propagiert die Trump-Familie das kleine, aber exquisite Lokal »King of Scots« im Turnberry Lighthouse, das auch Nicht-Golfern offensteht. Ein Besuch der sanitären Anlagen ist ein Muss. Hier haben die Eigentümer ihrer Vorliebe für Gold und Geschmeide extensiv gefrönt.
www.trumphotels.com/turnberry/dining/halfway-house

★ CULZEAN CASTLE

Wie ein Adlerhorst thront das Schloss auf den Klippen bei Maybole. Das im 18. Jahrhundert vom schottischen Baumeister Robert Adam um einen mittelalterlichen Wohnturm errichtete Herrenhaus verfügt über eine – heute mietbare – Wohnung, die einst der Nutzung durch den US-Präsidenten Eisenhower für seine Verdienste während des Krieges vorbehalten war. Architektonisches Highlight: das ovale Treppenhaus.
www.nts.org.uk/visit/places/culzean

★ RAUF ODER RUNTER?

Die Straße A719 verblüfft nördlich der Hofschaft Knoweside in schöner Regelmäßigkeit mit einer als »Electric Brae« bekannten optischen Täuschung. Obwohl es bergab geht, scheinen die Autos hier bergauf zu fahren. Über die genauen Hintergründe dieses Phänomens, das längst eine Touristenattraktion geworden ist, wird nach wie vor trefflich diskutiert und gestritten.
www.ayrshireandarran.com/electric-brae

KIRKCUDBRIGHT, WIGTOWN, GOLDSWORTHY UND »PETER PAN«

MAGIE DES SÜDWESTENS

Kunst und Literatur spielen in der Landschaft und in den Orten im schottischen Südwesten eine bedeutende Rolle. Namhafte Künstler und Schriftsteller, neben dem alles überragenden Nationaldichter Robert Burns, haben sich hier mit ihren Werken verewigt, Stilrichtungen und neue Ambiente, gar gesellschaftliche Strömungen geschaffen.

Die in seinen Augen verzauberten, als »Neverland« bezeichneten Gärten der hochherrschaftlichen georgianischen Villa Moat Brae in Dumfries inspirierten den schottischen Schriftsteller J.M. Barrie zu der 1904 verfassten Erzählung »Peter Pan«. Das 1824 errichtete Gebäude galt lange als die erste Adresse des Ortes. Fast vergessen und dem Verfall preisgegeben, entstand in den letzten Jahren nach aufwendiger Renovierung ein mittlerweile populäres Zentrum für Kinder- und Jugendliteratur, das den fortwährend kindlichen Geist des Protagonisten ebenso bewahrt wie das Vermächtnis Barries.

In der wunderbar abgeschiedenen stillen Romantik der rollenden grünen Hügel um das Örtchen Moniaive im Osten des Galloway Forest Parks hat sich der Land-Art-Künstler Andy

← Kirkcudbright richtet alljährlich im Sommer ein vielbeachtetes Kunstfestival aus.
↙ Steinbogen des Land-Art-Künstlers Andy Goldsworthy im Marr Burn auf den Ländereien um Drumlanrig Castle.
↓ Historische Schreibutensilien sind in Wigtown keine Seltenheit.

Goldsworthy mit seinen Arbeiten verewigt. Bildhauerei und Installationen aus und mit Objekten der Natur sind die Kernelemente seines kreativen Schaffens. Seine Philosophie besteht in der Darstellung der Vergänglichkeit. So gestaltet er Objekte am Strand, die allmählich von den Wellen wieder zerstört werden, betrachtet sich selbst als beweglicher, integrativer Bestandteil seines Werkes. Seine gemauerten Bögen, die »Striding Arches«, entspringen der Landschaft im Dalwhat Glen und sind am Ende einer langen, aber wunderschönen Sackgasse nordwestlich von Moniaive sowie einer Wanderstrecke auf dem Southern Upland Way zu erreichen. Sie bilden organische Brücken, sind gleichermaßen Anfang wie Ende.
Das Flair des Hafenstädtchens Kirkcudbright an der Mündung des River Dee in den Solway Firth zieht noch heute Künstler und Kunstschaffende in seinen Bann. Selbstbewusst präsentiert man sich als »Artist Town«, trägt im Stadtwappen eine Malerpalette. Ein besonderes Licht zog Ende des 19. Jahrhunderts die Kreativen aus Glasgow in den schottischen Süden. Mitglieder der Bewegung »Glasgow Boys«, gleichsam Vertreter des schottischen Impressionismus und beginnenden Jugendstils, gründeten die Künstlerkolonie Kirkcudbright, deren Geist noch heute durch die beschaulichen Gassen des Ortes wabert und im Broughton House, einst Wohnstätte von Edward Hornel, und dem zugehörigen traumhaften Garten kulminiert.

Besondere Seiten

1997 begann für Wigtown an der Mündung des River Bladnoch in die Wigtown Bay ein neues Zeitalter. Der Ort konnte seinen vornehmlich georgianischen Charakter rund um den weitläufigen zentralen Platz, dominiert vom roten Sandsteinbau des Rathauses an seiner Stirnseite, bewahren. Wigtown erfand sich damals neu als erste Bücherstadt Schottlands, nachdem die vorherige Schließung der Molkerei und der Bladnoch-Whiskydestillerie, die inzwischen die Produktion wieder aufnehmen konnte, einen wirtschaftlichen Niedergang unvermeidbar machte. Ein gutes Dutzend, in erster Linie antiquarische, teils auf bestimmte Sujets konzentrierte Buchhandlungen verteilt sich nun im Ortskern. Darunter The Book Shop, der mit Abstand größte Gebrauchtbuchladen des Landes. In den Regalen, auf Tischen und Sitzgelegenheiten stapelt sich eine unfassbare Menge an Büchern und Druckwerken, die eine dezidierte Suche nach bestimmten Publikationen schlicht unmöglich erscheinen lassen. Alljährlich im September richtet Wigtown ein populäres Buchfestival aus.

DIE HIGHLANDS DER LOWLANDS

Zwischen Ayr und Dumfries erstreckt sich im Hinterland der Küste die Region des Galloway Forest Parks. Er besteht aus kleinen Stauseen, großflächigen Nadelwaldgebieten, verträumten Tälern und Wellen von Wiesen und Weiden. Darin sind winzige Dörfer ebenso zu finden wie trutzige Burgruinen und märchenhafte Schlösser.

Die einzige Dampfeisenbahn im schottischen Südwesten dreht schnaufend zwischen Patna und Dalmellington ihre Runden durch das Tal des River Doon. So bewahrt die »Doon Valley Railway« mit ihrem historischen Fahrzeugbestand das industrielle Erbe der Region, das eng mit Kohlebergbau und der Verarbeitung von Eisen verbunden ist. Nördlich von Loch Doon, der gespeist von vielen Bächen den kleinen Fluss zuverlässig mit Wasser versorgt, befindet sich das Observatorium eines Dark Sky Park. Die nachts nur wenig durch künstliche Lichtquellen gestörte Umgebung bietet perfekte Möglichkeiten zur Beobachtung des Firmaments.

Neben der Schwerindustrie besitzt auch das handwerkliche Stricken, insbesondere von Handschuhen in typischen

3

schwarz-weißen Mustern, Tradition. Im Tolbooth Museum von Sanquhar, dem Ort mit der ältesten Poststation der Welt von 1712, kann man sich auf die Spuren beider so unterschiedlicher, aber einst überaus wichtiger Wirtschaftszweige begeben. Die geologische Vielfalt der Lowther Hills bringt letztlich jedoch erst das Museum of Lead Mining im ehemaligen Bleibergwerk von Wanlockhead zum Ausdruck.
Das auf 467 Metern Höhe und damit höchst gelegene Dorf Schottlands wirkt nur wenig homogen. Wie zufällig verteilen sich die Häuser der Siedlung über Anhöhen und Talsenken, doch unter der grünen Krume verbergen sich wahre Schätze, die Wanlockhead den Ruf als »Gottes schottischer Schatzkammer« einbrachten. Neben Blei wurde hier auch Zink, Kupfer und Silber zu Tage gefördert. Selbst Gold von höchster Qualität fand man, das auch für die Gestaltung der schottischen Krone verwendet wurde. Man sucht sogar noch heute danach in dem klaren Wasser der zahlreichen Bäche. Dieses Wasser treibt zu Demonstrationszwecken auch die einzigartige Balancierdampfmaschine des Museums an, die von 1870 an für 40 Jahre in Betrieb war. Der Bleibergbau selbst hatte seine aktive Zeit von 1680 bis in die 1950er-Jahre.

Künstlerisch, kulturell, kreativ

Bereits rein äußerlich ist Drumlanrig Castle eine majestätische Erscheinung. Fertiggestellt 1689 im Renaissancestil für den Duke of Queensberry, Oberhaupt der Douglas-Familie, der lediglich eine einzige Nacht in seinem neuen Domizil verbrachte und nie wieder zurückkehrte, ist das Anwesen nun im Besitz des Herzogs und der Herzogin von Buccleuch und Queensberry. Hinter der geschwungenen Treppe, den vier mächtigen Ecktürmen und den 17 neckischen Türmchen verbirgt sich eine Kunstsammlung von Weltrang mit Bildern und Gemälden alter Meister. Den Landschaftsgarten, unterteilt in sorgsam gestaltete und gepflegte, aber auch naturbelassene Bereiche, durchfließt der Marr Burn, in dem ein bogenförmiges Kunstwerk von Andy Goldsworthy aus rotem Sandstein einen springenden Lachs symbolisiert.
Dumfriesshire war schon von alters her ein Schmelztiegel für Kreativität und Erfindungsreichtum. Der geniale Baumeister Thomas Telford wurde 1757 in einem Dörfchen bei Moffat als Sohn eines Schäfers geboren, Kirkpatrick Macmillan, der Erfinder des Fahrrads, 1813 als Sohn eines Schmieds im Weiler Keir. William Symington, Ingenieur aus Wanlockhead, baute das weltweit erste Dampfschiff, das im Oktober 1788 zur Jungfernfahrt im Dalswinton Loch erstmals in See stach, und die erste Fabrik für Stahlbeton entstand 1912 in Heathall auf dem Gelände der Automobil-Firma Arrol-Johnston.

↑ Gepflegte Topiarien zieren den Landschaftspark um das Renaissanceschloss Drumlanrig Castle.
← Die Gemütlichkeit einer Bahnreise wird auf der historischen Schmalspurstrecke zwischen Wanlockhead und Leadhills noch gediegen zelebriert.

TOP ERLEBNISSE

★ FREIBAD NEW CUMNOCK
Baden im Freien bleibt in Schottland meist nur den hartgesottenen Gemütern vorbehalten, denn die Temperaturen schrecken eher ab. In New Cumnock feierte das Freibad Tamar Manoukian 2017 seine Wiedereröffnung. Das einzige Frischwasser-Freiluftschwimmbad Schottlands ist beheizt und eine treffliche Alternative zum Bad im Meer.
www.dumfries-house.org.uk/attractions/new-cumnock-pool

★ LEADHILLS AND WANLOCKHEAD RAILWAY
Gezogen von kleinen Dampf- oder Dieselloks verkehrt die Eisenbahn auf der Trasse der ehemaligen Bergbauverbindung zwischen den hochgelegenen Orten Leadhills und Glengonnar/Wanlockhead. Eröffnet 1902 wurde die Strecke 1938 stillgelegt, 1986 für den touristischen Passagierbetrieb wieder reaktiviert und seither liebevoll im historischen Bahnambiente gepflegt. Die Fahrt verspricht tolle Panoramablicke aus den großen Fenstern über die gefällige Berglandschaft.
www.leadhillsrailway.co.uk

Der River Dee bahnt sich seinen Weg in die Bucht von Kirkcudbright und passiert dabei den Künstlerort mit der Burgruine MacLellan's Castle von 1585.

Tarbert mit seinem malerischen Hafen am Loch Fyne ist Ausgangspunkt der Kintyre 66.

ROUTE 3 – KINTYRE 66

DIE UNBERÜHRTE SCHÖNE

Beatle Paul McCartney sorgte 1978 dafür, dass die abgelegene Kintyre-Halbinsel internationale Berühmtheit erlangte. Sein zauberhaft melancholisch intoniertes »Mull of Kintyre« weckte die Region aus ihrem Dornröschenschlaf.

Im Mai 2021 wurde die Kintyre 66, kurz K66 genannt, offiziell lanciert. Sie umfasst im Kern 66 Meilen, etwa 106 Kilometer und führt den Reisenden in einem Rundkurs über die Straßen A83 und B243. Als Start- und Zielpunkt fungiert das kleine Hafenstädtchen Tarbert, das sich in die Bucht eines Nebenarms des Loch Fyne schmiegt. Als einzige von ehedem drei Burgen überragen noch die ruinösen Mauerreste des Royal Castle of Tarbert aus dem 13. Jahrhundert den beschaulichen Hafen, den nun Segeljachten dominieren anstelle der einstigen umfangreichen Fischereiflotte, gleichwohl können noch stets frische Meeresfrüchte direkt vor Ort erworben werden.

Die A83 führt in südwestlicher Richtung aus Tarbert hinaus. Zur Rechten erscheint bald der tief ins Land hineinreichende Fjord des West Loch Tarbert. Nach acht Kilometern ist der Fährhafen Kennacraig erreicht. Hinter der folgenden S-Kurve zweigt im Weiler Redhouse die B8001 links ab. Die schmale Straße bringt uns kurvenreich durch eine offene Hügellandschaft nach Claonaig, Fährhafen für die Schiffe hinüber zur Insel **1 Arran**, deren beeindruckende Silhouette sich uns auf dem Weg schon mehrfach am Horizont offenbarte und weiterhin begleiten wird. Ein knapp zehnminütiger Abstecher führt immer an der Küste entlang zur Ruine von Skipness Castle aus dem 13. Jahrhundert, das vornehmlich strategische Bedeutung am Eingang zum Loch Fyne hatte.

Nun geht es auf einer Single track road schnurstracks auf der B243 in südliche Richtung, stets zur Linken flankiert von hübschen Ausblicken über die Küste des Kilbrannan Sound nach Arran. Die Passierstellen sind hier nicht mit Schildern, sondern mit schwarz-weiß geringelten, Bleistiften nicht unähnlichen, dünnen hölzernen Säulen gekennzeichnet. In stetem Auf und Ab folgt die kurvenreiche Straßenführung der Landschaft, passiert die winzigen Örtchen Crossaig, Cour, Grogport und Dippen, wo ein Abstecher auf die B879 ins niedliche Fischerdörfchen Carradale mit zauberhaftem Strand lohnt. Gegenüber der Village Hall gibt es einen verwunschenen Wanderpfad in den Crow Wood mit teils recht altem Baumbestand.

Weiter nach Süden liegt gegenüber der romantischen Bucht Dippen Bay der Landschaftsgarten von Torrisdale Castle, das ebenso als Unterkunft dient wie das Tower House Saddell Castle unmittelbar am gleichnamigen Strand. Eine lang gezogene Rechtskurve bringt uns schließlich zum Campbeltown Loch und dem vorgelagerten Davaar Island, auf dem im Norden ein kleiner Stevenson-Leuchtturm aufragt.

INFO

Start: Tarbert
Ziel: Tarbert
Länge: 201 Kilometer
Dauer: 1 Tag und jeweils 1 Tag für Islay/Jura und Arran
Beste Reisezeit: März – November

Ruhig und beschaulich geht es zu an der dem Kilbrennan Sound zugewandten Kintyre Küste.

Gleich sieben Höhlen sind auf dem unbewohnten, in Privatbesitz befindlichen Eiland zu finden. Eine davon birgt ein überdimensionales Wandgemälde einer Kreuzigungsszene eines lokalen Künstlers aus dem Jahr 1887. Davaar Island ist bei Ebbe zu Fuß erreichbar und verfügt über einige Ferienhäuser beim Leuchtturm. In **2 Campbeltown** hat die K66 ihren südlichsten Punkt erreicht. Es lohnt jedoch, den Rundweg auf der sehr schmalen Küstenstraße weiter bis zum Weiler Southend zu nehmen, dort soll der heilige Columban erstmals schottischen Boden betreten haben. Zwei Fußabdrücke im flachen Felsen markieren die Stelle, von der aus der Heilige letztmals zurück auf Irland geblickt haben soll, bevor er nach Iona aufbrach.

Die Küste im Westen

Um zu dem in McCartneys Hymne besungenen Kap mit dem Leuchtturm von 1788 zu gelangen, nehmen wir auf der Route nordwärts zurück durch den Glen Breakevie den ersten Abzweig nach links, hinter dem Strand bei der Ruine von St. Columba's Chapel. Ein verwittertes Schild weist uns auf die verschlungene Sackgasse durch einsame, zerklüftete Landschaft dorthin, wo wir der Küste Nordirlands am nächsten kommen. Wir fahren weiter bis zur B843 und am ehemaligen NATO-Flughafen vorbei nach Machrihanish mit seinem wunderbaren breiten Sandstrand und dem bei Golfern ebenso beliebten als wegen seiner Winde gefürchteten Golfplatz. Der erste Abschlag des Course landete bei Abstimmungen zum weltweit besten seiner Art regelmäßig auf Spitzenpositionen. Zwischen dem 16. und 19. Jahrhundert und zeitweise nochmals Mitte des 20. Jahrhunderts wurde in Machrihanish Kohle gefördert, doch davon ist im heutigen Badeort nichts mehr zu entdecken.

Bei Kilmichael erreichen wir die A83, die sich bei nun wieder normaler Breite als pittoreske Küstenstraße mit tollen Panoramen gen Westen über den Atlantik und die benachbarten Inseln entpuppt. Gleich mehrere Sandstrände laden zu wohlfeiler Fahrtunterbrechung ein, wobei auf die größeren Felsen, so an der Bellochantuy Bay, geachtet werden sollte, die mit manch interessanter Versteinerung aufwarten. In der Glenbarr Abbey rechts des Weges etwas nordwärts residierte dereinst der Macalister Clan. Nächste Station nach Tarbert in Richtung Norden ist Tayinloan. Hinter einer Handvoll Häuser und weiten Feldern befindet sich der Fähranleger mit der Passage zum Eiland **3 Gigha**. Durch offene Landschaft, mal nah dran, mal weiter weg vom Meer kommen wir nach einem Wäldchen an eine Anhöhe mit den Standing Stones von Ballochroy und erreichen hinter den Dörfern Clachan und Portachoillan wieder Kennacraig, von hier verkehren die Fähren zur Whiskyinsel **4 Islay**. Hier schließt sich der Kreis der K66, die schließlich in Tarbert endet.

RESTAURANTS / ÜBERNACHTUNGEN

EINKEHREN

★ THE BOATHOUSE
Gediegenes familiengeführtes Restaurant nahe dem Fähranleger auf Gigha mit tollem Blick über die Ardminish Bay. Frische Meeresfrüchte werden gern auch direkt am Strand serviert.
www.boathouseongigha.com

★ JURA HOTEL
Das einzige Hotel auf Jura im Hauptort Craighouse verfügt über ein populäres Restaurant mit rustikalem, traditionellem Charme. Eine Spezialität des Hauses sind die Frühstücksburger.
www.jurahotel.co.uk

★ STARFISH RESTAURANT & GALLERY
Das Menü »Catch of the Day« garantiert fangfrischen Fisch und Meeresfrüchte aus dem für seine hervorragende Qualität bekannten Loch Fyne. Hochgenuss zu moderaten Preisen in maritimem Ambiente.
www.starfishtarbert.com

★ THE OLD CLUBHOUSE
Pubfood und Gourmetdinner, beides bietet das frühere Klubhaus des Machrihanish Golf Clubs seit bald 150 Jahren in stilvoll eleganter Atmosphäre und ganz ohne aufgesetzten Snobismus.
www.machrihanishdunes.com/dine/the-old-clubhouse-pub

★ THE GLEN BAR & RESTAURANT
Das familiengeführte Bistro und Restaurant unweit des niedlichen Hafens von Carradale offeriert frisch zubereitete, lokale Produkte, die zumeist direkt aus dem Loch Fyne stammen.
www.glenbarandrestaurant.co.uk

ÜBERNACHTEN

★ CORRIE HOTEL
Hübsch gelegen und umrahmt von den weiß getünchten Häusern des Fischerdorfs Corrie auf der Isle of Arran besitzt das gemütliche kleine Haus zwar nur zwei Sterne, glänzt dafür aber mit fantastischen Ausblicken über den Firth of Clyde.
www.corriehotel.co.uk

★ AUCHRANNIE RESORT
Wellness, Sauna und Swimmingpools sind die Highlights der weitläufigen, traditionellen Hotelanlage in Brodick auf Arran, zu der auch 30 Lodges sowie drei beliebte Restaurants gehören.
www.auchrannie.co.uk

★ THE UGADALE HOTEL
Traditionsreiche, stilvolle Unterkunft mit Blick über den zauberhaften Sandstrand der Machrihanish Bay und den nicht minder historisch bedeutsamen Golfplatz. Gäste kommen in den Genuss vergünstigter Greenfees.
www.machrihanishdunes.com

★ MACHRIE HOTEL & GOLF LINKS
Nahe der Machrie Bay auf Islay liegt dieses zauberhafte Hotel unmittelbar an Golfplatz und Sandstrand. Es verfügt über große, modern eingerichtete Zimmer und gleich mehrere, vorzügliche Restaurants.
www.themachrie.com

Schottische Meeresfrüchte genießen – frisch serviert und angerichtet – zu Recht einen hervorragenden Ruf.

1

ISLE OF ARRAN

KLEINE WELT IM FIRTH OF CLYDE

Der kleine Minigolfplatz an der Hauptstraße von Brodick mit Blick über die Brodick Bay bringt den weit verbreiteten Ruf der Insel Arran als »Schottland im Kleinformat« auf den Punkt. Miniatur-Findlinge und ebensolche Steinkreise sind im kurz geschorenen Grün zwischen den Betonbahnen ebenso zu finden wie ein exaktes Abbild der ikonischen Eisenbahnbrücke über den Firth of Forth.

In Brodick, dem geschäftigen Hauptort der Insel im Firth of Clyde, gleichzeitig südlichstes Eiland der Inneren Hebriden, legen die Fähren aus Adrossan vom schottischen Festland an, die je nach Saison auch weiter nach Campbeltown verkehren. Auf der gegenüberliegenden Seite der Bucht fällt sogleich unterhalb des alles überragenden Goat Fell, des »Ziegenbergs« mit einer Höhe von immerhin 874 Metern, das am Hang nestelnde Brodick Castle auf. Die Burg im Besitz des National Trust for Scotland stammt ursprünglich aus dem frühen 13. Jahrhundert, das Hauptgebäude in seiner heutigen Erscheinung aus der Mitte des 16. Jahrhunderts.

Bei der 92 Kilometer langen Inselumrundung auf der Küstenstraße A841 erkennt man recht deutlich den topografischen Charakter Arrans, der mit jenem des gesamten Landes vergleichbar ist. Im Süden eher flach mit ausgedehnten Moorlandschaften reckt sich der Norden zusehends himmelwärts. Das Goat Fell als höchster Gipfel lässt sich im Übrigen ohne jegliche Kletterübungen, gleichwohl recht schweißtreibend erwandern, was insbesondere bei gutem Wetter lohnt und ein atemberaubendes Panorama verspricht.
Unterwegs von Brodick in südlicher Richtung erreichen wir im Dörfchen Lamlash wieder die Küste. Direkt gegenüber er-

hebt sich die kleine Holy Isle. Ein Ende des 20. Jahrhunderts dort eingerichtetes buddhistisches Kloster setzt die Legende fort, die einst ein einzelner, in einer Höhle lebender Mönch um das Jahr 600 begann. In der Lamlash Bucht versammelte der norwegische König Haakon seine in der Schlacht von Largs 1263 geschlagene Flotte. Entlang des bisweilen recht schmalen Straßenverlaufs liegen zwischen vereinzelten Weilern immer wieder einige Überreste längst verfallener Burgbefestigungen.
Das Hotel im Dorf Lagg, ein ehemaliges Coaching Inn von 1791, ist das älteste Gasthaus auf Arran. In dem Gebäude soll der Geist eines Gutsherrn umgehen, der seine Seele an den Teufel verkaufte. Statt diesen Legenden nachzusinnen, sollte man eher zu Fuß der romantischen Lovers Lane am Ufer des Torrylinn Water bis zum Sandstrand folgen. In Blackwaterfoot, nun schon an der Westküste Arrans, zweigt die B880 als Querverbindung zurück nach Brodick ab. Diese Straße plante und baute der schottische Ingenieur und Baumeister Thomas Telford im Jahr 1817.

↑ Kreativ gestaltetes Kunsthandwerk spielt auch in Brodick auf Arran eine wichtige Rolle.
← Ursprünglich entstand Brodick Castle auf den Fundamenten einer Befestigung der Wikinger und erfuhr Mitte des 19. Jahrhunderts letzte bauliche Veränderungen.

Geschichte und Geschichten

Wir bleiben an der Küste und machen eine Pause am Parkplatz beim Kings Cave, einer mächtigen Sandsteinhöhle am Meer, die viele mystische Episoden erzählen könnte. Nicht weit davon, und ebenso verschwiegen: die Standing Stones von Machrie Moor. Die Monolithen aus der Bronzezeit prägen das Bild einer üppigen Heidelandschaft. Allein zehn Steinkreise und diverse Grabkammern lassen sich hier erkunden. Die Szenerie zur Rechten beginnt nun zusehends dem Hochland zu ähneln, und kurz vor Lochranza, einem sommerlichen Fährhafen nach Kintyre, passieren wir in Catacol ein architektonisches Unikum. Die »12 Apostel« bestehen aus einer langen Reihe strahlend weißer Häuser hinter von einer Feldsteinmauer gesäumten, lang gestreckten Gärten. Kleinbauern, um 1850 umgesiedelt auf Geheiß des Duke of Hamilton, sollten von hier aus Fischerei betreiben. Der Plan misslang, die »crofter« verließen Arran. Schaut man sich die Hausgiebel genauer an, ist zu erkennen, dass die Fenster zur besseren Unterscheidung jeweils anders geformt sind. In Lochranza wird seit 1995 wieder Whisky gebrannt. Die typischen Pagodendächer der Destillerie kontrastieren mit den scharfkantigen Mauerresten der Burgruine aus dem 16. Jahrhundert auf der Landzunge im Hafen.

TOP ERLEBNISSE

★ LUSTWANDELN IM PARK
Bereits im Jahr 1710 wurde der ummauerte Garten von Brodick Castle im Stil französischer Gartenkunst angelegt, später kam der »Woodland Garden« nach englischem Vorbild dazu, der Natur und Architektur in Einklang bringt. Eine Wanderung durch die sorgsam gepflegte Anlage gibt Einblick in Marotten und Vorlieben des ansässigen Adels. So finden sich hier beispielsweise ein hölzerner Sommerpavillon im bayerischen Stil, ein verspielter viktorianischer Rosengarten, ein künstlicher Wasserfall am Badeteich oder ein »Ice-House« genannter Freiluftkühlschrank.
www.nts.org.uk/visit/places/brodick-castle-garden-country-park

★ SCHOTTISCHE SINNLICHKEIT
Aus »Arran Aromatics«, gegründet 1989, wurde 2009 »Arran – Sense of Scotland«, das populäre Konzept der schönen Düfte blieb jedoch bestehen. Inspiriert von der Natur befinden sich Parfüms, Seifen, Duschgele, Body Lotions und andere Kosmetikartikel im Angebotsportfolio, das in der Manufaktur unweit von Brodick Castle erkundet und gekauft werden kann. Eine interessante Geruchsalternative stellt der Arran's Cheese Shop gleich nebenan dar.
www.arran.com

2

Das figürliche Abbild Linda McCartneys im Memorial Garden

CAMPBELTOWN

IM BANN VON WHISKY UND FILMKUNST

Ohne Sir Paul wäre Kintyre wohl eine abgeschiedene, nahezu vergessene Halbinsel und Campbeltown, die größte Stadt der Region, ohne ihre große Whiskyvergangenheit ein unbedeutendes Mauerblümchen geblieben. Beide profitieren nun von der K66.

Unbestätigten Berichten zufolge waren im 1607 gegründeten Campbeltown einmal 34 Whiskydestillerien aktiv. Zudem gab es eine florierende Fischereiindustrie. Doch die glorreichen Zeiten sind lange vorbei. In den letzten Jahren hat man begonnen, getragen vom boomenden Whiskymarkt, die Traditionen wiederzubeleben. Drei Brennereien – Springbank, Glen Scotia und Glengyle – nahmen nach langen Unterbrechungen ihre Produktion wieder auf.
Palmen an der Hafenpromenade Campbeltowns weisen auf die klimatischen Begünstigungen der Region durch den Golfstrom hin. Auch Linda McCartney (1941–1998), Fotografin, Musikerin und erste Ehefrau von Sir Paul, wusste das zu schätzen. Das prominente Paar genoss die Ruhe Kintyres, widmete sich auf der High Park Farm ungestört der Erziehung ihrer Kinder und war im Städtchen gern gesehen. Nach ihrem frühen Tod errichtete man hinter dem lokalhistorischen Campbeltown Museum zu Lindas Ehren einen kleinen »Memorial Garden« in dessen Mitte eine bronzene Statue platziert wurde. Der Garten grenzt an den Hinterausgang des ältesten Kinos Schottlands. The Wee Picture House in eleganter Jugendstilarchitektur aus dem Jahr 1913 konnte vor dem Verfall bewahrt werden. Das Lichtspielhaus erstrahlt seit Ende 2017 nach aufwendiger Restaurierung wieder im alten Glanz des Art déco und erfreut sich großer Popularität.

TOP ERLEBNISSE

★ HÖHLENMALEREI AUF DAVAAR ISLAND
Die Höhlenmalereien sind ein besonderes Pilgerziel, aber nur bei Ebbe erreichbar.
www.davaarisland.co.uk

3

Achamore House ist von einer üppigen Parkanlage umgeben.

DIE INSEL GIGHA

VOM KLIMA VERWÖHNT

Vor Tayinloan an der Westküste Kintyres liegt das in wenigen Minuten mit der Fähre erreichbare Eiland Gigha. Lang und schmal von Nord nach Süd ausgerichtet, verzückt es mit bezaubernden Stränden und einer prachtvollen Gartenanlage.

Rhododendren in allen erdenklichen Farben prägen die etwa 20 Hektar großen Achamore Gardens südlich des Inselzentrums von Ardminish. Angelegt im Jahr 1944 vom ehemaligen Inseleigentümer Sir James Horlick, entstand rund um das heute in Privatbesitz befindliche Achamore House von 1884 ein waldähnlicher Park, der nicht nur Blumenfreunde entzückt. Die Insel, und damit auch der Garten, befinden sich seit 2002 im Besitz der Gemeinde Gigha. Nördlich an Achamore Gardens angrenzend liegt eine kleine, mit groben Feldsteinen umfriedete Begräbnisstätte, darin steht die Ruine von Kilchattans Chapel. Die Kapelle aus dem 13. Jahrhundert mit einem filigranen Lanzettfenster im Ostgiebel ist St. Catan gewidmet, einem irischen Missionar im Gefolge von St. Columban aus dem 6. Jahrhundert.
Entlang der einzigen größeren Straße auf Gigha, die vom Leim Pier im Süden bis zur Palm Tree Beach führt, reihen sich inmitten der von Landwirtschaft dominierten Inselszenerie diverse Standing Stones, wie der »Zahn des Riesen«, während die schönsten Strände vor allem im Norden und an der Ostküste zu finden sind. Twin Beaches sticht besonders heraus, gleich von zwei Seiten kräuselt sich die Gischt des Meeres hier über den feinen Sand. Statt des Autos machen auf Gigha Schusters Rappen oder Drahtesel weit mehr Sinn.

TOP ERLEBNISSE

WEE ISLE DAIRY
Die Eiscreme dieser Eisdiele in Tarbert gilt als kulinarisches Gedicht.
www.facebook.com/WeeIsleDairy

HOCHPROZENTIGER KONKURRENT

Das »Wasser des Lebens«, Uisge Beatha im Gälischen, hat seinen Ursprung Überlieferungen zufolge zwar wohl eher in Irland, doch wird Whisky zuallererst mit Schottland in Verbindung gebracht.

Als schottisches Gold fast schon glorifiziert, erzielen seltene Abfüllungen erstaunliche Auktionspreise, die Flasche und Fass eines Single Malt als Geldanlage interessant machen. Der Wermutstropfen für Spekulanten mit edlen Destillaten: Die Verkostung bleibt dem Käufer vorbehalten. Auch Autoreisende sollten der Verlockung widerstehen. Zwar liegt die Promillegrenze in Schottland bei 0,5, im restlichen Großbritannien bei 0,8, doch ist Alkohol am Steuer selbst in abgelegenen Regionen kein Kavaliersdelikt. Daher sollte man nach Führungen durch eine der vielen Brennereien auf jeglichen Genuss von Whisky verzichten und nach Tastings, den meist abendlichen Probierstunden, eine Mitfahrgelegenheit organisiert haben.

Urkundliche Erwähnung fand das etwa um 500 n. Chr. von den Kelten kreierte natürliche »Medikament« erst 1494 in einem Steuerdokument aus dem Benediktinerkloster Lindores. Darin bestätigt der Mönch John Cor den Kauf von einem Quantum Malz zur Herstellung eines »Lebenswassers«. Die

← Ein typisches Tasting-Glas an der Bunnahabhain Distillery vor der Kulisse der markanten Paps of Jura.
↙ In großen Lagerhäusern, den »warehouses«, reifen nach mindestens drei Jahren die edlen Destillate zum Single Malt Whisky heran.
↓ Einige der Zutaten für die Herstellung des Lussa Gin auf Jura

Menge wäre ausreichend für etwa 400 Flaschen Whisky gewesen. 150 Jahre später taucht schließlich der Begriff Whisky erstmals auf. Destilliert wurde das alkoholische Getränk damals nahezu überall, denn es gab keine Regeln zur Herstellung. Sie kamen erst mit einer Steuer, die landesweit illegales Schwarzbrennen heraufbeschwor. 1823 schließlich erließ man ein Gesetz zur Lizensierung der Produktion von Alkohol, das jedem gegen Gebühr die Destillation erlaubte.
Die eigentliche Herstellung verläuft vereinfacht dargestellt wie folgt: Getrocknete, gereinigte Gerste, eingeweicht in Wasser, kommt für mehrere Tage auf einen Malzboden oder in Malztrommeln und keimt dabei aus. Das Gerstenmalz wird auf Darrböden mittels Feuerrauch getrocknet. Nach Mahlen und Vermengen mit heißem Wasser kommt das Gemisch in die Maischetonne. Das Filtrat daraus wird im Gärbottich mit Hefe versetzt, und in vier Tagen hat der Rohalkohol etwa 8 Vol.-% erreicht. Zweimalige Destillation mittels Erhitzens in kupfernen »pot stills« (Brennblasen) erhöht den Alkoholgehalt auf 63 bis 70 Vol.-%. Das fertige farblose Destillat wird in gebrauchte Eichenfässer abgefüllt und für mindestens drei Jahre zur Reifung in »warehouses« gelagert. Dadurch erhält der Whisky seine typische bernsteingelbe Farbe. Geschmacksvariationen entstehen neben der Lagerdauer durch die Beschaffenheit der Fässer, die auch alte Sherry- oder Bourbonfässer sein können.

Regionen und Trends

Schottland umfasst fünf klassische Whiskyregionen: von den in Geschmack und Aroma eher milden Lowlands über die torfig-rauchigen von Islay und aus Campbeltown sowie von den Highlands (Skye bis Orkney) bis zu den sehr ausgewogenen Whiskys aus der Speyside, die insbesondere für Whisky-Neulinge zu empfehlen sind. In jüngster Vergangenheit etablieren sich zunehmend neue, kleine Destillerien, die eine frische Brise durch vermeintlich angestaubte Traditionen pusten, aber stets die drei Jahre Reifeprozess respektieren müssen. Ähnlich kreativ wie in der boomenden Craftbeer-Szene bekommt auch der Whisky Gegenwind, und zwar durch Gin. So könnte nämlich der Wacholderschnaps in Schottland, mittlerweile internationales Trendgetränk, der Whisky des 21. Jahrhunderts werden. Die Destillation erfordert weniger technischen Aufwand, die Reifezeit ist wesentlich kürzer und die Geschmacks- und Aromenvielfalt durch Zugabe natürlicher Pflanzenextrakte schier unendlich. Wie in Lussa auf der Insel Jura finden sich kleine, feine Gindestillerien nun fast überall im Land. Ideenreiche, oft junge Leute experimentieren mit Aromen und Pflanzen aus ihrem nahen Umfeld und kreieren höchst individuelle, qualitativ hochwertige Produkte.

ISLAY UND JURA

DIE UNGLEICHEN SCHWESTERN

Freunde des »schottischen Goldes« schwören auf den eher torfigen Whisky von der Insel Islay, die es auf derzeit stattliche neun renommierte Brennereien bringt. Das benachbarte, nur durch einen Hüpfer mit der Fähre erreichbare Jura nennt lediglich eine Whiskydestillerie ihr Eigen, glänzt dafür aber mit rauer Abgeschiedenheit.

Schon bei der Zufahrt auf den Hafen von Port Ellen im Süden Islays fallen beim Blick von Bord der »Caledonian MacBrayne«-Fähre die weißen Gebäude, die Schornsteine und die Pagodendächer der an der Küste gelegenen Whiskydestillerien Laphroaig, Lagavulin und Ardbeg auf. Unübersehbar ihre Namenszüge in riesigen schwarzen Lettern auf der Fassade, die sich gebrochen in der auslaufenden Meeresbrandung spiegeln. Das Dorf Port Ellen, ebenfalls fast ganz in Weiß, schmiegt sich heimelig in die östlichste Bucht der Kilnaughton Bay. Ihr gegenüber wacht der gedrungene eckige Leuchtturm Carraig Fhada über einfahrende Schiffe und über den kleinen, von schroffen Felsen umrahmten Sandstrand The Singing Sands.

Über die Straße A846 geht es nordwärts in Richtung Inselmitte. Schon bald knickt die Straße fast im rechten Winkel ab. Die B8016 geradeaus ist die ursprüngliche sehr schmale Zuwegung, aber eine Zumutung für die Stoßdämpfer. Stattdessen machen wir den empfohlenen Schlenker, der uns am

4

Machrie Hotel, dem populären Links-Golfplatz und dem dünenartigen Sandstrand Laggan Bay vorbeiführt. Den kleinen Inselflughafen passierend, sind wir bald in Bowmore, dem gefühlten Inselzentrum, angelangt. Die Straße umkurvt die Friedhofsmauer der Kilarrow Church von 1797. Sie ist eine von nur zwei Rundkirchen in Schottland ohne Ecken, damit der Teufel kein Versteck findet. Von der Kirche aus schweift der Blick hinunter zum Hafen über einen breiten, von kleinen Häusern gesäumten Boulevard. Nicht weit davon gründete sich 1779 mit Bowmore die nunmehr älteste Destillerie Islays. In Bridgend zweigt die A847 ab. Ihr folgen wir stets am Ufer des Loch Indaal entlang über Bruichladdich, mit einer weiteren Destillerie, und Port Charlotte bis zum Dorf Portnahaven, das sich um eine nach Westen offene Bucht über mehrere Terrassen bis hinunter zum Wasser erstreckt. Den Charme dörflicher Ruhe stört mitunter der gewöhnungsbedürftige »Gesang« von Seehunden beim Sonnenbad. Die malerischen Buchten an der Westküste, Kilchiaran Bay und Machir Bay, sind über schmale Nebenstraßen erreichbar, auch der für seine vielfältige Vogelwelt bekannte Loch Gruinart im Inselnorden. Vor dem Fährhafen von Port Askaig mit Verbindungen nach Jura, Colonsay und Kennacraig zweigt ein Weg links ab und führt zu den traditionsreichen Whiskydestillerien Caol Ila und Bunnahabhain sowie zur noch sehr jungen Brennerei Ardnahoe, die ihre erste Fassabfüllung im November 2018 vollzog.

Geburtsstätte des Großen Bruders

Die einzige Straße auf dem dünnbesiedelten Jura zieht sich über gut 40 Kilometer längs der dem Festland zugewandten Küste des Sound of Jura vom Fähranleger Feolin bis zum Ardlussa Estate, einem Herrenhaus von 1850. Kurz danach endet der befestigte Weg. Noch weitere elf Kilometer durchs Gelände mit fantastischen Aussichten, und Barnhill ist erreicht. Das Haus diente im Jahr 1947 dem Schriftsteller George Orwell als Rückzugsort zum Verfassen seines futuristischen Romans »1984«.
Man muss jedoch nicht bis Barnhill pilgern, um den eigentümlichen Charakter Juras zu entdecken. Unter den drei markanten Bergspitzen der Paps of Jura, die in ihrer Form weiblichen Brüsten ähneln und mit 733 bzw. 785 Metern Höhe quasi von überall auf Islay und der Kintyre-Halbinsel zu sehen sind, tummelt sich eine Unmenge an Hirschen. Wie andernorts Schafe können sie schon einmal den geringen Verkehr durch bockiges Ausharren auf der Fahrbahn zum Erliegen bringen. Im Hauptort Craighouse vis-à-vis der Jura Distillery erinnern Palmen an das vom Golfstrom begünstigte Klima.

↑ Pittoresk umschmiegt Portnahaven das Südende der Rhinns of Islay. Das Dorf wurde vor knapp 200 Jahren im Zuge der »Highland Clearances« geplant angelegt.
← Die kleine Bucht Machir Bay im Westen Islays gilt noch als Geheimtipp unter den Stränden der Insel.

TOP ERLEBNISSE

★ MACDONALDS GEBURTSSTÄTTE

Lange Zeit war man sich der Bedeutung Finlaggans nördlich des Weges nach Port Askaig nicht bewusst, gelten doch zwei der drei Inseln im See als Gründungsplatz des Clans Donald, der Lords of the Isles. Zwischen einem Meer aus Wildblumen zeugen Reste von 28 Gebäuden von der historischen Wiege gälischer Kultur.
www.finlaggan.org

★ DER GROSSE STRAND

Trotz seiner zwölf Kilometer Länge besitzt der von den Inselbewohnern liebevoll »Big Strand« genannte, pittoreske Küstenabschnitt zwischen der Laggan Farm im Norden und Kintra im Süden nur wenige Zugangsmöglichkeiten. Doch die Anfahrt lohnt genauso wie ein entspannter Aufenthalt zwischen Brandung und Dünen. Speziell in den Abendstunden schweift der unverstellte Blick gen Westen über den Atlantik.
www.islayinfo.com/the-big-strand.html

INS WESTLICHE HOCHLAND

Glasgow ist Ausgangspunkt der Fahrt, die über Inverclyde durch die von tiefen Fjordeinschnitten wild zerklüfteten, aber weitgehend unberührten Landschaften Argylls bis nach Oban führt, dem Portal zu den Hebriden. Über das legendäre Glencoe in typischer Hochlandszenerie und Loch Lomond geht es zurück bis vor die Tore der größten Stadt Schottlands.

Am George Square vor der beeindruckenden Kulisse der Glasgow City Chambers, dem repräsentativen städtischen Verwaltungssitz, beginnt unsere Reise, die uns zunächst zu einigen der wichtigsten Sehenswürdigkeiten Glasgows führt. Die Stadt hat sich längst aus dem Image eines grauen, von zahlreichen Werften längs des River Clyde geprägten Industriemolochs befreit und zu einer weltoffenen Kulturmetropole gemausert. Über die westlichen Vororte fahren wir westwärts auf der A8 und der schmalen Old Greenock Road, zweigen dann am Finlayston Country Park nach Süden und umrunden den weitläufigen Clyde Muirshiel Regional Park. Über Largs und Wemyss Bay fahren wir an der Clydeküste bis zum Fährterminal von Gourock. Dort setzen wir mit den Western Ferries nach Dunoon auf der Argyll-Halbinsel über.
In Dorf Dalinlongart am Holy Loch verlassen wir die A815 und fahren auf der einsamen und hügeligen, zumeist als Single track ausgelegten B836 durch Nadelwälder und Marschland. Nach Umrundung des nördlichsten Zipfels des Loch Striven erreichen wir in der Gemeinde Auchenbreck die A886. Wir verlassen sie am schon bald erreichten Abzweig auf die A8003, die zunächst erneut einspurig dem Verlauf des River Ruel folgt, der seinerseits kurz darauf in den Loch Ruel mündet. In Tighnabruich

INFO

Start: George Square, Glasgow
Ziel: Dumbarton Hill, Dumbarton
Länge: 546 Kilometer
Dauer: 2–3 Tage
Beste Reisezeit: März – November

Am River Clyde, einst Zentrum britischen Schiffsbaus, löst moderne Baukunst düstere Industriearchitektur ab.

North Morar
Murlaggan
Loch Arkaig
Brae Roy Lodge
Creag Meagaidh 1128
889
0 10 km
Bunacaimb
Loch Morar
Sgurr Thuilm 964
Achnacarry House
Clunes
Glen Roy
Loch Laggan
Dalwhinnie
South Morar
830
Gairlochy
Spean Bridge
Roybridge
86
Moy Lodge
Beinn Dearg 1008
Lochailort
Loch Eilt
Glenfinnan
82
Tulloch Station
Beinn a'Chlachair 1088
Ben Alder Lodge
Drumsallie
Banavie
Corpach
Inverlochy Castle
Caol
9
861
Moidart
Loch Shiel
Fort William
Stob Choire 1176
Loch Treig
Loch Ericht
Forest of Atholl
Ben Nevis 1343
Ardmolich
Creaguaineach Lodge
Garry
Loch Ossian
Dalchalloch
Clachan
Tressait
Salen
82
Corran
Kinloch Rannoch
Strontian
North Ballachulish
Killichonan
861
Onich
2
Loch Leven
Kinlochleven
Blackwater Reservoir
Rannoch Station
Tummel Bridge
Creach Bheinn 853
Glenachulish
Glen Coe
Altnafeadh
Schiehallion 1083
Loch Linnhe
1148
Bidean nam Bian
Kingshouse
Castle Menzies
Morvern
Keil
Aberfeldy
Clach Leathad 1098
828
Castle Stalker
Portnacroish
Gualachulain
Mountains
Lyon
Fortingall
Kenmore
Achranich
Loch an Daimh
Port Appin
Creagan
Loch Tulla
Achallader
Ben Lawers 1214
Acharn
Loch Etive
Inveroran Hotel
Sea Life Centre
Barcaldine
Loch Lyon
Fishnish
Lismore
Bridge of Orchy
Milton Morenish
827
Loch Tay
Benderloch
Ardchattan Priory
Dun da Ghaoithe 766
Craignure
82
Ardeonaig
Killin
Ben Chonzie 929
Dunstaffnage Castle
Lochdon
Torosay Castle
Dunbeg
Connel
Grampian
Orchy
Tyndrum
Falls of Dochart
Breadalbane
Kilchurn Castle
85
85
Oban
McCaig's Tower and Battery Hill
Taynuilt
Ben Lui 1130
St. Fillans
Comrie
85
Kerrera
Cleigh
Lochearnhead
Crianlarich
Balquhidder
Dalmally
Loch Voil
Loch Earn
Kilninver
Kilchrenan
Cladich
Trossachs
84
Ben Vorlich 985
Bridge over the Atlantic
Lorn
819
Strathyre
Dalchruin
Easdale
Seil
816
Ballimeanoch
Ardlui
National
Loch Lubnaig
Clachan
Stronachlachar
Loch Katrine
Luing
Kilmelford
Blarghour
Inveraray Castle
83
Cairndow
Beinn Ime 1011
Ben Ledi 878
Callander
Braco
Rob Roy & Trossachs Visitor Centre
Greenloaning
Arduaine
Inveraray
1
Inveruglas
Lunga
Barravullin
Loch Awe
Durran
Stone Gardens
821
Lendrick
84
Toberonochy
Auchindrain Old Highland Township
815
Tarbet
Arrocher
Kinlochard
81
9
Port of Menteith
Doune
Dunblane
Scarba
Sauna
Ford
Auchindroin
Fincharn
Loch Fyne
Strachur
Lochgoil-head
Park
Aberfoyle
873
Thornhill
Bridge of Allan
Carnassarie Castle
Carnassarie
Rowardennan Lodge
Forth
Teith
M9
Aird
Cararae
814
81
Kilmartin
Argyll
Newton
815
Loch Lomond
811
Kippen
Jura
Crinan
Dunadd Fort
Castle Lachlan
Carrick
82
Luss
Buchlyvie
Stirling
Minard Castle
Garelochhead
Bellanoch
816
Cairnbaan
Faslane
Rossdhu House
Drymen
811
Balfron
Fintry
Ardlussa
Lochgilphead
886
Arden
875
Gare Loch
Ardentinny
Balloch Castle
Killearn
M80
Tayvallich
Kilmory Castle
Loch Long
Sea Life Loch Lomond Aquarium
Ardrishaig
Otter Ferry
Benmore
Helensburgh
Balloch
Denny
Glendaruel
880
83
Inverneil Ho
Alexandria
809
81
Netherton
Kilsyth
Keillmore
Loch Sween
Loch Riddon
Ardtaraig
Holy Loch
Kilmun
Kilcreggan
803
Cumbernauld
Loch Fyne
Auchenbreck
Loch Striven
St. Columba's Cave
Dunoon
Kirn
Gourock
Dumbarton
Dumbarton Castle
Antonine Wall
Greenock
Port Glasgow
8
Bearsden
Kirkintilloch
Colintraive
8003
M8
Glasgow Airport
73
Kames
Wemyss Bay
Kilmacolm
M73
Coatbridge
Loch Caolisport
Millhouse
886
Clyde
Clydebank
GLASGOW
Airdrie
Knapdale
Portavadie
Tarbert
Skelmorlie
Johnstone
Paisley
Muirshiel
Rothesay
78
Cretshengan
M74
Rutherglen
Motherwell
Kilberry Stones
Ardlamont Point
Regional
844
845
737
Barrhead
Crinan Canal
Largs
Vikingar!
Lochwinnoch
Skipness
844
760
77
Hamilton
Neilston
Ardpatrick Point
Skipness Point
Millport
Kelburn Castle
83
Clachan
Claonaig
Fairlie
Kilbirnie
Beith
East Kilbride
Park
Larkhall
Lugton
Garroch Head
Burnhouse
726
Gigha
Crossaig
West Kilbride
Dunlop
Corse Hill 376
72
Kintyre
Portencross
Dalry
735
Arran
Sound of Bute
Seamill
Kilwinning
736
Stewarton
Strathaven
Sound of Jura

Glen Coe, das »Tal der Tränen«, erscheint insbesondere im herbstlichen Zwielicht als ein Ort tiefer Melancholie.

folgen wir der B8000 in südwestlicher Richtung und machen einen kurzen Abstecher zur maritimen Freizeitanlage Portavadie Marina. Zurück an der Kreuzung in Millhouse nehmen wir die überwiegend einspurige B8000 nach Norden durch eine einsame Landschaft mit vereinzelten Höfen, flankiert von Hecken, knorrigen Bäumen, Trockenmauern und ungezählten Schafen, bis wir in Otter Ferry die Argyll's Secret Coast erreichen.

Die »versteckte Küste« gehört dem für seine exzellenten Meeresfrüchte bekannten und weit ins Landesinnere hineinreichenden Loch Fyne, dessen südliches Ufer uns nun mit netten Ausblicken übers Wasser in der Folgezeit begleitet. In Newton trifft die einsame Küstenstraße auf die A886, die weiterhin an der Küste, nun auch wieder durch vereinzelte kleine Ansiedlungen verläuft. An der Strachur Bay übernimmt die A815 die Route und später in Cairndow die A83. Sie führt in Clachan um die Mündung des River Fyne herum, an der wir in der Brauerei die Fyne Ales probieren können und beim nächsten Stopp bei Loch Fyne Oysters die schmackhaften Früchte des Meeres. In **1 Inveraray** überqueren wir zwei schmale, mit Ampeln regulierte Brücken und biegen hinter der Zufahrt zum Schloss auf die A819 durch ein frei stehendes Stadttor ab.

Über weitgehend unberührte Hochflächen des Glen Aray steuern wir auf den nächsten sehr langen und sehr schmalen Loch Awe zu, dessen südlichem Ufer wir von Cladich aus auf der schmalen B840 folgen. In Ford knickt die Straße an der roten Telefonzelle links ab und trifft in Carnassarie auf die A816. Hinter Kilmartin halten wir uns rechts auf der B8025, die uns durch Auwiesen zum Crinan Canal führt. 1801 eröffnet, schuf die künstliche Wasserstraße eine direkte Verbindung zwischen dem Sound of Jura und Loch Fyne bzw. dem Firth of Clyde und damit einen sichereren Schifffahrtsweg zwischen dem Atlantik und Glasgow. Heute dient der Kanal vornehmlich den Freizeitkapitänen. In Cairnbaan biegen wir nach links auf die A816, die uns über offene Höhen und entlang aussichtsreicher Küstenabschnitte nach Oban bringt. Unterhalb des McCaig's Tower, des ungewöhnlichen kleinen Kolosseums vom Ende des 19. Jahrhunderts, legen die Fähren ab, die zwischen der Inselwelt der Inneren und Äußeren Hebriden und dem schottischen Festland pendeln.

Zauberhaftes Hochland

Weiter geht es nordwärts auf der A85, bis wir in Connel am Übergang der Ardmucknish Bay in den Loch Etive auf die A828 wechseln und die Meerenge über die Ferry Bridge queren. 1903 als Eisenbahnbrücke in Betrieb genommen, sind heute nur Autos auf der mit Ampeln geregelten, einspurigen Stahlkonstruktion unterwegs. Flankiert von großartigen Panoramen gen Westen über die verschachtelte Inselwelt des Loch Linnhe und das sich am jenseitigen Ufer zu beachtlichen Höhen auftürmende einsame Hügelland folgen wir dem Verlauf der Küste über Port Appin bis zur nächsten Meerenge, die bei Ballachulish den Loch Leven vom offenen Meer trennt. Richtung Osten liegt nun die Region vor uns, die gemeinhin als typisch für die schottischen Highlands gilt, **2 Glen Coe**. Die Straße A82 windet sich klein und ehrfurchtsvoll durch eine sich neben ihr im Tal des Flusses Coe entfaltende und ebenso atemberaubende wie majestätische Berglandschaft. Einige wenige Nebenstrecken, bekannt durch Szenen aus dem gleichnamigen James-Bond-Blockbuster »Skyfall«, entlang des teilweise wilden River Etive bis zur Mündung in den Loch Etive gleichen Ausflügen in eine andere Welt. Garniert mit zahlreichen Aussichtspunkten hinein in die schier endlose Einsamkeit und mit faszinierenden Blicken über geheimnisvolle Seen gelangen wir in Tyndrum am legendären, bei Wanderern beliebten Green Welly Stop wieder zurück aus der Romantik.

Streng südwärts gerichtet gelangen wir bald an den nördlichen Zipfel des viel besungenen Loch Lomond als Zentrum des Nationalparks vor den Toren Glasgows. Obwohl zweispurig, ist die Straße zu Anfang unmittelbar am Seeufer sehr eng und kurvenreich, daher mit Vorsicht zu befahren. Am Gelände des international renommierten Golfplatzes zweigen wir rechts ab und unternehmen noch einen gefälligen Schlenker an den Gare Loch und erreichen über Helensburgh und die A818 den Südzipfel des Loch Lomond. Kurz darauf sind wir am Zielpunkt am frühmittelalterlichen Dumbarton Castle, das auf einem Felsen oberhalb des Clyde thront, angekommen.

RESTAURANTS / ÜBERNACHTUNGEN

EINKEHREN

★ WILLOW TEAROOMS
Vor wenigen Jahren umfangreich restauriert, repräsentiert das Teehaus hinter der beeindruckenden Jugendstilfassade an der Sauchiehall Street wieder authentisch den Geist Mackintoshs und die exzentrischen Ideen Kate Cranstons. Die Scones sind ein Gedicht.
www.mackintoshatthewillow.com

★ UBIQUITOUS CHIP
Atmosphärisch dicht, immer gut besucht und beliebt wegen seiner kreativen Karte ist das Kult-Lokal im Glasgower Studentenviertel an der Ashton Lane.
www.ubiquitouschip.co.uk

★ THE GEORGE
Das Restaurant des Hotels im Gebäude aus der Gründerzeit Inverarays kredenzt in urigem Ambiente schmackhafte Gerichte aus qualitativ hochwertigen Produkten der Region und besitzt eine vorzügliche, gut sortierte Whisky-Bar.
www.thegeorgehotel.co.uk

★ PIERHOUSE HOTEL
Idyllisch in Port Appin am Loch Linnhe gelegen konkurriert die tolle Aussicht aus den großen Fenstern mit der hervorragenden regionalen und saisonorientierten schottischen Küche.
www.pierhousehotel.co.uk

★ LOCH LEVEN SEAFOOD CAFÉ
Die sensationelle Meeresfrüchte-Platte lockt Gäste von weither an die Gestade von Loch Leven in das unscheinbare und einfach ausgestattete Lokal. Unbedingt vorbestellen!
www.lochlevenseafoodcafe.co.uk

ÜBERNACHTEN

★ GRAND CENTRAL HOTEL
Kunstvoll integriert in das eindrucksvolle Bahnhofsgebäude der Glasgow Central Station, begleitet das ehrwürdige Hotel eine höchst glamouröse Historie, die es noch immer lebt.
www.grandcentral.vocohotels.com

★ PORTAVADIE MARINA
Ferienhäuser und Apartments, ein Hotelbetrieb und unterschiedliche gastronomische Angebote sowie diverse Freizeitmöglichkeiten scharen sich um den modernen Jachthafen am Eingang zum Loch Fyne.
www.portavadie.com

★ PERLE HOTEL OBAN
Das frühere Caledonian Hotel an der Promenade Obans gehört nun zur britischen Hotelgruppe PERLE, hat dadurch aber nichts von seinem viktorianischen Charme eingebüßt.
www.perlehotels.com/oban

★ ALLTSHELLACH
Der alte, inzwischen als Hostel genutzte Bischofssitz in schöner Lage am Nordufer des Loch Leven atmet noch immer nostalgischen Charme und ist ein idealer Ausgangspunkt für Wanderer.
www.hfholidays.co.uk/country-houses/locations/glen-coe-scottish-highlands

★ INVERCOE CARAVAN & CAMPING PARK
Zauberhafter Campingplatz mit traumhaften Aussichten über Loch Leven und ins Tal von Glencoe, der auch über einige Ferienhäuser verfügt.
www.invercoe.co.uk

Jugendstilästhetik des Charles Rennie Mackintosh in den Willow Tea Rooms an der Sauchiehall Street

1

DIE WESTLICHEN HIGHLANDS

HOCHLANDROMANTIK

Von Glasgow, der größten Stadt des Landes, ist der Weg nicht weit in Richtung Westen. Es geht mitten hinein in die typische Hochlandromantik, die über einsame Wege zu zauberhaften Schlössern, heimeligen Dörfern und historisch bedeutsamen Kulturschätzen führt.

Hinterlassenschaften der Wikinger sind in Schottland weithin verbreitet. Als sich ihre Ära dem Ende entgegenneigte, wurden die streitsüchtigen Nordmänner anfälliger und verletzbar. Ein Gefecht in Largs Anfang Oktober 1263 markiert den Beginn kriegerischer Auseinandersetzungen zwischen Norwegern und Schotten, die 1266 durch den Frieden von Perth beigelegt wurden. Im Vikingar Zentrum der kleinen Stadt am Firth of Clyde erinnert man an das Geschehen, das zunächst keinen Sieger hatte. Etwas südlich bei Fairlie liegt die wohl exzentrischste aller schottischen Burgen: Kelburn Castle, ein Wohnturm von 1581 mit späteren Erweiterungen zu einem stattlichen Herrenhaus, erhielt auf Geheiß des Eigentümers, des Earl of Glasgow, 2007 eine großflächige, von brasilianischen Künstlern gestaltete, fantasievolle Graffitidekoration.
Als Zwischenlösung bis zur anstehenden Fassadenrenovierung gedacht, entwickelte sich die ungewöhnliche Street-Art zu einem derartigen Publikumsmagneten, dass selbst die

Hüter des Denkmalschutzes von Historic Environment Scotland ein Einsehen hatten und die Kunst am Bau weiterleben durfte.

↑ Die zahlreichen Fährverbindungen in die Inselwelt der Inneren und Äußeren Hebriden verschafften dem Hafen von Oban eine herausragende Stellung an der Westküste.
← Kelburn Castle wurde im Jahr 2007 eher zufällig zu einer Ikone der Graffiti-Kunst.

Gelobtes Wasser

Während der Firth of Clyde in erster Linie als wichtiger Schifffahrtsweg zu den Werften nach Glasgow, für die Kreuzfahrtschiffe zum Terminal nach Greenock und für die U-Boote der britischen Marine nach Faslane am Loch Long dient, hat Loch Fyne vor allem einen Namen in Gourmetkreisen. Fisch und Meeresfrüchte genießen einen herausragenden Ruf. Speziell die Austern gelten als Delikatesse, weil sie von der besonderen Wasserqualität profitieren. So bilden sie eine Art kulinarisches Rückgrat für das ungewöhnliche Städtchen und historische Fischerdorf Inveraray. In Sichtweite zum Stammsitz des Duke of Argyll, dem neugotischen Inveraray Castle, plante der Baumeister John Adam ab 1750 eine komplett neue, in sich abgeschlossene Siedlung aus weißen zwei- und dreigeschossigen Wohn- und Geschäftshäusern.
Ein lohnenswerter Abstecher führt zur Burgruine Kilchurn Castle aus dem 16. Jahrhundert, die sich verträumt vor prächtiger Hochlandkulisse im Loch Awe spiegelt. Den langen und gefährlichen Umweg übers Meer um die Kintyre-Halbinsel kürzte der 14 Kilometer lange, 1801 eröffnete Crinan Canal ab und schuf eine erste Verbindung zwischen Atlantik und dem Firth of Clyde. 15 Schleusen müssen dafür überwunden werden. Wirtschaftlich ertragreich war die künstliche Wasserstraße lediglich in den Anfangsjahren, einmal mehr war es Queen Victoria, die nach ihrer Reise auf dem Kanal 1847 Fremdenverkehr auslöste, und so erfreuen sich heute Ausflügler mit ihren Booten und Jachten an der gemütlichen Abkürzung. In der Nähe liegen bedeutende Kulturstätten wie bei Kilmartin das Dunadd Fort auf den Felsen, wo Pikten und Skoten die ersten Könige im Reich Dalriada krönten. Ein paar deutlich erkennbare Fußabdrücke auf den Steinen geben noch immer Rätsel auf.
Durch den betriebsamen Hafen mit reichlich Frachtverkehr auch von der 1794 gegründeten Whiskybrennerei und zahlreichen abgehenden Fährverbindungen mutierte die Stadt Oban im schützenden Schatten des Eilands Kerrera schon früh zum Portal in den Hebriden-Archipel, Gateway to the Isles. Der 1880 aufgenommene Bahnbetrieb verstärkte diesen Effekt noch und sorgte für den Titel als inoffizielle Hauptstadt des Westlichen Hochlandes, der den würdevollen Seebadcharakter des Ortes repräsentiert.

TOP ERLEBNISSE

★ WAVERLEY

»Doon the Watter« ging es im vergangenen Jahrhundert für die Ausflügler von Glasgow und der Region Inverclyde, man reiste übers Wochenende in die Badeorte nach Argyll & Bute. Diese Tradition setzt der einzige noch fahrbereite hochseetüchtige Schaufelraddampfer, Baujahr 1947, heute noch fort. Eine Kreuzfahrt an Bord der P/S »Waverley« ist stets ein zauberhaftes Landschaftserlebnis.
www.waverleyexcursions.co.uk

★ »STONE SKIMMING« -WELTMEISTERSCHAFTEN

Alljährlich im September werden auf der Insel Easdale im Norden der Slate Islands die Weltmeisterschaften im Steinehüpfen ausgetragen. Die besondere geologische Beschaffenheit der Region begründete schon im 16. Jahrhundert einen umtriebigen industriellen Abbau von Schiefer. Die Strände sind noch heute übersät mit flachen Steinen, ideal für diese Freizeitbeschäftigung, die seit 1997 regelmäßig zum internationalen Wettstreit avanciert.
www.stoneskimming.com

NÖRDLICHES ARGYLL

GROSSARTIG UND SCHICKSALHAFT

Hochland-Landschaft im allerbesten Sinne bietet die Region nordwestlich von Glasgow: majestätisch und unnahbar zugleich, mystisch, abgeschieden und voller, aus tragischer Geschichte resultierender Widersprüche. Oft wolkenverhangen und etwas seltener in gleißendem Sonnenlicht, aber stets faszinierend.

Castle Stalker als schlichten historischen Wohnturm zu bezeichnen, scheint angesichts der extraordinären Lage der markanten Befestigung auf einem winzigen Eiland vor Portnacroish im Loch Linnhe etwas untertrieben. Der typische Wohnturm entstand in der Zeit nach 1440 und war in seiner Historie stets begehrt und immer wieder Mittelpunkt blutiger Auseinandersetzungen, bis seine letzten Bewohner ihn gegen 1840 verließen. Im 20. Jahrhundert wurde Stalker renoviert, befindet sich in Privatbesitz und kann nach Absprache besichtigt werden, wobei der Zugang bei Ebbe zu Fuß, sonst mit dem Boot erfolgt. Die Burg, zweifellos eines der häufigsten Fotomotive des Landes, hatte auch schon einige Auftritte vor großem Publikum, so in »Ritter der Kokosnuss« und einer Episode der »Highlander«-Saga.

2

↑ Gediegen, elegant, zeitlos – das Design Charles Rennie Mackintoshs im Hill House
↙ An Castle Stalker im Loch Linnhe kletterten schon die Schauspieler der britischen Komiker-Truppe Monty Python herum.

Das Tal und der See

Die erhabene Landschaft des Tals von Glen Coe, die jeden in ihren Bann zieht, der sie einmal durchmessen hat, steht in einem aberwitzigen Gegensatz zu ihrer Geschichte. Die grausamen Geschehnisse ereigneten sich am 13. Februar 1692, als Soldaten des Campbell Clans, in einer konzertierten Nacht-und-Nebel-Aktion alle Mitglieder des Clans MacDonald heimtückisch und feige im Schlaf ermordeten. So wurde Glen Coe als trauriges »Tal der Tränen« weltberühmt. Nur wenige Relikte dieser Zeit finden sich noch auf den baumlosen Flächen, ein paar von Flechten und Moos überwachsene Mauerreste vielleicht, die man bei einer Wanderung über den hier verlaufenden Fernwanderweg »West Highland Way« eher unbemerkt passiert.

Wasserfälle und Stromschnellen, geradezu friedlich im Tal schlängelnde Bäche, mächtige Bergformationen und einige vereinzelte Cottages kreieren das klischeehafte Bild des Hochlandes, wie man sich romantisches Schottland, ganz im Geiste der Erzählungen Scotts, vorstellt. Nur wenige Straßen gehen von der Hauptroute ab und führen stets in noch unberührtere Landschaften, in noch einsamere Täler. Seit dem Frühsommer 2021 ist es Autofahrern leider strikt verboten, außerhalb der ausgewiesenen Parkflächen auf der Passage der A82 zwischen Tyndrum und dem Loch Leven ihr Fahrzeug abzustellen.
Glen Coe wurde beweint, Loch Lomond wird besungen, beide auf ihre Art verehrt. Der flächenmäßig größte See der britischen Insel ist Teil des Loch Lomond & Trossachs Nationalparks und ein wichtiges Naherholungsgebiet für die bevölkerungsreiche Region Inverclyde. So leicht, wie man das Westufer erreichen kann, so schwierig gelangt man über Straßen an nur wenige Punkte auf der eher unwirtlichen Ostseite unter dem 973 Meter hohen Gipfel des Ben Lomond, des südlichsten aller schottischen Munros. Als Munro bezeichnet man Berge, die höher sind als 3000 Fuß bzw. 914,4 Meter. Das schönste Dorf am See steht sogar unter Denkmalschutz, Luss aus dem frühen 19. Jahrhundert diente schon für einige TV-Serien als malerischer Hintergrund und verwandelt sich jeden Sommer in eine Zauberwelt aus üppigen Blütendekorationen. Am hölzernen Anleger docken zahlreiche Ausflugsdampfer an, die geschäftig mit Ausflüglern über den See kreuzen und dabei auch einige der vielen Inseln ansteuern. Am Pier in Balloch im Süden des Sees fiebert der legendäre Passagierdampfer »Maid of the Loch« seiner Restaurierung entgegen.

TOP ERLEBNISSE

★ HILL HOUSE
Das einzige noch komplett erhaltene Werk von C.R. Mackintosh und Margaret MacDonald befindet sich in Helensburgh oberhalb des Firth of Clyde. Das 1904 vollendete Wohnhaus für den Glasgower Verleger Mackie ist ein konsequent durchgestaltetes Jugendstil-Objekt vom formalen Äußeren bis zum verspielten Lampenschirm und Teelöffel, selbst die Anlage des Gartens und die Auswahl des Pflanzenschmucks oblag den Künstlern. Um das Gebäude weiterhin erhalten zu können, hat man es mit einer großen Schutzhaube versehen.
www.nts.org.uk/visit/places/the-hill-house

★ GLENCOE HOUSE
Erbaut im Jahr 1896 am prominenten Standort mit Blick über Loch Leven und auf die markanten Paps of Glencoe wurde das elegante Herrenhaus aus schwarzem Granit der Region, abgesetzt mit rotem Sandstein, 2014 in ein luxuriöses B&B-Gästehaus umgewidmet. Regelmäßig belegt es Spitzenplätze in den Bestenlisten der Luxus-Unterkünfte in Großbritannien, und verfügt über insgesamt sieben höchst exquisit ausgestattete Suiten.

STADT, KUNST UND JUGENDSTIL

Kein anderer Name ist mit der Stadt Glasgow so eng verbunden wie der von Charles Rennie Mackintosh (1868–1928). Der gebürtige Glaswegian, begnadeter Designer und Architekt, prägte mit seinen Arbeiten nicht nur das Bild seiner Heimatstadt, sondern begründete auch den etwas anderen schottischen Jugendstil und war Inspiration für internationale Künstler.

Es begab sich um 590 n. Chr., als der heilige Mungo, der damalige Bischof von Strathclyde, auf einem winzigen Hügel eine kleine Holzkirche errichtete und sie »Glas ghu«, geliebter grüner Flecken, nannte. Just dort hatte St. Ninian bereits 200 Jahre zuvor einen christlichen Friedhof angelegt. Und just hier ragt heute mit St. Mungo's Cathedral der einzige noch vollständige mittelalterliche Sakralbau auf dem schottischen Festland und das größte gotische Gebäude des Landes in den manchmal grauen Himmel über Glasgow. Das Gotteshaus war das einzige, das der Zerstörungswut der

← Kelvingrove Art Gallery & Museum wurde 1901 als Palast der Schönen Künste im Rahmen der Glasgow International Exhibition eingeweiht.
↙ Eine Spitfire der Royal Air Force schwebt über einer Menagerie ausgestopfter exotischer Tiere in Kelvingrove Art Gallery & Museum.
↓ Von Mackintosh erdacht, aber erst lange nach seinem Ableben realisiert: das House for an Art Lover

Reformation mit Erfolg die Stirn bot. Die couragierten Glaswegians konnten alle Angriffe und Attacken abwehren. Ein Charakterzug der braven Glasgower Bürger, der heute noch sichtbar ist. Die Stadt, die mit knapp einer Million Einwohnern um ein Drittel größer ist als die Hauptstadt Edinburgh, ihr steter Kontrahent um Ansehen und Prestige im Königreich etwa 80 Kilometer weiter östlich, hat in vielfacher Hinsicht Besonderes zu bieten. Und dies obwohl ihr gemeinhin ein schlechter Ruf vorauseilt. Als pulsierende und blühende Industriestadt erlebte Glasgow seine erste nachhaltige Blüte im 18. und 19. Jahrhundert, ersann doch hier – es war bei einem Spaziergang im Mai 1765 auf dem Glasgow Green, der damaligen wie heutigen grünen Lunge der Stadt – James Watt die Funktionsweise der Dampfmaschine. Diese begründete die globale industrielle Revolution, von der auch Glasgow in den Folgejahren verstärkt profitierte.

Blütezeit und Niedergang

Mit der Schiffbarmachung des River Clyde bis nah heran an den Innenstadtbereich begann eine florierende Werftindustrie, die einmal die größte der Welt war und die in den 60er-Jahren des letzten Jahrhunderts einen dramatischen Niedergang erfuhr, was das Arbeitsleben Glasgows nahezu zum Stillstand brachte. Selbst der lebhafte Handel kam fast zum Erliegen. Glasgow, die Arbeiterstadt, verarmte, verdreckte, verkümmerte. Die Mär vom hässlichen Entlein, vom schottischen Slum, vom Armenhaus des Landes machte die Runde, doch die Menschen behielten ihre feste Mentalität, ihren Willen, aber auch ihre große Gastfreundschaft und Freundlichkeit.

Und Glasgow schaffte sehr zügig die Wende hin zu einer Orientierung im Dienstleistungssektor, im modernen Handel und Gewerbe. Die Industriebrachen, alte Werftgelände wurden und werden, wenn nicht abgerissen, so doch zumindest umgewidmet und bekommen komplett neue Wertigkeiten und Zuordnungen. Aus der ersten wirklichen Industriestadt wurde die erste Stadt, die das nachindustrielle Zeitalter erfolgreich einläutete. Kunstgalerien, moderne Museen, großzügige und elegante, teils glamouröse Einkaufscenter, Straßencafés, pulsierende Fußgängerzonen sind nun zu finden und erwecken die stolze viktorianische Architektur zu neuem Leben. Ein förderlicher Meilenstein für diese Entwicklung war das

Kulturhauptstadtjahr 1990, das auch dem genialen Werk des Charles Rennie Mackintosh neuen Auftrieb gab.
Das königliche Institut britischer Architekten wählte nach einer Umfrage im Frühsommer 2011 die Glasgow School of Art zum besten Gebäude eines britischen Architekten der vergangenen 175 Jahre. Die Gründung dieser Kunsthochschule geht zurück in das Jahr 1844. Damals war die Glasgow Government School of Design in der Ingram Street nahe der Glasgower Merchant City angesiedelt. Mit dem Umzug 1869 in die McLellan Galleries in der Sauchiehall Street erhielt sie ihre auch heute noch gültige Bezeichnung, die Weltruhm genießt und so eng mit dem Namen ihres ehemaligen Schülers Charles Rennie Mackintosh verbunden ist. Das zukunftsweisende Gesamtkonzept des begnadeten Architekten, der erst 30 Jahre alt war, sah eine Verquickung unterschiedlichster Bedürfnisse vor: Wohnräume für Studenten, große und kleine, offene Ateliers, Gemeinschaftsräume und Vortragssäle. Dabei setzte er geschickt seine eigenen Stilmittel ein, schuf

TOP ERLEBNISSE

★ CELTIC CONNECTIONS

Über gut drei Wochen ab Mitte Januar findet seit 1994 das mittlerweile weltweit beachtete Folkfestival statt. An den unterschiedlichsten Veranstaltungsorten neben der prominenten Royal Concert Hall trifft sich die beachtliche schottische mit der internationalen Folkmusikszene, um auf mehr als 300 Konzerten ein begeistertes Publikum zu unterhalten.
www.celticconnections.com

★ GLASGOW CENTRAL TOURS

Der historische Bahnhof, der größte Schottlands, nahm seinen Betrieb 1879 auf und wurde in den Anfangsjahren gleich mehrfach erweitert. Unter dem riesigen gläsernen Dach mit den filigranen viktorianischen Eisenträgern weht ein unnachahmlicher Duft der großen, weiten Welt. Seine Geschichte und seine baumeisterlichen Eigenarten sind Inhalt kurzweiliger Rundgänge.
www.glasgowcentraltours.co.uk

★ MURALS

Im Zentrum Glasgows gibt es eine Vielzahl an beeindruckenden, haushohen Wandbildern und -malereien, die sich wie ein roter Faden durch die urbanen, teils morbiden Häuserzeilen ziehen. Diese »murals« sind durchaus nicht nur hübsch anzuschauen, sondern setzen sich auch mit der Stadtgeschichte auseinander oder kommunizieren politische und gesellschaftsrelevante Inhalte.
www.citycentremuraltrail.co.uk

große Fensterflächen, brachte Licht in die Räumlichkeiten, schuf perfekte Details, sowohl in Farbgestaltung als auch in der formalen Ausführung. Insbesondere der Bibliothekssaal erregte große Aufmerksamkeit. Im Mai 2014 richtete ein Feuer beträchtlichen Schaden im Gebäude an, das kurz vor Ende der umfangreichen Restaurierungsarbeiten im Sommer 2018 erneut einem Brand zum Opfer fiel. Aktuell ist leider nicht abzusehen, wann das Bauwerk wieder besucht werden kann.

Design vom Feinsten

Elemente des von Mackintosh inspirierten Jugendstils finden sich mancherorts im Stadtbild, fanden auch Eingang in das städtische Marketing. Nach den Entwürfen des Architekten, mit denen er 1901 an einem internationalen Wettbewerb teilnahm und trotz verspäteter Eingabe einen Sonderpreis erhielt, entstand erst 1996 das »House for an Art Lover« im Bellahouston Park, ein absolutes Design-Juwel. Im etwas südlich davon gelegenen, riesigen Pollok Country Park wartet das Herrenhaus Pollok House von 1752 mit einer exzellenten Ausstellung spanischer Meister auf und die frisch renovierten und erweiterten Galerieräume der Burrell Collection mit der facettenreichen, internationalen Kunstsammlung des Glasgower Industriellen William Burrell. Die 1451 begründete Universität von Glasgow ist die zweitälteste des Landes. In dem heutigen atmosphärisch beeindruckenden Gebäudekomplex, der von einem gotischen Turmbau aus dem Jahr 1870 dominiert wird, befindet sich mit dem Hunterian Museum das älteste öffentliche Museum Schottlands, das in einem seiner Nebengebäude auch die stilvolle Wohnung Mackintoshs und seiner Lebensgefährtin Margaret MacDonald zeigt. An der Trongate, dem einstigen Finanzzentrum, das die Hälfte des Tabakhandels zwischen Europa und Amerika im 18. Jahrhundert beherrschte, steht einer von nur drei frei stehenden Kirchtürmen in Schottland mit einer Krone auf dem Dach. Er konkurriert, mithin höhenmäßig erfolglos mit dem einzigartigen drehbaren Aussichtsturm, dem Glasgow Tower am Wissenschaftszentrum. Gleich vis-à-vis im ehemaligen Hafen liegt das Messe- und Konferenzzentrum SEC mit seiner Multifunktionsarena, Veranstaltungsort des Klimagipfels COP26, neben dem charakteristischen Gürteltier, dem »Armadillo«, aus Glas und Stahl. Das Architekturensemble runden der Finnieston Crane als Reminiszenz an die glorreiche Ära der Werften, die neue Clydeside Distillery am alten Pumphouse des Queen's Docks sowie das Riverside Museum mit seiner tollen Verkehrsausstellung und dem Großsegler »Glenlee« ab. Mit Kelvingrove Art Gallery & Museum und ihren Ausstellungen besitzt Glasgow zudem die meistbesuchte kostenlose, mithin weltweit angesehene Sehenswürdigkeit des Landes.

← Seit 2011 befindet sich die umfangreiche Sammlung des Glasgower Transportmuseums in dem signifikanten, von der Stararchitektin Zaha Hadid kreierten Gebäude am Ufer des Clyde.
↖ Das überdimensionale Porträt von Charles Rennie Mackintosh ist Teil des Glasgower Straßenkunstpfads »Mural Trail«.

Pollok House im Glasgow'schen Pollok Country Park aus der Mitte des 18. Jahrhunderts beherbergt eine fantastische Sammlung spanischer Künstler.

Hinter Iona Abbey schwingt sich der Dun I als höchster Punkt der Insel zu einer Höhe von 101 Metern auf.

ROUTE 5 – MULL UND IONA

DIE RUHIGE UND DIE HEILIGE

Mull, die zweitgrößte Insel der Inneren Hebriden, gilt als ruhiges Pendant zum größeren Bruder Skye im Norden, der zudem durch seine Brückenquerung nur noch beinahe eine richtige Insel ist. Single track roads herrschen vor außerhalb der wenigen Ortschaften und tragen somit zur entschleunigten Fortbewegung bei, während Iona nur unmotorisiert erkundet werden kann.

Nachdem die Fähre ausgehend von Oban zunächst das der Stadt vorgelagerte Inselchen Kerrera, den Meeresarm Firth of Lorne und zur Rechten den ikonischen Leuchtturm an der Südwestspitze von Lismore passiert hat, grüßt bereits Duart Castle von Duart Point, dem östlichsten Punkt Mulls herüber. Der Aufenthalt auf dem Sonnendeck des Schiffes ist unbedingt empfehlenswert, bietet er doch wunderschöne Aussichten, nicht nur auf diese Landmarken, sondern auch über die zerklüftete Inselwelt Schottlands, über hart am Wind mit ihren Booten segelnde Freizeitkapitäne, auf die akrobatischen Flugmanöver der Möwen und Seeschwalben und über die gebirgigen Hochlandlandschaften weiter nordwärts, zuweilen gar bis zum Ben Nevis.

Auf schmalem Pfad nach Iona

Mull selbst baut sich als gewaltiger, aber recht gutmütig wirkender grüner Hügel vor uns auf. Im Fährhafen von Craignure nehmen wir die A846 in südliche Richtung und haben kurz hinter dem Ortsende auch das Ende der Ausbaustrecke erreicht. Nun geht es für lange Zeit über Single tracks, heißt es Rücksicht nehmen und Vorsicht walten lassen. Ein erster Abstecher führt über einen verschlungenen Weg nach links zum Duart Castle. Wir passieren mit Loch Don und Loch Spelve zwei fjordähnliche Seenflächen, die tief in die Küste hineinragen, während sich die Berge zur Rechten zu imposanter Höhe aufrichten. Über den Gipfeln sieht man so manches Mal Seeadler und Steinadler ohne irgendeinen erkennbaren Flügelschlag bedächtig ihre Runden ziehen. Am östlichsten Zipfel des Loch Beg, der danach in Loch Scridain übergeht, zweigt die B8035 rechts ab. Weiter geradeaus befinden wir uns nun an dessen südlichem Ufer. Hinter Pennyghael führt ein Abstecher zum versteckten kleinen Hafen von Carsaig. Bei der winzigen Halbinsel Ardcrishnish öffnet sich Loch Scridain über den Loch na Keal in die Weite des Atlantik. Am Horizont erkennen wir in der Ferne Tiree und Coll. In Bunessan wird einmal mehr die Straße zur Küstenpromenade. Nun geht es in einer Linkskurve bergan, und wir fahren auf der Höhe bis zum Hafendörfchen Fionnphort, Abfahrtsort für Fähren zur Abteiinsel **1 Iona** und die Ausflugsschiffe nach Staffa.

Zur weiteren Inselumrundung geht es von Iona zurück bis Loch Beg und links ab auf

INFO

Start: CalMac Ferry, Oban
Ziel: CalMac Ferry, Oban
Länge: 266 Kilometer
Dauer: 2–3 Tage, je nach Fährverbindung
Beste Reisezeit: April – November

Von Glengorm Castle im Norden Mulls aus bietet sich ein weiter Blick zur Ardnamurchan Halbinsel und den Inseln Coll und Tiree.

die gefühlt noch schmalere B8035. Zwischen vereinzelten Gehöften durchqueren wir eine Art Passstraße, den mit 966 Metern höchsten Inselberg Ben More zur Rechten und den gut halb so hohen Bein na Sreine zur Linken. Wir umkurven den östlichen Ausläufer des Loch na Keal und blicken auf die kleine, vorgelagerte Insel Inch Kenneth mit ihrem selbst aus der Ferne imposant wirkenden Herrenhaus und Eorsa. Schafe säumen unseren Weg, gern auch einmal mitten auf dem Asphalt dösend und nur widerwillig das Feld räumend. Nach dem lang gezogenen Rund der Küstenstraße steuern wir unmittelbar auf die einsame Insel Ulva zu. Weitere winzige Siedlungen nesteln entlang der Küstenstraße, zu unserer Rechten flankieren die B8073 zunehmend ansteigende Höhenzüge. Bei Torloisk House biegt ein Weg nach rechts ab, der eine schmal ausgelegte, so gut wie nicht befahrene Abkürzung über die Höhen in Richtung Dervaig und Tobermory darstellt.
Wir bleiben jedoch auf unserer Route und folgen weiter dem Küstenverlauf. Niedere Trockenmauern wechseln ab mit Wiesen und Weiden und vereinzelten Waldstücken. Zur Linken liegt versteckt die einsame Black Beach, deren dunkle Farbe sich auf ihrer Substanz vornehmlich aus Basalt begründet. Vorbei am alten Friedhof bei der orthodoxen Kilninian-Klosterkirche geht es weiter in nordwestlicher Richtung durch die Abgeschiedenheit der Bergwelt Mulls, bis wir die wunderschöne, fast weiße Calgary Beach erreichen. Über Dervaig gelangen wir durch Täler und Höhen schließlich zum Hauptort der Insel Mull, **2 Tobermory**, mit den berühmten bunt getünchten Häusern rund um den Hafen.
An der Kreuzung der B8073 mit der B882 im Westen vor Tobermory weist ein Schild nach links in Richtung der nördlichen Inselgemeinde Glengorm mit Schloss und Beherbergungsbetrieb gleichen Namens. Der Weg dorthin führt vorbei an gleich zwei, für die Inselökonomie wichtigen Betrieben. Zunächst versorgt Isle of Mull Cheese als einzige verbliebene Molkerei der Insel Gastronomie und Verbrauchermärkte mit traditionellen Milchprodukten wie dem Farmhouse Cheese und dem Hebridean Blue, während nur wenige hundert Meter weiter Island Meats für hochwertige regionale Fleischprodukte bürgt.
In südlicher Richtung setzen wir die Runde um Mull auf der A484 fort, flankiert von stets reizvollen Aussichten über die schmale Wasserstraße des Sound of Mull und die dahinterliegende, zerklüftete Landschaft des westlichen Hochlands. Nächste größere Ansiedlung kurz hinter der auf einem Felsvorsprung thronenden Ruine von Aros Castle ist der Ort Salen an der geografischen »Hüfte« Mulls, sind es doch von hier nur knapp fünf Kilometer bis zur westlichen Inselküste. Ab hier führt uns die jetzt durchgehend normal breite A849 zwischen für schottische Verhältnisse erstaunlich üppigen Wäldern, Feldern und Heidegebieten zur Rechten und dem verzweigten Meeresarm zur Linken wieder zurück zum Fähranleger in Craignure.

RESTAURANTS / ÜBERNACHTUNGEN

EINKEHREN

★ FISHERMAN'S PIER
Der alufarbene mobile, mehrfach ausgezeichnete »Chippy« gehört zu den besten seiner Zunft in ganz Schottland. Nicht nur Fisch und Chips stehen auf der Speisekarte.
www.facebook.com/FishermansPier Tobermory

★ THE BOATHOUSE
Hausgemachte fantastische Fischgerichte servieren Brendan und Mark im einzigen Lokal auf der Insel Ulva, das gleichzeitig als Fährbüro und Touristeninformation fungiert.
www.instagram.com/theboathouseonulva

★ THE CREEL SHACK
Unmittelbar am Fähranleger nach Iona glänzt der unscheinbare kleine Betrieb mit einfachen, aber unschlagbar frischen Gerichten. Mit einem delikaten Krabbensandwich oder einem Langusten-Cocktail lässt sich die Wartezeit auf die Überfahrt trefflich verkürzen.
www.facebook.com/The-Creel-Seafood-Bar-767808459971629/about

★ AM BIRLINN
In der großartigen Abgeschiedenheit Mulls zwischen Dervaig und Calgary liegt das in moderner, lichtdurchfluteter Holzarchitektur errichtete Restaurant, das seine hochgelobten kulinarischen Akzente auf frische Erzeugnisse des Meeres legt.
www.ambirlinn.com

★ WESTERN ISLES HOTEL
Oberhalb des pittoresken Hafens von Tobermory liegt das traditionsreiche Haus, das noch stets Glamour und Eleganz des späten 19. Jahrhunderts verströmt. Sehr gutes Restaurant mit unvergleichlicher Aussicht.
www.westernisleshotel.com

ÜBERNACHTEN

★ GLENGORM CASTLE
Das als B&B-Unterkunft klassifizierte Schloss im hohen Norden Mulls verzaubert mit wunderbaren Aussichten und aristokratischem Flair. Einige nette Cottages für Selbstversorger sind ebenfalls auf den Ländereien verfügbar.
www.glengormcastle.co.uk

★ TIRORAN HOUSE HOTEL
Einsam, aber wunderschön am Nordufer des Loch Scridain gelegen, verströmt das viktorianische Herrenhaus pure Inselromantik, garantiert durch nur ein einziges TV-Gerät und eher limitierten WLAN-Empfang. Die renommierte Micro-Gindestillerie Whitetail liegt ganz in der Nähe.
www.tiroran.com

★ ST. COLUMBA HOTEL
Nur einen Wimpernschlag von der berühmten Iona Abbey entfernt liegt das kleine Hotel mit seinen zauberhaften Gärten und wunderbarer Aussicht am Rande von Baile Mòr, des einzigen Inselortes.
www.stcolumba-hotel.co.uk

★ HIDEAWAY LODGES
Drei preisgekrönte umweltfreundliche Ferienhäuser für Selbstversorger in einem Wäldchen am River Ba und nahe dem Ufer des Loch na Keal bieten Luxus in Reinform in fantastischer Landschaft und jenseits jeglichen Alltagstrubels. Viele Möglichkeiten zum Wandern oder zur Vogelbeobachtung.
www.hideawaylodges.co.uk

Die knuffigen Hochland-Hippies sind prinzipiell ganz friedliebende Rindviecher.

UNTERWEGS AN DER SÜDKÜSTE

Die Route von Craignure nach Iona führt durch den südlichen Teil der Isle of Mull, deren Szenerie als malerische Kulisse diverser Filmepen eine tragende Rolle spielte. Doch gibt es auch traumhafte Strände und historisch bedeutsame Orte zu entdecken.

Der unvergessene, erste James-Bond-Darsteller, der Schotte Sean Connery, residierte als Burgherr im Hollywood-Streifen »Verlockende Falle« (1999) auf Duart Castle, das etwa seit der Mitte des 13. Jahrhunderts Stammsitz des Clans MacLean ist. 1691 niedergebrannt vom Duke of Argyll, wurde die nun in Teilen öffentlich zugängliche Burg Anfang des 20. Jahrhunderts liebevoll wiederaufgebaut. Strategisch günstig gelegen auf dem Felsen am Ostzipfel Mulls überblickt sie in Sichtweite weiterer Burganlagen an den Küsten wichtige Wasserwege im schottischen Westen.

Ebenfalls zu unserer Linken führt der nächste Abstecher über gut 15 Kilometer auf schmaler Straße zum kleinen roten, meist unbesetzten Posthaus der Gemeinde Lochbuie am gleichnamigen Meeresarm. Klimatisch begünstigt galt dieser Ort lange als »Garten Mulls«, der über einen gut erhaltenen bronzezeitlichen Steinkreis – den einzigen auf der Insel – verfügt. Der Pfad dorthin kann etwas matschig sein. Gleich dahinter ragen die Mauern des Turmhauses Moy Castle zwischen den Bäumen empor. Der trutzige, eher abweisend wirkende Bau aus dem 14. Jahrhundert hatte einen Auftritt im

1

schottischen Lichtspielklassiker »I know, where I'm going« aus dem Jahr 1945. In jener legendären schwarz-weißen Filmromanze glänzt auch die rote Telefonzelle im Wald vor Carsaig, neben der geräuschvoll ein Wasserfall zu Tale rauscht. Am winzigen Hafen des Weilers Carsaig, Endpunkt eines weiteren Ausflugs nach links, der hinter Pennyghael beginnt, besteigen die Protagonisten im Film ein Boot für eine abenteuerliche, hervorragend gedrehte Fahrt zum unheimlichen Corryvreckan. Der zweitgrößte Meeresstrudel der Welt zwischen Jura und Scarba wäre im Sommer 1947 beinahe George Orwell und seinem dreijährigen Sohn zum Verhängnis geworden.

Von Bunessan aus zweigt ein Weg links ab. Es geht bergan vorbei am Charity-Shop mit gut sortiertem, regionalem Antiquariat und an der Dorfkirche zu den einsamen Stränden Ardalanish und Uisken Beach, die mit wunderbaren Aussichten nach Jura und Kintyre brillieren. Glänzend auch die Felsen, die hier aus dem feinen Sand lugen. Sie glitzern silbrig wie Juwelen in der Sonne. Bevor wir unser Fahrzeug auf dem Parkplatz in Fionnphort zur Überfahrt nach Iona abstellen, lohnt noch die Fahrt nach Fidden und Knockvologen in den Süden mit lauschigen, von Felsen umrahmten Stränden und Buchten.

Ziel der Pilger

Die Fähre hinüber nach Iona ist stets gut frequentiert, denn die Abteikirche Iona Abbey gilt als Pilgerstätte. Der heilige Columban gründete sie 563 an dem ersten Ort, von dem aus er Irland nicht mehr sehen konnte und begann mit der Christianisierung der ungläubigen Pikten. Sein missionarischer Feldzug verlief derart erfolgreich, dass sich schottische, irische und norwegische Könige bis ins 11. Jahrhundert, darunter auch der mythische Macbeth, auf dem St. Orans-Friedhof bestatten ließen, im Glauben, Gott hier näher zu sein. Verwitterte, kaum noch lesbare Grabsteine sind noch heute die stummen Zeugen.

Schon in der Eisenzeit, also lange vor Columban, war Iona religiöses Zentrum als Siedlungsplatz von Druiden. Zeugnisse davon finden sich keine mehr, dafür führt eine Wanderung ganz in den Inselsüden, in jene Bucht, an der der irische Heilige mit seinen zwölf Gefolgsleuten vermutlich angelandet ist. Unterwegs aufmerksam beäugt von den unvermeidlichen Schafen präsentiert sich das Ziel des Weges als ein weites Meer aus grauen Kieselsteinen und dunklen Felsen. Ganz anders die Nordspitze Ionas, die mit geradezu paradiesischen Strandabschnitten lockt, ohne Palmen, dafür mit skurril geformten Felsen.

↑ Hinter Iona Abbey finden sich noch mancherlei Ruinen und Mauerreste aus mittelalterlicher Zeit, die noch stets als malerische Kulisse fungieren.
← Gegenüber von Craignure am Sound of Mull liegt die abgeschiedene Ardnamurchan-Halbinsel.

TOP ERLEBNISSE

★ WANDERUNG ZU DEN NONNEN
In Carsaig beginnt eine sehr anspruchsvolle, nur bei guten Wetterverhältnissen zu empfehlende Wanderung zu den eindrucksvollen Felsentoren der Carsaig Arches. Es geht immer an der Küste entlang, vorbei an Nun's Cave, einer unwirtlichen, mystischen Grotte, in der die Klosterfrauen von Iona zu Zeiten der Reformation Zuflucht suchten.
www.isle-of-mull.net/attractions/walking-mull/carsaig-arches/

★ BESUCH DER IONA ABBEY
1203 entstand die Benediktinerabtei Iona Abbey just dort, wo sich St. Columba einst niederließ. Das heutige Antlitz der Klosteranlage entspricht etwa dem nach umfassender Restaurierung während des 16. Jahrhunderts. Kreuzgang und Kirche mit dem Altar aus Iona-Marmor sowie das St. John's Cross, das erste keltische Kreuz aus dem Jahr 750 im Heritage Centre, sind auch für weniger religiöse Geister sehenswert.
www.historicenvironment.scot/visit-a-place/places/iona-abbey-and-nunnery/

EIN NATURPHÄNOMEN

Das unbewohnte Eiland Staffa im Sound of Mull erfreut sich seit bereits mehr als 300 Jahren eines regen Fremdenverkehrs, der allerdings nur bei einigermaßen moderaten Wetterverhältnissen mit kleinen Booten stattfinden kann.

Von Fionnphort aus verkehren während der Saison Ausflugsschiffe auf Halbtages- oder Tagestouren nach Staffa. Die ungewöhnliche geologische Beschaffenheit der an seiner höchsten Stelle 42 Meter aus dem Meer ragenden Basaltinsel sorgt für ihre große Attraktivität. Tiefschwarz an den Seiten und bedeckt mit einem weichen Gras- und Blütenteppich besteht Staffa aus unzähligen Basaltsäulen, die während des Tertiärs aus langsam erkaltender Lava meist sechseckige, weniger fünfeckige Säulenformationen bildeten, die teilweise in sich noch einmal verdreht, aber in einer faszinierenden Präzision von den Kräften der Natur gestaltet sind. Erosion durch Meer und Wind schuf über die Zeit Höhlen und Einschnitte, von denen Fingal's Cave die größte und bekannteste ist. Schon vor mehr als 3800 Jahren lebten Menschen auf Staffa, wie jüngste archäologische Forschungen ergaben. Fingal, schottischer Name des irischen Volkshelden

← Die eigentümliche Geologie Staffas zieht sich komplett um die Küste des gesamten Eilands herum.
↙ Mit sehr kleinen Wasserfahrzeugen ist es tatsächlich möglich, tief in die großartige wie geheimnisvolle Finsternis von Fingal's Cave hineinzufahren.
↓ Auf der gut einstündigen Seereise von Fionnphort nach Staffa macht man üblicherweise Bekanntschaft mit dösenden Seehunden, mit etwas Glück aber auch mit Delfinen.

Fionn MacCool, soll der Legende nach im 3. Jahrhundert hier gelebt haben, als Unterschlupf beim Kampf gegen frühe Hebriden-Invasionen der Wikinger. Ob er wirklich dort war, darüber schweigt sich die Basaltarchitektur aus, gleichwohl erhielt die gut 80 Meter tiefe und etwa 20 Meter hohe Kaverne mit der Anmutung des gigantischen Innenraums einer gotischen Kathedrale seinen Namen auf Geheiß des Schriftstellers James Macpherson. Mit dem Kanu kann man ein gutes Stück hineinfahren, mit Taschenlampe und gutem Schuhwerk einen sehr schmalen Pfad am Höhlenrand erkunden.

Touristische Pilgerstätte

Der Botaniker Sir Joseph Banks, berühmt durch Reisen an der Seite James Cooks, erfuhr 1772 eher versehentlich – ungünstiges Wetter trieb ihn mit Schiff und Mannschaft während einer Islandexpedition ins Loch na Keal – von der Existenz der Höhle. Zurück in London schwärmte er von diesem besonderen Ort und löste damit einen Besucherstrom aus, der bis heute anhält. In einem Maße, dass es selbst damals schon für den einen oder anderen zu voll war. So echauffierte sich William Wordsworth 1833 über die Anwesenheit viel zu vieler, die Magie Staffas störender Leute.
Felix Mendelssohn Bartholdy hatte vier Jahre zuvor mehr Glück. Sein Besuch in Fingal's Cave im August 1829 inspirierte ihn zur Komposition der Hebriden-Ouvertüre. Er war tief beeindruckt von der mystischen Geräuschkulisse, die das in die Höhle eindringende Meerwasser, die sanft ausrollenden Wellen erzeugten. In der gälischen Sprache heißt Fingal's Cave nicht von ungefähr »Grotte der Melodien«, Ab Uamh Binh. Wem es gelingt, während eines Aufenthaltes auf Staffa die Höhle für sich allein zu haben, dem wird ein unvergessliches Erlebnis zuteil, wenn er Mendelssohns Ouvertüre dort abspielt und anschließend dem Meer lauscht.
Zu den weiteren Berühmtheiten, die Staffa ihre Aufwartung machten, gehörten allen voran Queen Victoria und Prince Albert, Sir Walter Scott, Robert Louis Stevenson, Dr. David Livingstone, William Turner, Theodor Fontane und Jules Verne. Sie alle nutzten wohl den winzigen improvisierten Anleger, an dem heute noch die kleinen Boote anlegen, nachdem sie ihre einstündige Seefahrt absolviert, dabei Seehundbänke passiert und vielleicht sogar Delfine gesehen haben. Der Weg zur Höhle, auf dem alle Inselbesucher unmittelbar nach ihrer Ankunft pilgern, führt über ausgewaschenes eckiges Gestein, das sich wie grobes Kopfsteinpflaster gibt, entsprechend rutschig bei zu viel Feuchtigkeit. Falls noch Zeit bleibt, lohnt auch ein Blick auf die Kolonie der knuffigen Papageientaucher an den nördlichen Klippen Staffas.

2

AUF DEM WEG NACH TOBERMORY

UNTERWEGS AN DER WESTKÜSTE

Die großartige Ruhe, die erhabene Einsamkeit der Insel Mull, wird besonders auf der westlichen Route zwischen Iona und der Inselhauptstadt Tobermory deutlich. Sie führt durch eine karge, aber imposante Berglandschaft, entlang einer vielfältigen Küstenszenerie mit reizvollen Stränden und nicht minder reizvollen Inseln.

Von Fionnphort aus folgen wir der A846 und passieren die Meerenge des Loch na Làtaich, die Dörfer Bunessan und Pennyghael sowie den Loch Scridain, dabei gibt der Ben More, der höchste Gipfel der Insel, die grobe Orientierung vor. Bei der zweibogigen alten Straßenbrücke, der Loch Beg Bridge, geht es dann links auf die laut Schild »Scenic Route«, die landschaftlich schöne Strecke, in Richtung Salen. Zunächst weiter auf der Single track road am anderen Ufer des Loch Scridain knickt der Weg am Kilfinichen Estate nach Nordwesten hin ab und führt durch ein großes Forstgebiet mit vornehmlich Nadelgehölzen. Hinter dem Allt Chreaga Dubha-Wasserfall, der je nach Tagesform mächtig anschwellen kann, eröffnet sich am Ausgang der kargen Hochebene der fantastische Blick über den Loch na Keal auf Ulva und die kleinen Eilande Eorsa, Inch Kenneth und Little Colonsay.

Auf der Wolfsinsel

Wir umrunden den Ben More auf der Küstenroute, auf der uns immer wieder Schafe freundlich, aber bestimmt den Weg verstellen und ausgestattet mit ihrer ureigenen Lethargie erst allmählich wieder freigeben. Vom Gruline Estate aus

ist es nicht mehr weit bis Salen an der Ostküste, aber wir biegen links ab auf die B8073 und kommen bald zum einzigartigen Fähranleger hinüber nach Ulva. Hier heißt es in die Wanderschuhe steigen und die kleine Fähre rufen. Das geschieht mittels roten und weißen Täfelchen.
Schon zur Jungsteinzeit besiedelt, lebt heute kaum ein Dutzend Menschen auf der Insel. Lachlan Macquarie, der Begründer des modernen Australien, wurde 1761 auf Ulva geboren. Das winzige Museum mit dem Tangdach, Sheila's Cottage, gibt Einblick über ihn und die Inselhistorie. Bei der Wanderung fasziniert die fast beängstigende Ruhe, die nur von zauberhaften Ausblicken und einer vielfältigen Flora unterbrochen wird. Ardalum House, einst Landsitz des Inselherren, soll zu einem Hostel umgebaut werden. Die Inselkirche stammt von 1828, der Architekt war kein Geringerer als Thomas Telford.

↑ Die Standing Stones von Glengorm erinnern nicht wenige Zeitgenossen an die magischen Steine aus den »Outlander«-Romanen von Diana Gabaldon.
← Die Hafenpromenade Tobermorys besteht aus einer hübschen Phalanx bunt getünchter Häuser.

Natur und Kunst

Vorbei an Wasserfällen, kräftiger Meeresdünung und durch karges Hochland, vorbei an mächtigen Felsen und blökenden Schafen erreichen wir Calgary Bay. Der weiße Strand erregt die ganze Aufmerksamkeit, die das namensgebende Dörfchen nur bedingt erzielen kann, obwohl das Projekt »Art in Nature Sculpture Trail« mit seinen spannenden Bildhauerarbeiten zu einem Ausflug einlädt. Colonel James Macleod verlebte hier seine Kindheit und wurde später Chef der kanadischen Mounted Police. In dieser Funktion benannte er 1876 die Stadt in Kanada nach dem heimatlichen Weiler.
Am Ufer des Loch a' Chumhainn liegt mit dem nur aus einer Straße bestehenden Dorf Dervaig ein winziges Stückchen Irland, ragt doch wie mancherorts dort ein weißer, spitzer Kirchturm wie ein Bleistift in den Himmel. Bergauf an den Kilmore Standing Stones vorbei und über gewundene Single tracks gelangen wir nach Tobermory ins Inselzentrum. Der Ort steht als Synonym für das liebliche Schottland. Entworfen am Reißbrett von der British Fisheries Society und 1788 als Hafenstädtchen unterhalb des historischen Ortskerns angelegt, versah man entgegen sonstiger Gepflogenheiten die Fassaden an der Promenade mit ausgelassener Farbigkeit.

TOP ERLEBNISSE

★ TOBERMORY WHISKYDESTILLERIE

Schon 1798 etablierte sich im Hafen von Tobermory die gleichnamige Whiskybrennerei. Stete Eigentümerwechsel und vorübergehende Stilllegungen sorgten für eine mehr als wechselvolle Geschichte. Heute produziert man hier neben Single Malts auch limitierte Whisky-Editionen und drei Gin-Variationen, die man nach einer Führung probieren kann.
www.tobermorydistillery.com

★ BÄUME AUS STEIN

Zu den ersten Naturdenkmälern im Besitz des National Trust for Scotland gehört seit 1932 der versteinerte, gut zwölf Meter hohe Nadelbaum »MacCulloch's Tree« an der Küste der Halbinsel Burg. Geführte anspruchsvolle Wanderungen entlang der Klippenküste beginnen am Tiroran House.
www.isle-of-mull.net/things-to-do/geology/fossil-tree/

★ MYSTIK DER VERGANGENHEIT

Ein Ausflug von Glengorm Castle aus führt nicht nur entlang der betörenden Küste im Norden Mulls, sondern auch zu den geheimnisvollen drei Standing Stones inmitten wogender Landschaft. Ob die Menhire das Zentrum eines einstigen Steinkreises sind, ist nicht bekannt.
www.isle-of-mull.net/attractions/history/standing-stones/glengorm-standing-stones/

Robert the Bruce machte sich als schottischer König durch die Schlacht am Bannockburn unsterblich.

ROUTE 6 – HEART 200

UNTERWEGS IM HERZEN SCHOTTLANDS

Stirling am Scheitelpunkt zwischen Highlands und Lowlands blickt als einstige Hauptstadt auf eine wechselvolle Geschichte zurück, die eng mit dem Schicksal Schottlands und dem Wunsch nach Unabhängigkeit verbunden ist.

Vor dem Portal des altehrwürdigen Schlosses von 1 **Stirling** unweit des Denkmals für Robert The Bruce starten wir unsere Tour in westliche Richtung aus der Stadt heraus. Die A84 führt uns durch landwirtschaftlich geprägte Hügellandschaft über Doune bis auf die Hauptstraße von Callander, wo wir nach links auf die A81 abbiegen und den Fluss Teith überqueren. Durch kleine hügelige Forstgebiete geht es kurvenreich vorbei am Lake of Menteith, einem der wenigen Seen Schottlands – also keinem »Loch« –, auf dessen Insel Inchmahome ein Kloster liegt, das Mary Queen of Scots 1547 als vorübergehende Zuflucht diente. In sehr kalten Wintern finden auf dem See Curling-Turniere statt. Hinter dem Gelände des Golfclubs Aberfoyle biegen wir rechts auf die A821 ab, die uns entlang des mäandrierenden Ufers des River Firth ins gleichnamige Städtchen bringt. Bevor wir der Straße in nördlicher Richtung folgen, machen wir einen Abstecher in den Queen Elizabeth Forest Park und in die Abgeschiedenheit des Nationalparks am Ostufer von Loch Lomond. Auch

INFO

Start: Stirling Castle
Ziel: Stirling Castle
Länge: 452 Kilometer
Dauer: 2–3 Tage
Beste Reisezeit: März – November

die abgelegene Seite von Loch Katrine, dessen Visitor Centre wir wenig später nach kurvenreichem Auf und Ab durch den »Three Lochs Forest Drive« erreichen, bekommen wir ebenfalls schon einmal zu sehen.

Königliche Aussichten

Die A821 begleitet uns noch etwas durch die gefällige einsame, aber ausgesprochen waldreiche Mittelgebirgslandschaft vorbei an Loch Achray und Loch Venachar, bevor wir am Old Toll House von Kilmahog auf die A84 stoßen und uns nach links wieder nordwärts orientieren. Das Ufer des Flusses Garbh Uisge und des lang gestreckten Loch Lubnaig zur Linken gelangen wir durch Strathyre und Lochearnhead sowie das abwechslungsreiche Glenogle Tal nach Mid Lix. Bei der Tankstelle biegen wir rechts auf die A827 ab. Sie verläuft entlang des nördlichen Ufers von Loch Tay über Kenmore mit dem Scottish Crannog Centre nach Aberfeldy. Im Ort zweigen wir links ab auf die B846, die sich zunächst westwärts am Verlauf des Flusses Tay orientiert, dann in weitem Bogen nach Norden richtet und am Loch Tummel hinter der schmalen Brücke scharf nach rechts auf die nicht minder schmale B8019 übergeht. Kurz vor der Staumauer des länglichen Sees liegt Queen's View, ein Aussichtspunkt mit Blick bis zum westlichen Hochland, der schon Königin Victoria 1866 faszinierte.
Kurz vor der Brücke über den Fluss Garry nehmen wir die sehr schmale Straße nach links, der Wegweiser benennt das Dorf Tenandry. Sie führt zuerst durch ein dichtes Waldge-

Büsten berühmter Schotten zieren eine der Galerien des Wallace Monuments in Stirling.

biet, das sich hinter der Kirche Tenandry Kirk zu einer weiten, hügeligen Wiesenlandschaft öffnet, bevor sie wieder in einen Forst eintaucht und oberhalb von Killiecrankie in einer Spitzkehre die Richtung nach Osten wechselt. Wir queren den Garry und die Bahnstrecke und schwenken erneut nach links auf die B8079, die uns nach Blair Atholl und zum dortigen Schloss, dem nördlichsten Punkt der Heart 200, bringt. Auf dem Weg nach Süden nehmen wir die neben dem Fluss Tummel, später dem Tay verlaufende Schnellstraße A9 und machen in 2 **Pitlochry** der dortigen Whiskybrennerei unsere Aufwartung. Der Ort erlebte einen touristischen Boom, nachdem ihn Königin Victoria 1844 erstmals besucht hatte.

Von Perth zurück nach Stirling

In Dunkeld verlassen wir die doch recht gut frequentierte A9, überqueren auf der A923 den Tay und fahren durch ein weitläufiges Forstgebiet mit einigen entzückenden Lochs bis Blairgowrie. Dort biegen wir rechts auf die A93 ab. Diese verläuft nun, mal näher, mal etwas weiter entfernt, am anderen Ufer des Tay entlang. Wir kommen, immer wieder flankiert von teils abenteuerlich erscheinenden niedrigen Trockenmauern unschätzbaren Alters, durch eine weitgehend offene Landschaft mit vielen Wiesen und Weiden, noch mehr Schafen, aber zuweilen auch kontinentalen Rinderrassen, sowie kleinen verträumten Dörfern. Hinter dem Weiler Old Scone beginnen die Ländereien von Scone Palace, die bis an den Tay heranreichen. Wenig später gelangen wir nach Bridgend und fahren über die West Bridge in die Stadt 3 **Perth** hinein, die wir über die A912 am südlichen Ortsrand wieder verlassen. Wir ignorieren die Möglichkeit der Nutzung der Autobahn und bleiben stattdessen auf der A912, bis wir durch überwiegend Agrarlandschaft im Dorf Gateside nach rechts auf die A91 abbiegen. Sie führt uns in südwestlicher Richtung bis Mawcarse, wo wir die A919 nach links nehmen und der Beschilderung »Scotlandwell« folgen. In Wester Balgedie geht sie über in die A911 und kurz danach am Well Country Inn geradeaus in die B920.

Anschließend bringt uns die B9097 ans Südufer von Loch Leven und die B996 nach Kinross, von wo wir einen Ausflug zu dem auf einem Inselchen im See gelegenen Loch Leven Castle unternehmen können. Mary Queen of Scots wurde hier 1567/68 gefangen gehalten. Wir folgen der A977 bis Drum und biegen an der Kreuzung vor dem Ort rechts ab nach Yetts of Muckhart. Im Ort machen wir unter Bäumen einen scharfen Schwenk nach rechts auf die A823, auf der wir durch das wieder etwas rauere Tal des River Devon zum legendären, durch Hotel und Golfplätze international bekannten Gleneagles gelangen. Über Crieff an der A822 und die A85 kommen wir in den Ort Dalginross. Hier geht es südwärts auf der B827 durch hügeliges Weideland bis Ardoch und auf der B8033 durch Dunblane zurück nach Stirling.

RESTAURANTS / ÜBERNACHTUNGEN

EINKEHREN

★ HERMANN'S
Geführt vom Tiroler Chefkoch und Eigentümer Hermann Aschaber gilt das feine Restaurant nahe Stirling Castle als bestes Lokal der Stadt mit einer spannenden Mischung aus schottischer und alpiner Cuisine.
www.hermanns.co.uk

★ INVERSNAID BUNKHOUSE
Im etwas exzentrischen Ambiente des Bistros einer ehemaligen, zu einem Hostel mit Ferienwohnungen umgebauten Kirche im Trossach's Nationalpark kann man ausgezeichnete Menüs aus frischen, regionalen Produkten genießen.
www.inversnaid.com

★ THE NORTH PORT
Karen und Andrew haben sich in der gemütlichen Atmosphäre ihres familiär geführten, kleinen Lokals im Herzen von Perth ganz auf die regionale und traditionelle schottische Küche spezialisiert.
www.thenorthport.co.uk

★ THE DORMY
Das zum bekannten Gleneagles Hotel gehörende Klubhaus mit Blick auf die Kings and Queens Golfplätze überzeugt durch eine informelle, gemütliche Atmosphäre und exzellente Gerichte vom Grill und aus dem Pizzaofen.
www.gleneagles.com/eat-drink/the-dormy

ÜBERNACHTEN

★ THE TOWNHOUSE
Im Städtchen Aberfeldy am River Tay liegt das kleine familiengeführte Hotel mit 15 modern und stilvoll eingerichteten Zimmern und einer hervorragenden Küche. Guter Ausgangspunkt für Unternehmungen jeglicher Art.
www.townhouseaberfeldy.co.uk

★ LOCH TUMMEL HOTEL
An der Mündung des Flusses Tummel in den Loch Tummel im Herzen Perthshires liegt das auch bei Gruppen beliebte Hotel mit zahlreichen Angeboten für unvergessliche Naturerlebnisse. Zuvorkommender Service, gemütliches Ambiente.
www.lochtummelhotel.com

★ BLAIR CASTLE CARAVAN PARK
Das weitläufige, einem Landschaftspark ähnliche Gelände in unmittelbarer Nähe des namensgebenden Schlosses verfügt über eine große Auswahl an Stellplätzen, mietbare kleine Ferienhäuser und urige Hütten, die Camping Pods.
www.atholl-estates.co.uk/stay-with-us/caravan-park/

★ CRIEFF HYDRO
Das ehemalige Kurhaus, errichtet 1868 unweit des Zentrums von Crieff, befindet sich noch immer in Familienbesitz und ist mit seinen vielfältigen Freizeitangeboten besonders für Familien mit Kindern geeignet.
www.crieffhydro.com

★ CROMLIX HOUSE
Das Hotel in einer herrschaftlichen viktorianischen Villa befindet sich im Besitz der Familie des schottischen Tennisstars Andy Murray. 15 luxuriös ausgestattete Zimmer und ein herausragendes Restaurant machen den Aufenthalt zu einem besonderen Erlebnis.
www.cromlix.com

Gleneagles gehört zu den exklusivsten Hotels der Welt und feierte 2024 den 100. Geburtstag.

STIRLING

STOLZE ALTE STADT MIT GROSSER HISTORIE

In Stirling schlägt das schottische Herz am höchsten, und das nicht erst, seit der Ort 2002 aus Anlass des Goldenen Thronjubiläums der britischen Königin Elizabeth II. offiziell zur Stadt, der damit sechsten im Land, erklärt wurde. Vielmehr war es nach vielen vorherigen Kämpfen die letztlich siegreiche Schlacht von Bannockburn 1314, die das schottische Selbstbewusstsein stärkte.

1

Ein klein wenig fühlt sich Stirling an wie Edinburgh, nicht so groß, nicht so überlaufen und nicht so hochtrabend, doch mit ähnlichem Altstadtambiente, mit engen Gassen und heimeligen Plätzen, gesäumt von ansprechenden alten Gebäuden, und mit rundem Kopfsteinpflaster, das aufwärts führt zum alles überragenden Stirling Castle. Die eindrucksvolle Felsenburg gehört zu den bedeutendsten Festungen des Landes. Ganz gleich, wer hier seine Residenz hatte, immer war es der Herrscher über Schottland. Gerade aufgrund der besonderen strategischen Lage an der Schnittstelle zwischen Lowlands und Highlands, zudem hoch auf einem vulkanischen Felsen, blieb Stirling lange Zeit Hauptstadt des Landes und royales Machtzentrum. Die Könige der Stuart-Dynastie liebten die imposante Burg, deren Silhouette noch heute schon aus größerer Entfernung von jeder Himmelsrichtung weithin sichtbar ist.
Große schottische Helden versammelten hier ihre Armeen, um für die Unabhängigkeit Schottlands zu kämpfen. In ihrer langen, oftmals blutigen Geschichte, die etwa bis auf das Jahr 1110 zurückreicht, wurde die Burg viele Male belagert. Nicht weniger als sieben geschichtsträchtige Schlachtfelder sind von der Burg aus zu sehen, darunter Stirling Bridge, an der William Wallace den berühmten Kampf gegen die Engländer focht, und das Schlachtfeld von Bannockburn, auf dem Robert the Bruce seinen historischen Sieg errang. Dies machte Stirling Castle auch zum Sinnbild für den schottischen Kampf um Unabhängigkeit.

Lieblingsschloss der Könige

Stirling Castle erlangte besondere Berühmtheit durch die Krönungszeremonie der gerade einmal neun Monate alten Mary, Queen of Scots, im Jahr 1543. Die Burganlage ist weitläufig und man sollte sich für einen Besuch Zeit nehmen. Neben dem königlichen Palast James V. von 1540, auffällig die Fassade im Stil der französischen Renaissance, und der bedeutenden »Great Hall« sind die Schlosskapelle, ein großer Küchentrakt sowie die Schlossgewölbe zu besichtigen. In der Queen's Inner Hall befinden sich sieben einzigartige Wandteppiche, welche die verzweifelte Geschichte und den Mythos um das schottische Wappentier, das Einhorn, illustrieren.

← Ein riesiger Wandteppich mit einem geschichtsträchtigen Motiv und natürlich einem Einhorn schmückt den Thronsaal des Royal Palace auf Stirling Castle.
↗ Das Wappen des schottischen Königs James V. aus der King's Outer Hall in Stirling Castle.

Auf dem letzten Teppich sieht man das Tier symbolträchtig gefangen und eingezäunt. Handgewebt nach Originaltechniken, mit den Farben und Materialien aus dem frühen 15. Jahrhundert, wurden diese zeit- und arbeitsaufwendig in den Tapestry Studios auf dem Burggelände nachgearbeitet. In der Stirling Heads Gallery finden sich viele Originale der beeindruckenden Deckenschnitzereien aus der King's Inner Hall. Die abgebildeten Personen stammen aus dem königlichen Umfeld, aus der Bibel sowie der griechischen und römischen Geschichte. Des Weiteren zeigt das Regimental Museum die 200-jährige Historie der Argyll & Sutherland Highlanders. Auf Stirling Castle entdeckte man übrigens bei Restaurierungsarbeiten einen Lederball, etwa von 1540. In der Zeit Maria Stuarts kickten die Höflinge also bereits munter auf den Burgwiesen. Vom Hof des Königs James VI. existieren Kaufbelege aus 1497 für »fut ballis«. Schon damals gab es Regeln, Fouls und Tätlichkeiten.

Das zweite, weithin sichtbare Wahrzeichen Stirlings ist das National Wallace Monument, das an den legendären Freiheitskämpfer William Wallace erinnert, der als von Mel Gibson verkörperter »Braveheart« auch Hollywood-Geschichte schrieb. Der Standort auf dem Berg Abbey Craig war nicht zufällig gewählt, denn das Monument überblickt von hier aus den Ort seines größten Erfolges in der Schlacht an der Stirling Bridge am 11. September 1297. Die kleine Brücke, einst einzig sicherer Übergang über den Forth, wird immer noch von Fußgängern und Radlern benutzt. Im Gebäudeinneren vermittelt eine Ausstellung die heroische Geschichte des William Wallace und sein Ansehen im Land über die Jahrhunderte. Der Waffensaal erzählt vom Verlauf der Schlacht und vom Leben des Nationalhelden, während im Heldensaal seine Einflüsse und Inspirationen auf die nachfolgenden Generationen aufgeführt werden. Im Zentrum der Präsentation steht hier Wallaces Schwert, das vermutlich originale, glänzende Symbol von Mut und unerschütterlichem Siegeswillen. Büsten weiterer schottischer Nationalhelden von Robert the Bruce bis Robert Burns zieren die Wände und erzählen über die jeweils individuelle Rolle in der Geschichte Schottlands.

Der Bau des Monumentes ist zentrales Thema in der königlichen Kammer. Es wurde 1869 fertiggestellt und noch im gleichen Jahr als bedeutender Kulturschatz der Region der Öffentlichkeit zugänglich gemacht. Eine Wendeltreppe mit insgesamt 246 Stufen führt in die jeweiligen Bereiche der Ausstellungen und auch auf die Krone, die oberste Plattform des 67 Meter hohen Monumentes, die stets windumtost eine tolle Aussicht auf die Stadt, die Trossachs und das Tal des River Forth bietet.

Schottisches Heldentum

Eine große, majestätische Statue von Robert the Bruce richtet sich nach Südosten auf den etwaigen Standort, an dem der schottische König im Marschland zwischen den Flussläufen des Bannock und des Forth seine siegreiche Standarte platzierte. Dort ist ein Gedenkstein in einem großen, durchbrochenen Rondell aufgestellt. Trotz numerischer Unterlegenheit war es den Schotten mit Hilfe von Roberts taktischem Geschick und der natürlichen, örtlichen Gegebenheiten gelungen, innerhalb von lediglich zwei Tagen im

Juni 1314 die übermächtigen englischen Truppen zu besiegen und in die Flucht zu schlagen. Durch diesen bedeutungsvollen Sieg war das bis dato besetzte Schottland endlich wieder unabhängig.
Pünktlich zum 700. Jahrestag 2014, dem Jahr des letzten schottischen Unabhängigkeitsreferendums, öffnete das Battle of Bannockburn Visitor Centre seine Pforten als erstes gemeinsames Projekt von – damals – Historic Scotland und dem National Trust for Scotland. Mittels modernster Motion-Capture-Techniken wurden wirklichkeitsnahe Filme produziert, die den Besucher mitten ins Geschehen bringen. Er wird in den sogenannten Character Stations ins Jahr 1314 zurückversetzt und findet sich beispielsweise im »Prepare for the Battle«-Raum unter den Kriegern wieder, die sich gerade auf die Schlacht vorbereiten. In einem anderen Raum kann man auf einem virtuellen Spielfeld mit den Mitteln, die auch den damaligen Akteuren zur Verfügung standen, seine eigenen Strategien und taktischen Ideen für einen siegreichen Feldzug umsetzen, während diese zeitgleich optisch an den umliegenden Wänden dargestellt werden.

↖ Aus der Höhe von gut 60 Metern auf der obersten Plattform des Wallace Monuments liegt dem Besucher das geografische Herz Schottlands zu Füßen.
↗ Die Schlacht von Bannockburn kann mit der Technik des 21. Jahrhunderts nachvollzogen werden.
→ Einer der herrschaftlichen Gesellschaftsräume in Argyll's Lodging

TOP ERLEBNISSE

★ ARGYLL'S LODGING

Der repräsentative, dreigeschossige Adelssitz am Castle Wynd an der Auffahrt zu Stirling Castle befindet sich unter der Verwaltung von Historic Environment Scotland. Das Innere des prächtigen rosafarbenen Gebäudes spiegelt die Zeit um 1680 in all ihren, teilweise überbordenden Facetten wider. Der Besuch ist im Ticketpreis für Stirling Castle enthalten.
www.historicenvironment.scot/visit-a-place/places/argyll-s-lodging

★ STIRLING GHOSTWALK

Bei derart viel großartiger Geschichte, die die Stadt zu bieten hat, dürfen natürlich die mystischen, aber sehr unterhaltsamen Geistertouren nicht fehlen. Schaurig-schönes weiß der düster-elegant gekleidete wie furchteinflößende »Happy Hangman« zu berichten, von Ladys in verschiedenfarbigen Gewändern, von verrückten Klosterbrüdern und Edelmännern, von Hexen, Dämonen und unruhigen Grabstätten.
www.stirlingghostwalk.com

★ OLD TOWN JAIL

Um ein Gefängnis macht man im Urlaub eher einen Bogen, doch das Old Town Jail am Rande des Zentrums ist einen Besuch wert. Schauspieler übernehmen die kurzweiligen Führungen, schlüpfen dabei in verschiedene Rollen, wechseln sogar den Dialekt, während sie über das entbehrungsreiche Dasein der Insassen des düsteren Gebäudes von 1847 berichten und auch die Besucher miteinbeziehen.
www.oldtownjail.co.uk

WEGE DES HERZENS

Perthshire umfasst in groben Zügen das geografische Herz Schottlands am südlichen Ausläufer des Nationalparks Cairngorm Mountains. Die eindrucksvolle Natur mit weitläufigen Forstgebieten, sanften Hügeln, verwunschenen Tälern und magischen Lochs löste schon früh und nicht nur bei royalen Gemütern, obwohl ohne direkte Zugänge zum Meer, wahre Reiselust aus.

2

Schafe machen einen großen Bogen um den Blair Drummond Safari Park, der ab 1970 für reichlich Exotik im Süden der Highlands sorgte und seither zu den wichtigsten, touristischen Attraktionen der Schotten zählt. Auf dem weitläufigen Gelände bei der Villa Blair Drummond House tummeln sich am Ufer des Teith Elefanten, Löwen, Zebras und Giraffen und so ziemlich alles, was man eher südlich des Äquators verorten würde. Nur wenig weiter flussaufwärts liegt mit Doune Castle eine weitere schottische Burg, die auf den internationalen Kinoleinwänden Furore machte, allerdings unter verschiedenen Pseudonymen als »Schloss Dosenschreck«, »Swamp Castle« oder »Camelot« in Monty Pythons »Ritter der Kokosnuss«, als Burg Leoch in »Outlander« oder als Burg Winterfell in »Game of Thrones«. Der hervorragende Erhaltungszustand ihrer mittelalterlichen Burganlage prädestiniert sie geradezu als Drehort epischer Werke der Filmkunst.
Etwas weniger prominent, doch mit ebenso interessanter Historie wartet die Whiskybrennerei Deanston auf. Gegründet wurde sie erst 1965, zählt also noch zu den Jungspunden der schottischen Whiskyszene, ihre Produktionsstätte befindet sich jedoch ungewöhnlicherweise in einer historischen Baumwollmühle von 1786. Noch jünger ist die Trossachs Distillery am Rande von Callander, die seit 2015 die beliebten McQueen-Gins produziert. Der Queen Elizabeth Forest Park erstreckt sich westlich des Städtchens Aberfoyle, das sich einen Status als geschäftiges Outdoor-Zentrum hat erarbeiten können. Neben vielfältigen Möglichkeiten zum Kanufahren, Mountainbiken und Wandern reizt insbesondere das Go-Ape-Activity-Centre mit seinen spektakulären Seilrutschen, die neben heftigen Adrenalinschüben auch ungewohnte Aussichten auf die schottischen Wälder offerieren. Am Loch Katrine erwartet uns eine nahezu unberührte erhabene Landschaft aus Bergen, Wald und Gewässern, die von Bord des nostalgischen Dampfschiffs S/S »Sir Walter Scott« gemächlich an uns vorbeigleitet. Der Bootsausflug führt einmal quer über den See bis an seinen westlichen Ausläufer und den Weiler Stronachlachar. Legenden von Riesen und Fabelwesen machen in der Region noch heute die Runde und finden ihre Nachweise in der Geologie. Samson's Stone auf den Hügeln westlich von Kilmahog gehört dazu. Der markante Felsbrocken blieb zurück in exponierter Lage mit tollem Blick über das Tal des Teith bis nach Callander, nachdem eine Riesenfamilie einen lustigen Steinwurfwettbewerb ausgerichtet hatte.

← Mächtige kupferne Brennblasen, die »pot stills«, der erst 1965 in einer ehemaligen Baumwollspinnerei bei Doune gegründeten Deanston Distillery
↗ Die Neukonstruktion des prähistorischen Pfahlbaus im Crannog Centre soll 2025 abgeschlossen sein.

Prähistorische Kleinodien

Das Scottish Crannog Centre bei Kenmore am Ostufer des lang gestreckten Loch Tay bietet spannende Einblicke in Schottlands Prähistorie. Der rekonstruierte Pfahlbau, eine typische Wohnstätte der Menschen der Eisenzeit, wurde durch ein Feuer Mitte 2021 komplett zerstört. Ein Wiederaufbau in seiner ursprünglichen Form als reetgedecktes Rundhaus auf Stelzen ist durch staatliche Zuschüsse gesichert. Ein natürlicher Zeitzeuge bangt im Dörfchen Fortingall etwas nördlich ums Überleben. Das Alter der Eibe auf dem Kirchhof schätzen Wissenschaftler auf bis zu 4000 Jahre, was das Exemplar des *Taxus baccata* zum ältesten lebenden Organismus Europas machen würde, doch kämpft sie verzweifelt gegen Fäule und Krankheiten. Auf dem Taymouth Castle Estate, dessen prächtiges, steinernes Portal unmittelbar am Ortszentrum von Kenmore zur Durchfahrt einlädt, verbrachten Queen Victoria und Prinzgemahl Albert ihre Flitterwochen.
Die legendäre Königin konnte auch ihre Begeisterung nicht verhehlen über die fantastische Aussicht, die man von Fin-

POST OFFICE
Last Collection Time
Monday to Friday
12.45pm
Saturday
12.45pm

castle aus der Höhe über dem schmalen, mit einem bizarren Uferverlauf in Ost-West-Ausdehnung ausgestatteten Loch Tummel genießen kann. Folgerichtig wurde der Aussichtspunkt zur Queen's View und machte den Blick nach Westen auf den Berg Schiehallion zu einem majestätischen. Schon im Jahr 1734 führte eine Steinbrücke in Tummel Bridge über den Fluss, der sich an dieser Stelle zum großen See erweitert. Fußgänger dürfen diese noch immer benutzen. Der Ort bietet zudem eine überraschend große Zahl an prähistorischen Funden, Steinkreisen, Menhiren und Befestigungen sowie eines der ersten Wasserkraftwerke Schottlands, das 1930 den Betrieb aufnahm.

Blair Castle war die letzte belagerte Befestigung Großbritanniens und spielte diese wenig ruhmreiche Rolle im Jahr 1746 während der Aufstände der Jakobiten. Neben dem weitläufigen Landschaftspark können auch große Teile des Interieurs besichtigt werden. Sie geben einen aufschlussreichen Einblick in das Leben der Grafen und Lords von Atholl, in die Geschichte des Gebäudes, die bis ins Jahr 1269 zurückreicht, und in die exzellenten Sammlungen und den Kunstverstand ihrer Besitzer. Nicht weit ist es zudem zur ältesten aktiven Destillerie Schottlands, Blair Atholl.

Weil Pitlochry derjenige schottische Ort ist, der am weitesten von der Küste entfernt liegt, bekam er durch Aufstauen des Tummel mit Loch Faskally seinen eigenen Küstenbereich. Sehr zum Gefallen des boomenden Fremdenverkehrs, den einst Königin Victoria ausgelöst hatte. Weniger begeistert waren die Lachse, die zur Laichablage den Tummel aufwärts wandern mussten. Sie bekamen jedoch eine Fischtreppe, eine gläserne zudem, damit auch die nichtschwimmenden Touristen an dem Naturschauspiel teilhaben können. Mit der Edradour Distillery gehört die kleinste traditionelle und recht idyllisch am gleichnamigen Bach gelegene Whiskybrennerei ebenfalls zu Pitlochry. Mittels Webcam lässt sich am Leben der Fischadler am Loch of the Lowes bei Dunkeld von überall auf der Welt teilhaben. Dunkeld, das viele historische Bürgerhäuser besitzt, bildet mit Birnam eine Doppelstadt, verbunden durch eine von Thomas Telford errichtete siebenbogige Brücke über den Tay. Bei einer Biegung des Flusses etwas südlich findet sich in Meikleour an der A83 die größte Hecke der Welt, 530 Meter lang und bis zu 37 Meter hoch. Crieff gilt in Schottland als Inbegriff der Kurkultur mit dem renommierten Aushängeschild des Crieff Hydro Hotels. Die Kurgäste lieben allerdings darüber hinaus auch Ausflüge zur nicht minder angesehenen Famous Grouse Experience der Glenturret-Whiskydestillerie und das gepflegte Stöbern im Nutcracker Christmas Shop, der nicht nur zur Weihnachtszeit Adventliches auf seinen Regalen präsentiert. Bis ins 11. Jahrhundert reicht die Geschichte der eindrucksvollen Dunblane Cathedral zurück, in deren Inneren vor allem das mittelalterliche Chorgestühl den Blick auf sich zieht. Am nahen Kreisverkehr hat die Royal Mail einen Briefkasten vergoldet, um Tennisstar Andy Murray, den berühmten Sohn der Stadt, für seinen Sieg bei den Olympischen Sommerspielen 2012 in London zu ehren.

↖ Der Briefkasten am Besucherzentrum des Queens View oberhalb des Loch Tummel.
↙ Die schottischen Schlösser wie Blair Castle sind beliebte wie romantische Orte, um den hoffentlich schönsten Tag im Leben gebührend zu begehen.

TOP ERLEBNISSE

★ ENCHANTED FOREST

Die reizvollen Waldregionen um Pitlochry inspirierten zur letzten Jahrtausendwende die Gestaltung eines Märchenwaldes im Faskally Forest, der seit 2002 die Menschen verzaubert. Jedes Jahr im Herbst erstrahlt der Wald mit neuem Programm in neuem Licht, ist Mittelpunkt extraordinärer, akustisch behutsam untermalter Lichtshows.
www.enchantedforest.org.uk

★ CATERAN ECOMUSEUM

Als Ausstellungsraum ganz ohne Wände und Schranken präsentiert sich das Museum des Cateran Country in der Region zwischen Aberdeenshire, Perthshire und Angus. Das vielfältige Angebot zur Selbsterfahrung umfasst ausgearbeitete und online bereitgestellte Entdeckungstouren in die Natur zu Fuß, mit dem Fahrrad oder mit dem Auto.
www.cateranecomuseum.co.uk

★ BEATRIX POTTER

Vor allem Familien mit Kindern werden die Fantasiewelt der Beatrix Potter um Mrs Tiggy Winkle und Peter Rabbit schätzen, die im Kunstzentrum Birnam Arts Centre angesiedelt ist. Wechselnde Kunstausstellungen und Theaterveranstaltungen runden einen Besuch im Garten Beatrix Potters und in der rührend-nostalgischen Spielwelt ab.
www.birnamarts.com

PERTH

DIE WIEGE SCHOTTLANDS

In der lieblichen, sanft hügeligen Landschaft Perthshires schufen die Pikten vor langer Zeit das Fundament eines stolzen schottischen Königtums, das während des Mittelalters und auch später stets hart umkämpft und ständigem Wandel unterworfen blieb.

Behutsam schmiegt sich das Städtchen Perth an das westliche Ufer des Rivers Tay. Nur wenig erinnert daran, dass Perth als größte Ansiedlung in der Nähe des Scone Palace, wie doch einige andere schottische Orte auch, einmal schottische Hauptstadt gewesen ist. Doch mit der brutalen Ermordung von König James I. im Jahr 1437 in seiner dortigen Residenz verlor Perth augenblicklich an Einfluss und Bedeutung, und Edinburgh übernahm die Aufgabe als Regierungssitz. Der heißblütige Prediger John Knox startete hier 1559 seine reformatorischen Feldzüge, die in der Zerstörung vieler religiöser Schätze und katholischer Sakralbauten im Land mündete. Ohne diese historischen Bürden jedoch ausgiebig vermarkten zu können, entwickelte sich Perth in der Folge zu einem geschäftigen Handelsplatz und beachtlicher ökonomischer Stärke, durch den Export von Waren über den Tay.

3

Das vermutlich älteste Hotel Schottlands befindet sich mit dem Salutation Hotel in der South Street. Die in Stein gemeißelte Jahreszahl 1699 im Hof weist daraufhin, dass das Haus schon über 300 Jahre als gastronomischer Betrieb genutzt wird, den Bonnie Prince Charlie bereits 1745 in Anspruch nahm, und auch die Beatles hatten eine gepflegte Teepause in der Lobby. Im April 2024 eröffnete in der ehemaligen, für illustre Veranstaltungen populären Perth City Hall im Herzen der Stadt das neue Perth Museum, das der Jahrhunderte andauernden Odyssee des legendären »Stones of Destiny« ein glückliches Ende bescherte. Der urkundlich belegt 1249 erstmals bei Scone Palace genutzte Krönungsstein gelangte als englische Kriegsbeute 50 Jahre später nach Westminster, wurde 1950 spektakulär nach Schottland entführt, erfüllte aber jüngst bei der Krönung Charles III. wieder seinen Zweck.

Wo alles begann

Mit dem North Inch und dem South Inch besitzt Perth zwei weitläufige Parkanlagen am Tayufer, die hervorragend für unterschiedlichste Freizeitaktivitäten geeignet sind und zur entspannten Atmosphäre des Ortes beitragen. Vom nördlich an den North Inch anschließenden Golfplatz kann man hinüber auf den gigantischen Landschaftspark um Scone Palace blicken. Der Palast stammt vom Anfang des 19. Jahrhunderts und wurde an gleicher Stelle des vorherigen Herrenhauses errichtet. In Scone, dem einstigen Machtzentrum der Pikten, beginnt die eigentliche Geschichte Schottlands mit der Krönung des Kenneth Mac Alpine zum schottischen König um das Jahr 909 auf dem »Stone of Destiny«, dem Krönungsstein, der fortan Sitzgelegenheit bei der Inthronisierung für alle weiteren Könige wurde, darunter auch der legendäre Macbeth.
Nachdem König Edward I. von England den 150 Kilogramm schweren Sandstein 1296 in den englischen Krönungsstuhl verbaute, blieb Scone dennoch weiterhin Krönungsort schottischer Könige. Der Stein, der heute im zauberhaften, von zahlreich Pfauen, aber auch von wenigstens einem schneeweißen Ziervogel bewohnten Park vor der kleinen Kapelle steht, ist eine Nachbildung.
In den Räumlichkeiten im Inneren des Palastes findet sich eine exquisite Sammlung von Kunstschätzen, Gemälden und Antiquitäten aus der Sammlung der Earls of Mansfield. Besonders beeindruckend ist die Royal Long Gallery, der mit 43 Metern vermutlich längste Raum Schottlands. Charles II., seines Zeichens letzter schottischer König, musste diesen langen Weg bis zur Thronbesteigung am Neujahrstag 1651 feierlich einherschreiten.

↑ Schottisches Karo ist längst nicht mehr nur dem Kilt vorbehalten und findet sich vielfach im Alltag.
← Stolz wacht ein weißer Pfau vor dem gepflegten, weitläufigen Anwesen von Scone Palace und sonnt sich genießerisch in der Bewunderung der Besucher.

TOP ERLEBNISSE

★ STANLEY MILLS
In einem weiten Bogen des Tay endete erst 1989 die Textilproduktion der Baumwollspinnerei von Stanley Mills, die gut 200 Jahre zuvor gegründet wurde und mit ihrem Wassermühlenantrieb einen bedeutenden Anteil an der industriellen Revolution in Großbritannien hatte. In der Ausstellung und im Besucherzentrum wird die Geschichte eingehend dokumentiert.
www.historicenvironment.scot/visit-a-place/places/stanley-mills/

★ BALHOUSIE CASTLE
Am Ende eines Spaziergangs durch den North Inch Park sollte unbedingt der Besuch von Balhousie Castle aus dem Jahr 1631 stehen, das sich in seinem Black Watch Museum ausgiebig mit schottischer Regimentsgeschichte befasst.
www.theblackwatch.co.uk

Das schottische Herz aus der Luft
am Übergang vom Winter zum Frühjahr.

AUF KÖNIGLICHEN FÄHRTEN

Geschichtsträchtige Orte, aber auch Stätten neuzeitlicher Art säumen den abwechslungsreichen Weg von South Queensferry rund um den Firth of Forth und durch das Kingdom of Fife bis zum Endpunkt am Dunnottar Castle in Aberdeenshire. Dabei begegnen uns immer wieder steinerne Zeugen der Zeitgeschichte.

Im Jahr 1890 setzte die gerade eingeweihte Eisenbahnbrücke über den Firth of Forth neue Maßstäbe der Ingenieurskunst, die noch heute ihre Bewunderer findet und symbolträchtig britische Tatkraft dokumentiert. Die drei charakteristischen roten Stahlovale der mittlerweile zu den UNESCO-Welterbestätten gehörenden Brücke überspannen auf 521 Metern die geschäftige Wasserstraße und entspannten den stetigen Fährverkehr zwischen North und South Queensferry. Queen Margaret sorgte bereits 1071 für die Schiffspassage, die Pilgern das Reisen nach Dunfermline und St. Andrews erleichtern sollte. Just dort, wo am Neujahrstag beim »Loony Dook« Unerschrockene ein Bad im Meer wagen, starten wir unsere Fahrt, die uns nach Westen an den beiden Autobahnbrücken vorbei zunächst durch die ländlich geprägten Vorstädte Edinburghs nach **1 Linlithgow** führt. Im dortigen Palast, dessen Ruine noch immer alten Glanz verströmt, erblickte Mary Queen of Scots am 8. Dezember 1542 das Licht der Welt und wurde bereits sechs Tage später zur ersten und einzigen schottischen Königin ernannt. Beim Herrenhaus Callendar House im eher industriell geprägten Falkirk finden sich Reste des Antonine Walls, des nördlichsten Grenzwalls des Römischen Reiches, errichtet 138 n. Chr. Wir folgen dem

INFO

Start: South Queensferry
Ziel: Dunnottar Castle
Länge: 292 Kilometer
Dauer: 1–2 Tage
Beste Reisezeit: März – November

Seit über einem Jahrhundert ist die Eisenbahnbrücke über den Firth of Forth ein Wahrzeichen im Königreich.

10 km
ABERDEEN
Stonehaven
Dunnottar Castle
Montrose
Arbroath
Forfar
Dundee
Claypotts Castle
Monifieth
Broughty Ferry
Carnoustie
St. Andrews
St. Andrews Castle
St. Andrews Bay
NORDSEE
Firth of Forth
Crail
Fife Ness
Anstruther
Pittenweem
St. Monans
Elie
Elie Beach
Isle of May
Kingsbarns Distillery
East Neuk
Earlshall Castle
Leuchars
Tayport
Newport-on-Tay
Cupar
Hill of Tarvit
Falkland
Falkland Palace & Garden
Glenrothes
Kirkcaldy
Ravenscraig Castle
Kinghorn
Burntisland
Aberdour
Dalgety Bay
Dunfermline
Dunfermline Abbey
Culross
Culross Palace
Kincardine
Kincardine Bridge
Alloa
Stirling
Falkirk
The Falkirk Wheel
The Kelpies
Grangemouth
Bo'ness
Linlithgow
Callendar House
Hopetoun House
Forth Bridges
South Queensferry
Inverkeithing
EDINBURGH
Edinburgh Airport
Musselburgh
Livingston
Bathgate
Cumbernauld
Coatbridge
Perth
Scone Palace
Elcho Castle
Lindores Abbey
Newburgh
Crieff
Drummond Castle
Blair Castle
Blair Atholl
Blair Atholl Distillery
Pitlochry
Killiecrankie
Aberfeldy
Castle Menzies
Dunkeld
Blairgowrie
Rattray
Coupar Angus
Glamis
Glamis Castle
Kirriemuir
Gorge of the Ericht
Alyth
Meigle
Brechin
Finavon Castle
Redcastle
Lunan Bay
Kellie Castle
Inverbervie
Inverbervie Beach
Kinneff Old Church
Todhead Point
Johnshaven
Laurencekirk
Fettercairn
Fasque House
Edzell
Braemar
Braemar Castle
Balmoral Castle
Royal Lochnagar Distillery
Crathie Church
Ballater
Dinnet
Aboyne
Banchory
Crathes Castle
Drum
Midmar Castle
Craigievar Castle
Corgarff Castle
Linn of Dee
Cairngorm
Cairngorm National Park
Braemar
Lochnagar 1155
Mount Keen 939
Glen Shee
Glen Clova
Sidlaw Hills
Ochil Hills
Lammermuir Hills
North Berwick
Tyne Mouth
Aberlady Bay
Haddington
Museum of Flight
Hailes Castle
Lennoxlove House
Dunbar
Fast Castle
St. Abb's Head
Tantallon
Ben Macdui 1309
Beinn Bhrotain 1157
Glas Maol 1068
Beinn a Ghlò 1120
Mt. Blair 744
Loch Tummel
Loch Leven
Loch Muick
Loch Lee

Gin schickt sich an, dem Whisky als Lieblingsgetränk der Schotten den Rang abzulaufen.

Verlauf des Firth and Clyde Canals bis zum einzigartigen, rotierenden Schiffshebewerk Falkirk Wheel. 2002 eingeweiht verbindet es die künstliche Wasserstraße mit dem 46 Meter höher gelegenen Union Canal. Noch jünger schließlich die »Kelpies«, die stählernen Wassergeister des Künstlers Andy Scott, die seit 2013 eine Kanalschleuse bewachen. An ihnen vorbei überqueren wir die Kincardine Bridge und halten uns direkt rechts am Nordufer des Firth of Forth bis zum mittelalterlichen Ort Culross mit seinen engen Kopfsteinpflastergassen – Drehort zahlreicher Szenen der Verfilmungen der »Outlander«-Saga. Der B9037 und A994 folgend erreichen wir das Zentrum von **2 Dunfermline** mit seinem Kloster, in dem Robert the Bruce beigesetzt ist.
Weiter entlang des Nordufers des Firth of Forth, nun im Kingdom of Fife, das sich als sanfte, landwirtschaftlich orientierte Region präsentiert, bieten sich Blicke auf die ikonischen Brücken und Edinburgh, bevor wir hinter Kirkcaldy landeinwärts über Glenrothes nach Falkland kommen. Das dortige Schloss im mittelalterlich anmutenden Ort war einst Jagdsitz der Stewarts und kann den ältesten Tennisplatz Großbritanniens von 1539 sein Eigen nennen. In östlicher Richtung gelangen wir im Doppelort Elie und Earlsferry mit seinen zauberhaften, weiten Stränden wieder unmittelbar ans Meer.
Hier beginnt eine Phalanx an malerischen Hafenstädtchen, eines schmucker als das andere. Die A917 führt vorbei an den urbanen Perlen St. Monans, Pittenweem, **3 Anstruther** und Cellardyke bis nach Crail. Nordwärts passieren wir berühmte Golfplätze und die recht junge Kingsbarns-Destillerie, bevor wir die alte Universitätsstadt St. Andrews erreichen. Die Stadt gilt als Wiege des Golfsports. Trotz ihrer imposanten sehenswerten Ruinen von Schloss und Kathedrale hat sie bei den Anhängern des britischen Königshauses vor allen Dingen ein Image als Ort des Zusammentreffens von HRH Prince William mit der bürgerlichen Kate Middleton.

Häfen und Küsten

4 Dundee, nach eigener Überzeugung die sonnigste Stadt des Landes, auf der gegenüberliegenden Seite der Tay Road Bridge, zu der uns die A92 leitet, hat es geschafft, dem Mauerblümchendasein zu entkommen und sich zur Designmetropole entwickelt. Statt den drei »J«, die einmal für Dundees wirtschaftliches Statement standen – Jam, Jute, Journalism – ist nun das hochmoderne V&A Museum gleich neben dem Großsegler RRS »Discovery« Aushängeschild und Wahrzeichen. Am Ufer entlang bleiben wir hinter Broughty Ferry auf der A92 und verlassen diese erst am Ortsende von Arbroath, jedoch nicht ohne zuvor die Abteikirche, den Hafen und die beeindruckenden Klippen besucht zu haben. Durch offenes Ackerland mit vereinzelten Gehöften und manch urigen Mauerresten kommen wir zur lang gestreckten Lunan Bay und ihrem breiten Nordseestrand.
Im Hafenort Montrose an der Mündung des South Esk treffen wir wieder auf die A92. Sie führt uns weiter nach Norden, immer mehr oder weniger in Sichtweite der Küste, die abwechselnd aus schroffen Klippenformationen besteht und idyllischen, meist unter Naturschutz stehenden Sandstränden, auf denen sich Seehunde pudelwohl fühlen. Bei Inverbervie entstand 1788 die erste Flachsspinnerei Schottlands, die eine mehr als 200-jährige Textilindustrie am Ort begründete. Hier haben wir bereits Aberdeenshire erreicht und die Klippenküsten eine mittlerweile ansehnliche Höhe. Sie überwiegen nun die stetig kleiner werdenden Strandabschnitte. Auf einer solchen Klippe thront auch unser Zielpunkt, das ebenso markante wie wildromantische Dunnottar Castle südlich von **5 Stonehaven**. Zahlreiche Sagen und Legenden umranken die Burg aus dem späten 13. Jahrhundert. So sollte sie die letzte Befestigung sein, die den Truppen Oliver Cromwells erfolgreich Widerstand leistete. Die dort versteckten schottischen Kronjuwelen konnten listigerweise vor dem Feldherrn ebenfalls in Sicherheit gebracht werden.

RESTAURANTS / ÜBERNACHTUNGEN

EINKEHREN

★ THE LOBSTER POT
Das reichhaltig mit maritimen Objekten dekorierte kleine Lokal an der Blackness Bay hat seine Karte namensgerecht ausgerichtet und serviert Hummer höchst variantenreich, gern auch in Verbindung mit Steaks.
www.lobster-pot.co.uk

★ RED LION INN
Typischer, entspannter Pub im historischen Städtchen, das durch die »Outlander«-Verfilmungen bekannt wurde. Pub-Food vom Allerfeinsten.
www.redlionculross.co.uk

★ ANSTRUTHER FISH BAR
Die Liste hochrangiger Auszeichnungen für den kleinen »Chippy« gegenüber der Mole im Hafen von Anstruther verlängert sich jährlich, entsprechend groß ist der Andrang, was zuweilen zu Wartezeiten führen kann.
www.anstrutherfishbar.co.uk

★ THE BEER KITCHEN
Stets lebhafte Atmosphäre herrscht im Brauerei-Ausschank von Innis & Gunn. Neben einer großen Bierauswahl kredenzt man Kreatives, auch Vegetarisches neben Burgern und Chips.
www.innisandgunn.com/row/taprooms/dundee

★ OLD BOATYARD RESTAURANT
Moderne Gaststätte am kleinen Hafen von Arbroath, natürlich mit Schwerpunkt auf schmackhaften, frischen Fischgerichten rund um die weithin gerühmten geräucherten »Arbroath Smokies«.
www.oldboatyard.co.uk

ÜBERNACHTEN

★ THE HAWES INN
Das historische Hotel mit den markanten Treppengiebeln und 14 individuell eingerichteten Zimmern liegt unmittelbar unterhalb der spektakulären Forth Rail Bridge in South Queensferry. Der Schriftsteller Robert L. Stevenson hat hier an den »Abenteuern des David Balfour« geschrieben.
www.innkeeperslodge.com/hotel/the-hawes-inn-south-queensferry-edinburgh

★ THE COVENANTER HOTEL
Mitten im Herzen des alten Städtchens Falkland liegt dieses traditionsreiche Gasthaus mit lediglich fünf Zimmern, Bar und feinem Restaurant. Eines der Zimmer, mit Blick auf den Dorfbrunnen, spielte ebenfalls bei der Filmreihe »Outlander« eine Rolle. Ausgangspunkt für Wanderungen in die Lomond Hills.
www.covenanterfalkland.com

★ SILVERDYKE CARAVAN PARK
An der Küste bei Anstruther liegt diese Camping-Anlage mit schöner Aussicht aufs Meer und guter Ausstattung. Insbesondere für Wohnmobile und Wohnwagengespanne geeignet.
www.silverdykepark.co.uk

★ WOODLANDS HOTEL
Hübsch gelegen in einem kleinen Park in Broughty Ferry bei Dundee verfügt das zu Best Western gehörende Haus neben komfortablen Zimmern auch über einen Wellnessbereich mit Pool.
www.bestwestern.co.uk/hotels/best-western-woodlands-hotel-83507

Einer der populärsten »Chippys« des Landes: die Anstruther Fish Bar

MYTHEN, MONARCHEN, MEISTERWERKE

Der heute eher weniger ansehnliche und industriell geprägte urbane Gürtel zwischen Glasgow und Edinburgh birgt einige überraschende Kleinode und war Schauplatz geschichtsträchtiger Geschehnisse, die das Schicksal Schottlands nachhaltig beeinflussten.

Mary Queen of Scots, geborene Maria Stuart, dürfte die jüngste Monarchin der Zeitgeschichte gewesen sein und dies wohl auch für immer bleiben. Im mehr als zarten Alter von lediglich sechs Lebenstagen wurde sie 1542 zur schottischen Königin bestimmt. Neun Monate später erfolgte ihre zumindest symbolische Krönung, zu diesem Anlass bekam sie passende Kleider geschneidert, die in etwa den üblichen, bei dieser Zeremonie getragenen königlichen Gewändern entsprachen. Sie blieb, wie die gerade in ihrem Falle höchst illustre Geschichtsschreibung zu berichten weiß, die einzige Königin Schottlands, das seinerseits im Jahr 1707 durch den »Act of Union«, den Unionsvertrag, mit England, vereint wurde.

Mary wurde ebenso wie ihr Vater James V. 30 Jahre zuvor, im achteckigen Turm in der Nordwestecke von Linlithgow Castle geboren, dem Lieblingsschloss der Stuart-Familie, die es, beginnend mit den herrschaftlichen Visionen von James I. und weitgehend vollendet durch James IV., zwischen 1424

1

↑ Die riesigen »Kelpies«, stählerne Nachbildungen von mystischen Fabeltieren, sind ein Werk des Schotten Andy Scott und längst Wahrzeichen der Region um Falkirk.
↙ Dekorative Wappen schmücken das Portal der Schlossruine von Linlithgow Palace.

und 1532 auf einer Anhöhe am Südufer des Loch Linlithgow errichtete. Obwohl seit 1746 durch ein vom Duke of Cumberland auf dem Rückweg von Culloden entfachtes Feuer bis auf die Außenmauern in Ruinen liegend, gilt es noch immer als schönstes aller schottischen Königsschlösser. Dies begründet sich in erster Linie auf der leicht rot-goldenen Farbigkeit des Gebäudes aus Sandstein der Region, der im Licht der untergehenden Sonne eine überwältigende Aura zu entfalten weiß.

Facetten der Kunst

Diese phänomenale Wirkung begeisterte auch den unvergessenen, etwas exzentrischen Modezar Karl Lagerfeld, der im Innenhof des Schlosses fast auf den Tag genau 470 Jahre nach Marys Geburt die »Metiers d'Art«, Fashion-Show für das Modelabel Chanel, abhielt. Rund um den King's Fountain, den fast 500 Jahre alten Brunnen, den ältesten seiner Art im Land, bekam nicht nur die Modewelt einen strahlenden Blick auf Tweed und Tartan, die auf dem Catwalk präsentiert wurden. Ein knappes halbes Jahr später begann Andy Scott damit, die Abbilder der stämmigen Clydesdale-Pferde »Duke« und »Baron« zu verschweißen. Drei Monate danach standen die als Pferde getarnten mystischen Wassergeister in ihrer vollen Pracht im Helix-Freizeitpark von Falkirk am letzten Schleusenbecken des Forth and Clyde Canals, bevor er in den River Carron übergeht. Jedes der silbern glänzenden und sehr naturgetreu wirkenden, stählernen Ungetüme, die schon längst weit über Schottlands Grenzen hinaus Kultstatus erlangt haben, bringt 300 Tonnen auf die Waage bei einer Höhe bis hinter die Ohren von gut 30 Metern.
Zum goldenen Thronjubiläum 2002 weihte Queen Elizabeth II. eines der signifikantesten Bauwerke moderner Industriearchitektur im 21. Jahrhundert ein: das Falkirk Wheel, einziges rotierendes Schiffshebewerk der Welt. Schon 200 Jahre zuvor gab es Überlegungen, den Union Canal mit der 24 Meter darunter liegenden künstlichen Wasserstraße des Forth and Clyde Canal zu verbinden, die angelegte Schleusentreppe erforderte einfach zu großen Aufwand, und ihr Betrieb wurde um 1930 eingestellt. Es bedurfte schließlich eines Griffes in die Spielzeugkiste der Ingenieurskinder. Mit Legosteinen tüftelten sie aus, wie die beiden mit Wasser gefüllten Gondelwannen in der Waage gehalten werden konnten. Darüber hinaus benötigt eine einmalige Rotation der tonnenschweren Wannen lediglich 1,5 Kilowatt Energie, so viel wie acht ein einziges Mal betätigte Wasserkocher.

TOP ERLEBNISSE

★ THE PINEAPPLE
Südfrüchte sind in Schottland ein Thema für den Supermarkt. Eine überdimensionale Ananas jedoch findet sich im Park von Dunmore House bei Airth. Sie ziert als voluminös krönender Dachabschluss ein flaches, 1761 aus Sandstein errichtetes Sommerhaus, das als Ferienunterkunft gemietet werden kann und entsprang einer Laune des 4. Earl von Dunmore.
www.nts.org.uk/visit/places/the-pineapple

★ WASSERSPIELE
Im Hafen zwischen den beiden Straßenbrücken über den Firth of Forth hat Port Edgar Watersports sein Aktivitätszentrum eingerichtet. Das Portfolio des Veranstalters umfasst eine Vielzahl unterschiedlichen Wassersportarten für alle Altersgruppen, vom Segeln übers Windsurfen bis zum Motorboot und Stand-up-Paddling.
www.portedgarwatersports.com

★ HOPETOUN – »OUTLANDER«-DOMIZIL
Zwischen 1699 und 1767 erfolgte der Bau des viktorianischen Herrenhauses Hopetoun am Südufer des Forth nach den Plänen renommierter, schottischer Architekten. Die sehenswerte repräsentative Villa und die umliegenden Ländereien dienen auch als Filmkulisse der »Outlander«-Saga.
www.hopetoun.co.uk

2

DAS KÖNIGREICH FIFE

ROYALE WEGE

Der Firth of Forth besitzt eine jahrhundertealte Geschichte als wichtige schottische Handelsstraße. Licht und Schatten der einstigen wirtschaftlichen und präsidialen Macht des Kingdom of Fife kommen besonders an den nördlichen Ufern des Meeresarms zum Ausdruck.

Im 16. Jahrhundert war Culross ein wichtiger, stark prosperierender Hafen am Firth of Forth, bewohnt von reichen Kaufleuten, die Handel mit Europa trieben, vornehmlich quasi vor Ort geförderte Kohle und Salz exportierten. Doch das Geschäft ließ nach, die Händler zogen ab, Culross verarmte. Ein Umstand, der dem Ort aus heutiger Sicht zugutekam, denn es waren keine finanziellen Mittel vorhanden, das Städtchen umfangreich zu modernisieren. So blieben die urigen schiefen Häuser, teils mit seitlichen Treppenaufgängen, die sich an verwinkelten, schmalen Gassen zum alten Kloster hinaufwinden, auch das holprige Kopfsteinpflaster überdauerte bis ins 20. Jahrhundert. Dort oben beim Kloster stand die winzige Kapelle, in der Mungo im 6. Jahrhundert heiliggesprochen wurde. Jener St. Mungo, der Glasgow – so weiß die Legende – gegründet hat, und der hier in Culross geboren wurde.

Culross Palace von 1597 weckte schon früh das Interesse des National Trust for Scotland, der es sich zur Aufgabe macht, historisches Gut zu bewahren und in den 1930er-Jahren den Wert des Ortes erkannte. Umfangreiche Restaurierungsmaßnahmen führten zu dem erfreulichen Resultat, dass man heute das Gefühl hat, die Zeit sei einfach Mitte des 18. Jahrhunderts stehengeblieben, Culross in seiner Ursprünglichkeit verharrt. Nostalgische Anmut zeichnet den Ort aus als perfekte Kulisse für Historiendramen, und so wurden und werden viele Szenen der »Outlander«-Saga nach den Romanen von Diana Gabaldon rund um die leuchtend gelben Fassaden des Palastes gedreht.

↑ Filigrane Stuckarbeiten prägen das äußere Erscheinungsbild der Klosterkirche von Dunfermline.
← Der Palast von Culross, errichtet zu Beginn des 16. Jahrhunderts, war nie Adelssitz, sondern lediglich die herrschaftliche Villa eines Kaufmanns.

Ruhestätte gekrönter Häupter

Die Gründung des Klosters von Dunfermline liegt gut 900 Jahre zurück, während der wesentlich ältere Ort bis 1603 Königsstadt war und den Respekt der gekrönten Häupter genoss. 22 schottische Könige und Königinnen fanden auf dem Klosterfriedhof ihre letzte Ruhe. Darunter auch Robert the Bruce. Seinen steinernen Sarg fand man allerdings erst im frühen 19. Jahrhundert, als der Chor der Klosterkirche umgebaut werden sollte. Sein Name prangt in großen Lettern weithin sichtbar an den höchsten Zinnen des Sakralbaus, dessen hohe, düstere Hallen den Besucher ehrfürchtig verstummen lassen. Dunfermline erreichte wirtschaftliche Blüte durch eine florierende Textilindustrie und profitierte auch von der Nähe zu Edinburgh, nachdem die Brücke über den Firth of Forth fertiggestellt war. Die durchaus vorhandenen Schönheiten der Stadt verblassen etwas neben Kloster und dem warmroten Abbot House von etwa 1550, dem ältesten Gebäude der Stadt.

Falkland Palace, das alte Jagdschloss der Stuart-Familie aus dem 14. Jahrhundert, später ausgebaut von James V. zum Königspalast, erscheint mit seinen beiden gewaltigen runden Türmen um das herrschaftliche Portal ein wenig überdimensioniert angesichts des Puppenstubencharakters, den der heimelige kleine Ort ausstrahlt, der als erster in Schottland 1970 unter Schutz gestellt wurde. Dennoch haben auch der Palast und die umliegenden Parkanlagen ihre Reize. Geschichtsträchtig ist das schwarze Himmelbett aus Eiche, in dem der König 1542 verstarb, sechs Tage nach der Geburt seiner Tochter Mary.

TOP ERLEBNISSE

★ SCOTTISH VINTAGE BUS-MUSEUM
Die Sammlung historischer Busse im Scottish Vintage Bus-Museum nördlich von Dunfermline ist ein Traum für Freunde des ÖPNV. Insbesondere die hervorragend herausgeputzten und konservierten, typisch britischen Doppeldecker sind eine wahre Augenweide. Das älteste Exponat, eine Pferdestraßenbahn, stammt von 1888 und verdient ebensolche Beachtung wie die charmanten »Knutschkugeln« der Marke Heinkel Trojan.
www.svbm.online

★ ST. MARGARET'S CAVE
Margaret, Prinzessin von Sachsen und Königin durch die Heirat 1070 mit König Malcolm, gründete die erste Benediktinerabtei Schottlands und besuchte zum heimlichen Gebet die mystische, stille Grotte am Rande des Zentrums von Dunfermline. Obwohl heute höchst unromantisch am Rande eines Parkplatzes gelegen, zieht sie den Besucher noch stets in ihren Bann und atmet den Geist der Geschichte des Ortes.
www.onfife.com/venues/st-margarets-cave

PHALANX DER FISCHERDÖRFER

Kleine Bilderbuchhäfen voller Tradition und Geschichte, gesäumt von architektonischen Schmuckstücken und zauberhaften Küstenszenarien, stets vor der Kulisse der markanten Isle of May, illustrieren den Reiz des East Neuk im Kingdom of Fife.

Als Doppelort gehören Elie und Earlsferry mit ihren wunderbaren breiten Stränden zu den beliebten Ausflugszielen gestresster Städter aus Edinburgh und Lothian auf der gegenüberliegenden Seite des Firth of Forth. Ursprünglich waren die beiden aber getrennt. Earlsferry besitzt eine wesentlich längere Historie und wurde schon im 12. Jahrhundert von den Pilgern auf dem Weg nach St. Andrews als Fährhafen genutzt. Die kleine Kapelle am Aussichtspunkt über die weite Bucht ist Stein gewordener, stummer Zeuge dieser Zeit. Blühender Handel mit Textilien und Kohle sorgte für Wohlstand im Ort, doch durch die Meeresströmungen kämpfte man mit zunehmender Versandung, und der Hafen wurde letztlich in den geschützteren Nachbarort Elie verlegt. Der Sand behielt seine touristische Anziehungskraft und sorgt für einen hohen Freizeitwert, von dem beide profitieren.

3

Schiffbau, der St. Monans über zwei Jahrhunderte einen hervorgehobenen Status bescherte, wird heute nicht mehr betrieben. Dafür bevölkern nun vornehmlich die schwimmenden Unterlagen der Freizeitskipper die beiden ineinander verschachtelten Hafenbecken, um die sich eine gefällige Reihe in dezenter Farbigkeit erstrahlender Fischerhäuser versammelt. Noch wesentlich bunter präsentiert sich davor der Welly Garden. Ausrangierte, gleichwohl blitzblank geputzte Gummistiefel, jeder einzelne bestückt mit üppigem Blumenarrangement, machen aus einer ehemaligen Slipanlage einen verspielten, kleinen Park.
Der Fernwanderweg »Fife Coastal Path« führt als schmaler Pfad unmittelbar am Wasser weiter ostwärts in Richtung Pittenweem. Dabei passiert er eine steinerne Windmühle am Hang und die kleinen, teils überwachsenen Salzpfannen, die vor 200 Jahren zur damals profitablen Salzgewinnung dienten, und versorgt mit Meerwasser durch von der Mühle betriebene Pumpen. Ein Sprung ins Wasser ist sogar im vor langer Zeit angelegten und von den Dorfbewohnern in Schuss gehaltenen, rustikalen Gezeiten-Swimmingpool möglich.

Fischmarkt am Morgen

Die Fischerei spielt in Pittenweem noch immer eine gewichtige Rolle. Und das, obwohl eine gewisse verklärte Romantik dem geschichtsträchtigen Umfeld des alten Hafens nicht abzusprechen ist. Rote Ziegeldächer, Treppengiebel an den alten Steinhäusern, die von niederländischen Einflüssen berichten, erzeugen eine heimelige, aber durchaus lebendige Atmosphäre, denn der Fischmarkt findet noch wie einst jeden Morgen statt. Ein Hauch von Flandern weht auch durch die schmale Shore Street von Cellardyke, das östlich an das belebte Anstruther anschließt. Die Häuser drängen sich eng aneinander, sie genießen die Ruhe, denn viele Gäste kommen nicht bis hier, und säumen den alten rechteckigen Hafen, der nur noch selten Boote sieht, obwohl er Ende des 19. Jahrhunderts für gut 200 Fischerboote Heimat war. Wäsche flattert nun auf den Leinen ringsum im Wind und liefert ein idyllisch-friedliches Bild. Das niedliche Crail liegt am weitesten im Osten an der Forth-Küste und blickt auf mehr als 1000 Jahre Geschichte zurück. Den kleinen uralten Hafen erreicht man über eine steile enge Gasse, die im Bogen abwärts zum fast runden Becken führt, das 1828 von Robert Stevenson errichtet wurde. Auffällig dabei die ungewöhnliche vertikale Ausrichtung des Mauerwerks. Die wenigen verbliebenen aktiven Fischer verkaufen ihren Fang, meist Krabben und Hummer, direkt vom Boot.

↑ Pittenweem rühmt sich noch stets eines sehr geschäftigen und betriebsamen Fischereihafens.
← Die Anlage des beinahe komplett runden Hafens von Crail wurde vor fast 200 Jahren von Robert Stevenson geschaffen, Mitglied der Leuchtturm-Baudynastie.

TOP ERLEBNISSE

★ ST. FILLAN'S CAVE
Missionare im Mittelalter hatten sich immer mit besonderen Lebensumständen zu arrangieren. So auch der Ire St. Fillan, der in einer Sandsteinhöhle am heutigen Cove Wynd in Pittenweem wohnte. Gemäß Legende spendete sein linker Arm Licht, sodass er in der geheimnisvollen Düsternis predigen und schreiben konnte. Ein spannender Blick in eine sagenhafte Welt. Den Schlüssel erhält man im Cocoa Tree Café.
www.britainexpress.com/scotland/Fife/churches/st-fillans-cave.htm

★ CRAIL POTTERY
Keramik der innovativen Art zu akzeptablen Preisen präsentiert der kleine Handwerksbetrieb an der Nethergate in Crail. Die Qual der Wahl fällt hier wirklich schwer.
www.crailpottery.com

GROSSER SPORT UND HEILIGE STÄTTEN

Golf ist der schottische Volkssport Nummer eins, auch wenn mancher Fußballfan das etwas anders sieht. Der traditionsreiche Old Course von St. Andrews gilt mithin als Wiege des Golfsports und präsentiert sich auch als solche, wenngleich die Wissenschaft die wahren Ursprünge eher in den Niederlanden verortet.

Das Golfspiel ruiniert einen erholsamen Spaziergang, so die Meinung nicht-golfender Spötter. Gleichwohl bewegt man sich bei diesem, im Prinzip durchaus erholsamen Sport stetig an der frischen Luft und in naturschöner Umgebung. Lediglich das Befördern der Ausrüstung und das Fixieren von zumeist 18 mit Fahnen markierten, kreisrunden Vertiefungen im kurz geschorenen Rasen, in die eine kleine Kunststoffkugel mittels Schlagwerkzeug zu versenken ist, stört die Entspannung während einer Wanderung. Solch schnödes Geplänkel tangierte König James V. anno 1491 wohl nicht, als er ein hölzernes Spielgerät erwarb, und damit für den ersten belegbaren Nachweis des Golfspiels in Schottland sorgte. Die Mitglieder der Stuart-Familie waren, wie er, durchaus dem Müßiggang zugetan, so erklärt sich der historische Tennisplatz im Park hinter Falkland Palace und die überlieferte Legende, dass Mary Queen of Scots auf den Musselburgh Links schon

← Die Ausmaße der beeindruckenden Kathedralenruine von St. Andrews sind geradezu gigantisch.
↙ Schafft man es nicht zu einer Runde Golf auf dem legendären Old Course, so muss zumindest ein Erinnerungsfoto auf der nicht minder legendären Swilcan Bridge sein.
↓ Im Gegensatz zu den allgegenwärtigen Schafen können Möwen durchaus aufdringlich sein.

1567 den Schläger geschwungen haben soll. Jener Golfplatz östlich von Edinburgh ist laut Eintrag in einschlägige Rekordbücher der älteste seiner Art in der Welt, gegründet 1672. Hickory-Golf wird noch heute mit Schlägern aus dem elastischen Holz des Hickory-Baums, einer Nussbaumart, gespielt. Diese traditionelle Form des Golfens kann man auf den Ländereien des Herrenhauses Hill of Tarvit in Fife, nämlich auf dem dortigen Loch-Kingarroch-Platz ausüben. Für den wahren Golfer jedoch ist und bleibt St. Andrews das Traumziel. Die riesige, vor allem internationale Nachfrage nach Abschlagzeiten auf dem Old Course bedingt extrem knapp kalkulierte Abschlagzeiten. Ein Boom, der die unter dem permanenten Zulauf ächzenden Grüns und Fairways aufs Äußerste beansprucht. Meist muss während einer Runde auch noch Zeit für ein Foto auf der steinernen Swilcan Bridge geopfert werden. Doch St. Andrews hat weit mehr zu bieten als lediglich Golf, allein schon der spektakuläre West Sands Beach, der auf einer Landzunge in die Nordsee ragt, geschätzt von Wasservögeln und Kitesurfern gleichermaßen, ist einen Besuch wert.

Die Stadt des heiligen Andreas

Die Gründung der Universität von St. Andrews erfolgte im Jahr 1410, damit ist die Hochschule die älteste des Landes. Sie geriet weltweit in die Gazetten, als sich die erste zarte Liebesgeschichte zwischen der bürgerlichen Katherine Middleton und HRH Prince William zaghaft entfaltete. Die schmucke Stadt selbst war lange Zeit das kirchliche Zentrum Schottlands. Schon im 4. Jahrhundert errichtete der heilige Rule (auch Regulus genannt) eine Kapelle unmittelbar an der Küste, in der die sterblichen Überreste des heiligen Andreas, einer der zwölf Jünger des Jesus von Nazareth und späterer Schutzpatron Schottlands, aufgebahrt werden sollten. 1160 begann man mit dem Bau einer mächtigen Kathedrale, die Robert the Bruce knapp 200 Jahre später weihte. Sie liegt heute weitgehend in Ruinen, doch an den teils noch vorhandenen Mauern lässt sich ihre imposante Größe und ihre bedeutende Rolle problemlos nachvollziehen. Schon 1130 errichtete man die Domkirche für St. Rule, deren 108 Meter hoher Turm am Rande der Kathedrale als größtes mittelalterliches Bauwerk Schottlands noch erhalten ist und erklommen werden kann. Für die jeweiligen Bischöfe wurde ab dem Ende des 12. Jahrhunderts eine eigene Heimstatt nahe der Kathedrale gebaut, die ebenfalls in – wenn auch imposanten – Ruinen liegt.
www.aboutstandrews.co.uk

STÄDTE, SCHLÖSSER, STRÄNDE

Der südliche Teil von Angus schmiegt sich eng an die Mündung des River Tay. Bereits unmittelbar hinter Perth im Landesinneren erreicht er eine stattliche Breite, bevor er sich mit der Nordsee vereint. In den Küstenbereichen ist auch die dichteste Besiedlung zu finden, die nach Nordwesten hin in Richtung der Cairngorm Mountains stark abnimmt, mithin landschaftlich reizvoller und erhabener wird.

Jam, Jute, Journalism – auf den drei berühmten »J's« basiert die wirtschaftliche Geschichte Dundees, der größten Ortschaft in Angus und Schottlands viertgrößter Stadt, ihre Blüte, aber auch ihr lange andauernder Dämmerzustand, der erst jüngst mit einem großen »D« für Design beendet werden konnte. 1797 nahm die erste Marmeladenfabrik ihre Produktion auf, zu einem Zeitpunkt als die Verarbeitung von Leinen einer florierenden Textilindustrie bereits in vollem Gange war und reichlich Handel getrieben wurde. Über diese Zeit, die bis etwa zur Mitte des 20. Jahrhunderts andauerte, gibt das mehrfach preisgekrönte Museum »Verdant Works«, angesiedelt in einer alten Jutefabrik,

4

in aller Ausführlichkeit und mit interaktiven Ausstellungen Auskunft. Dabei kommt auch zum Ausdruck, wie groß die Diskrepanz zwischen den für geringe Löhne arbeitenden, in Armut und beengten Verhältnissen lebenden Menschen und jenen in den Führungsetagen war.

Marmelade, prinzipiell nur aus Südfrüchten und Zucker, bestand zunächst aus mit Zucker aufgekochten Bitterorangen. Die Rezeptur trat bald einen Siegeszug an, erlangte britischen Kultstatus, fand Nachahmer und letztlich einige Begriffsverwirrung hinsichtlich der korrekten Bezeichnung von Brotaufstrichen. Als sich 1905 der erste Zeitungs- und Buchverlag in der Stadt etablierte, setzte damit ein Boom ein. Weitere Verlage und Verleger folgten, wovon nur wenige die Veränderungen des Marktes mitgehen konnten und den Sprung ins 21. Jahrhundert schafften. Dundee rang plötzlich ums Überleben, der Handel brach ein, im einst lebhaften und geschäftigen Hafen kehrte eine gespenstische, fast zerstörerische Ruhe ein. Dank Initiativen von Seiten der Universität entstand 1999 das Museum- und Kunstzentrum DCA und markiert den Beginn einer neuen Ära, die durch die Ernennung zur UNESCO City of Design im Jahr 2014 zusätzlichen Auftrieb erhielt. Aus dem mittlerweile großzügig und modern umgewidmeten Hafengebiet sticht ganz besonders die sehenswerte Dependance des Londoner Victoria & Albert Museums in ihrer futuristischen Architektur heraus. Sie vermittelt den Begriff Design in historischer als auch zeitgenössischer Form, so zeigt die Dauerausstellung einen wiederaufgebauten Glasgower Tearoom aus der kreativen Gedankenwelt von Charles Rennie Mackintosh.

Die Fischer und der Adel

Das Städtchen Arbroath ist untrennbar mit Räucherfisch verbunden. »Arbroath smokies« stehen landauf, landab in der kulinarischen Gunst ganz weit oben. Seinen Ursprung hat der geräucherte Schellfisch eigentlich im nahen Fischerdorf Auchmithie, wo man die skandinavischen Räucherkünste adaptierte, auch wenn die Fischverkäufer nicht müde werden, haarsträubende Theorien über die wahre Herkunft der »smokies« zu verbreiten. Arbroath ist aber vielmehr die Keimzelle Schottlands, denn es war in der 1178 gegründeten Arbroath

← »Oor Wullie« steht als Sinnbild für die illustre Geschichte der Comics in Dundee und wurde als fröhliches Denkmal vor der McManus Gallery verewigt.
↗ Ein besonders feines Beispiel georgianischer Architektur ist das House of Dun westlich von Montrose.

Abbey, wo 1320 die »Declaration of Arbroath«, die Urkunde und Erklärung zur schottischen Unabhängigkeit, unterzeichnet wurde. Zwischen den hoch aufragenden, rötlichen Mauern der heutigen, in Ruinen liegenden Klosteranlage fand man 1951 den aus der Westminster Abbey gestohlenen, legendären »Stone of Destiny«. John Chalmers erblickte in Arbroath 1783 das Licht der Welt. Sein Vermächtnis bestimmte gut 150 Jahre lang das weltweite Postwesen, denn er erfand die haftfähige Briefmarke.

Türme, Zinnen und Gespenster

Als schottisches Märchenschloss par excellence gilt Glamis Castle vor der prächtigen Kulisse der Bergwelt der Cairngorms. Während auf den umliegenden Wiesen und Weiden langhaarige Rinder und wollige Schafe friedlich grasen, durchmisst man hinter der schmiedeeisernen Pforte eine von hohen Bäumen elegant gesäumte lange Allee, an deren Ende eine verwunschene, mystische Welt zu liegen scheint. Unvergleichlich imposant erheben sich die zahlreichen Türme und Zinnen aus rotbraunem Sandstein des Sitzes der Familie Bowes-Lyon, der in seiner heutigen Form und Anmutung aus der Mitte des 16. Jahrhunderts stammt. Queen Mum, Lady Elizabeth Bowes-Lyon, verbrachte hier glückliche Tage ihrer Kindheit. Das Innere des hochherrschaftlichen Palastes konnte die elegante royale Atmosphäre und den herrschaftlichen Glanz bewahren. Sei es im viktorianischen Speisesaal mit den beeindruckenden Buntglasfenstern und den Eichenholzdekors, sei es im Salon der Königinmutter, in dem zahllose Erinnerungsfotos der royalen Familie aus den 1930er-Jahren zu sehen sind oder sei es die Krypta mit ihren drei Meter dicken Mauern und der stattlichen Sammlung alter Waffen. Das Schloss diente nicht nur als Festung, sondern ist auch seit nunmehr über 600 Jahren Wohnsitz des Earls of Strathmore.

William Shakespeare machte seinen dramatischen Helden und Sagenkönig Macbeth zum Thane, zum Gefolgsmann, von Glamis und Cawdor. Und im Schloss spukt es – Augen- und Ohrenzeugenberichten zufolge – ganz gewaltig. Der graubärtige Mann geht um, eine »White Lady«, »Jack the Runner« und »Lady Glamis«. In einem bis dato noch nicht entdeckten Zimmer soll noch immer das Monster von Glamis hausen. Der Park rings um Glamis Castle ist während des Sommers Schauplatz verschiedener Open-Air Veranstaltungen wie den schottischen »Grand Proms«-Konzerten. Zauberhaft aber auch die historischen Gartenanlagen: hier insbesondere der Italienische Garten und der Mauergarten, der zuverlässig über die Jahrhunderte als fruchtbarer Obst- und Gemüsegarten der Schlossküche fungierte. Im Pinetum,

einem Teilstück des Waldes, sind mehr als 100 verschiedene Nadelbaumarten zu finden.
Der Garten von Edzell Castle, das in seinen Grundzügen bis ins 12. Jahrhundert zurückreicht und heute in von Historic Environment Scotland sorgsam gepflegten Ruinen liegt, ist in seinem Erhaltungszustand und seiner Gestaltung noch exakt so und unverändert wie im Jahr 1604, als ein neuer Wohnturm als Sitz der Earls of Crawford auf dem ursprünglichen Fundament errichtet wurde. Eine Besonderheit sind die an den rot schimmernden Gartenmauern von Steinmetzen kunstvoll gestalteten, nahezu quadratischen Tafeln mit figürlichen Darstellungen antiker Gottheiten, die die Tugenden, die freien Künste und die Planeten symbolisieren. Rot trägt das Red Castle am weiten Strand der Lunan Bay sogar im Namen, befindet sich aber in einem eher bemitleidenswerten Zustand. Gebaut im 12. Jahrhundert als befestigtes Jagdschloss für König William the Lion, wurde es nach der Belagerung 1579 schon größtenteils zerstört und erfüllt nur noch pittoreske Dienste.

↖ Glamis Castle wird gern als »Mutter aller schottischen Schlösser« bezeichnet. Im märchenhaften Gebäude aus dem 15. Jahrhundert verbrachte Queen Mum ihre Jugend.
↗ Scurdie Ness Leuchtturm und »Minesweeper« trotzen in Montrose erfolgreich schottischen Wetterunbilden.
→ Fischerei ist vielerorts noch klassisches Handwerk wie bei der Verarbeitung der »Arbroath Smokies«.

TOP ERLEBNISSE

★ RRS »DISCOVERY«

Im Januar 1901 lief der letzte, aus Holz gefertigte Dreimaster Großbritanniens in Dundee vom Stapel und ging schon kurz darauf mit den Polarforschern Robert Falcon Scott und Ernest Shackleton sowie 40-köpfiger Crew auf abenteuerliche Antarktis-Expedition. Das Schiff fror am Südpol ein und konnte erst zwei Jahre später wieder losgeeist werden. Heute liegt es neben dem V&A-Museum und gibt Besuchern Einblick in die Welt der legendären Forschungsreisenden.
www.rrsdiscovery.co.uk

★ SIGNAL TOWER MUSEUM

Der halsbrecherische Bau des Bell Rock-Leuchtturms, der etwa 20 Kilometer von Arbroath entfernt auf einem Felsen im Meer thront, sorgte 1811 für Aufsehen. Als Wohnstätte für die Leuchtturmwärter wurde 1813 das weiße Gebäude des heutigen Signal Tower Museums am Hafen errichtet. Mittels einer Kupferkugel an einer Fahnenstange auf dem Dach konnte man von hier aus mit dem Bell Rock kommunizieren. Die Ausstellung erzählt von dieser spannenden Historie.
www.visitangus.com/arbroath-signal-tower-museum

★ HOUSE OF DUN

Das im georgianischen Stil erbaute Herrenhaus nordwestlich von Montrose wurde 1743 nach den Plänen des Architekten William Adam fertiggestellt. Im Inneren beeindrucken die aufwendigen Stuckarbeiten, die von in historischen Gewändern gekleideten Führern durchs Haus erläutert werden. Vom riesigen Garten mit vielen Wanderwegen bietet sich ein toller Blick über das Montrose Basin in Richtung Küste.
www.nts.org.uk/visit/places/house-of-dun

SICHERHEIT IM ZEICHEN DER BURG

Die eindrucksvolle Burg auf dem Felsen an der Nordseeküste, deren Silhouette sich im Gegenlicht der aufgehenden Sonne scharf vor dem Horizont abzeichnet, schafft es in schöner Regelmäßigkeit auf Postkarten und Kalenderblätter als typisches Schottlandmotiv.

Wenige Kilometer südlich des Hafenstädtchens Stonehaven thront die wildromantische Ruine von Dunnottar Castle auf einer Felsenhalbinsel hoch über dem Meer. Besonders beeindruckend erscheint die trutzige Burganlage, nähert man sich ihr auf einem Spaziergang von Norden her. Majestätisch, schier unnahbar erhebt sie sich aus der Ansammlung vorragender Klippen der felsigen Steilküste, die gespickt ist mit lauschigen Buchten. Mit jedem Schritt der Annäherung wird sie wirklicher. Schließlich bleibt der ganz reale Aufstieg über eine lange Treppe, um die Burganlage selbst zu erreichen. Etwas weniger anstrengend, bis auf die Treppen ab- und aufwärts, ist der Weg vom Park-

5

↑ Statt eines Bades im Meer am Strand von Stonehaven lockt auch das beheizte Freibad des Ortes.
↙ In markanter Erhabenheit thront die Ruine von Dunnottar Castle auf einem mächtigen Felsen vor dem Nordsee-Panorama an der Südküste Aberdeenshires.

platz zur Burg. Die Klippen ringsum bieten zudem wunderbare Ausblicke über Burg und Meer, für ein entspanntes Picknick und für schwelgerische Gedanken an große Geschichte und Geschichten.
Legendenreich ist die bewegte Historie der Festung. Im schottisch-englischen Bürgerkrieg brachte man die schottischen Kronjuwelen nach Dunnottar Castle, um sie vor Oliver Cromwell und seinen Mannen in Sicherheit zu wissen. Der wenig zimperliche Feldherr begann daraufhin eine erfolglose Belagerung, die über mehrere Monate andauerte. Der Ruf Dunnottars als uneinnehmbar sollte sich für die Engländer bewahrheiten. Dank der List einer Pfarrersfrau und ihrer Magd gelang es sogar, den wertvollen Schmuck an Cromwells Truppen vorbeizuschmuggeln. Über den genauen Ablauf dieses wagemutigen Geschehens gibt es verschiedene Versionen. In ihrem neuen Versteck unter den Bodenfliesen der Old Church im einige Kilometer südlich gelegenen Kinneff kann man sich heute über die kühne Aktion informieren. Wohnturm und Palast der Festungsanlage, die sich rund um den grasbewachsenen Burghof gruppieren, stammen weitestgehend aus dem 14. bis 16. Jahrhundert, doch ist mit Sicherheit davon auszugehen, dass durch die exponierte, strategisch günstige Lage schon eine wesentlich frühere Nutzung und befestigende Bebauung denkbar, jedoch nicht eindeutig belegbar ist. So soll schon St. Ninian im 5. Jahrhundert auf dem Felsen eine Kapelle errichtet haben. Auch Mary Queen of Scots machte Dunnottar 1562 ihre Aufwartung, noch bevor aus der trutzigen Festung ab etwa 1590 ein repräsentatives Schloss wurde. Nach der Zeit der Jakobiten wurde Dunnottar aufgegeben und verfiel zusehends, bis man ab 1925 das verbliebene Gemäuer sicherte und den Verfall stoppte. 2013 erreichte Dunnottar Castle den 7. Platz einer Online-Umfrage nach dem »Achten Weltwunder«.

Die Stadt bei der Festung

Das Städtchen Stonehaven mit seinem malerischen, von schützenden Klippen umfassten Hafen, ist der perfekte Ausgangspunkt für die aussichtsreiche Küstenwanderung nach Dunnottar, bietet aber auch genügend Anlass zum Verweilen. Vor allem wenn die Bürger im Sommer den Ort mit reichlich Überschwang und Blumengebinden herausputzen. Dann wirkt das älteste Haus am Platz, der Tolbooth aus dem 16. Jahrhundert, geradezu romantisch, wüsste man nicht um die Tatsache, dass das Gebäude nicht nur als Hafenspeicher, sondern vornehmlich als Gefängnis Verwendung fand. Die noch verbliebenen Hummerfischer teilen sich das Hafenbecken mit Jachten und Segelbooten und treffen deren Besatzung zu einem gepflegten Pint am Tresen des Ship Inn von 1771.

★

TOP ERLEBNISSE

★ THE BAY
Die Liste der Auszeichnungen des Fish 'n' Chips-Shops am Caravan Park im Norden Stonehavens ist länger als die Menükarte. Das ist nicht weiter verwunderlich, denn die Betreiber beschränken sich auf frischeste, lokale Produkte ohne zusätzlichen Schnickschnack. Der Genuss eines »fish suppers« an der frischen Luft mit Blick aufs Meer, natürlich mutig verteidigt gegen zudringliche Möwen, ist und bleibt eine kulinarische Offenbarung.
www.thebayfishandchips.co.uk

★ FIREBALL FESTIVAL
Nur gut 25 Minuten dauert der Marsch der Fackelträger, die pünktlich zu Mitternacht am Jahreswechsel brennende Feuerbälle um ihre Köpfe schwingend durch die Hauptstraße von Stonehaven tragen. Das heidnische Ritual zur Vertreibung des Winters und von Dämonen hat eine lange Geschichte, die bis ins tiefe Mittelalter reicht. Belegt für den Ort ist das »Fireball Festival« als jährlich wiederkehrende Veranstaltung seit 1908.
www.stonehavenfireballs.co.uk

Aberdeen rühmt sich eines populären breiten Strandes mit zahlreichen Freizeitangeboten.

ROUTE 8 – NORTHEAST 250

KÖNIGLICHES HOCHLAND

Der schottische Nordosten, die Region Aberdeenshire mit der »Silver City« Aberdeen als städtischem und kulturellem Zentrum, schmückt sich gern mit royaler Identität. Liegt doch seit 1848 mit Balmoral Castle die Sommerresidenz des britischen Königshauses am Fuße der faszinierenden Bergwelt der Cairngorm Mountains.

Wir starten unsere Rundfahrt an der Union Street in der Stadtmitte von 1 **Aberdeen** und fahren in südlicher Richtung vorbei am Duthie Park bis an den Fluss Dee, den wir auf der B9077 queren. Nun haben wir den Fluss Dee an unserer Seite, der uns – stetig verjüngend bis Braemar mit seinen Windungen – begleiten wird. Wir wechseln das Ufer hinter der Umgehungsstraße und folgen weiter der A93. Eine offene, mäßig dicht besiedelte und flache Landschaft vor und neben uns steuern wir auf die Bergwelt der Cairngorms mit ihren weichen Rundungen zu. Während wir die Dörfer und Orte Drumoak, Crathes und Banchory passieren, weisen Schilder am Wegesrand immer wieder auf geschichtsträchtige Schlösser und Burgen hin, die es zu besuchen lohnt.

Über Aboyne erreichen wir kurz hinter einer der viktorianischen Dee-Brücken den Ort Ballater. Hier endet die parallel zu unserer Route verlaufende, mittlerweile stillgelegte Bahnstrecke, die Königin Victoria regelmäßig frequentierte, um am kleinen hölzernen Bahnhof gemeinsam

INFO

Start: Union Street, Aberdeen
Ziel: Union Street, Aberdeen
Länge: 414 Kilometer
Dauer: 2–3 Tage
Beste Reisezeit: März – November

mit Prinzgemahl Albert auf die Pferdekutsche umzusteigen. Die Monarchin, die Ballater royalen Glanz verlieh, von dem der Ort noch heute zehrt, verhinderte den Ausbau des Schienenstrangs bis Braemar, weil sie fürchtete, um ihre aristokratische Ruhe in Balmoral gebracht zu werden. Das durch ein Feuer im Mai 2015 zerstörte rot und cremefarbene Gebäude wurde neu aufgebaut und dient seit Sommer 2018 wieder als Museum und Café. Im Dorf Crathie gelangen wir schließlich zum royalen Domizil Balmoral Castle und weiter den Dee aufwärts nach **2 Braemar**, dem alljährlichen Schauplatz der wohl bekanntesten »Highland Games«, da sie stets königlichen Besuch haben.

Nun haben wir die östlichen Ausläufer des Cairngorms Nationalparks erreicht und unternehmen noch einen kurzen Abstecher nach Süden durch das malerische Tal des Clunie Water bis zum Wintersportzentrum Glenshee. Zurück in Crathie folgen wir der B976 gen Norden, die an der schmalen steinernen Bogenbrücke von Gairnshiel in die A939 übergeht und uns über karge, von Heidekraut pittoresk übersäte Höhen führt. Nachdem wir in Colnabaichin den River Don überquert haben, zweigen wir links ab, passieren das strahlend weiße Corgarff Castle in hügeliger Landschaftskulisse und kurz darauf mit Lecht ein weiteres, im Winter bei entsprechender Schneelage gut frequentiertes Skizentrum. Tomintoul ist der höchstgelegene Ort des schottischen Hochlandes, von hier aus streben wir auf der B9008 der Küste Banffshires entgegen. Kleine Waldgebiete unternehmen zaghafte Versuche, das karge, von unzähligen Bächen und klei-

Eine erstaunliche Symmetrie ist in den Gewölben der Kathedralenruine von Elgin erkennbar.

nen Flüssen durchzogene Hochland mit seinen versprengten Ansiedlungen vorsichtig aufzulockern.

Spätestens in der Ortschaft Knockandhu werden Freunde des »schottischen Goldes« unruhig, denn hier beginnt eine der Kernregionen der Whiskytraditionen entlang des Avon und insbesondere des Flusses Spey, Namensgeber der Speyside.

Whiskyduft liegt in der Luft

An unserer Route, ab Ballindalloch die A95, reihen sich nun große und kleine, bekannte und weniger bekannte Destillerien mit ihrer typischen Architektur. In **3 Craigellachie** überqueren wir den Spey, nicht ohne einen Blick in die dortige einzigartige Küferei geworfen zu haben, in der die Fässer für den Whisky aufbereitet werden. Elgin mit seiner romantischen Kathedralenruine und schon nah an der Küste bildet unseren nächsten Wendepunkt. Ab hier geht es nun auf der A96 nach Osten, bis wir hinter Fochabers den Kreisverkehr nach links und die A98 nehmen. An der Cullen Bay gelangen wir endlich unmittelbar ans Meer. Unter der imposanten Eisenbahnbrücke hindurch macht die Straße hinter Cullen einen weiten Bogen und berührt die wunderhübschen Küstenorte, die sich nun perlengleich aneinanderreihen: Sandend, **4 Portsoy**, hier lohnt als alternative, ruhigere Route die B9139, Banff und hinter der Mündung des River Deveron das Örtchen Macduff. Nach dem Golfplatz am Ortsrand von Macduff biegen wir links auf die kleinere B9031, die uns auf der Höhe mit weiten Blicken über Felder und auch über das Meer nach Gardenstown, Crovie und Pennan führt, später über Aberdour und Rosehearty sogar direkt an die Küste. Am Museum of Scottish Lighthouses ist der nordöstlichste Punkt der NE250 erreicht. Die A90 geleitet uns dann strikt südwärts. Hinter dem industriell geprägten Peterhead verlassen wir die große Straße und folgen der als »Coastal Trail South« ausgeschilderten A975. Diese führt uns in angemessenem Abstand entlang der zunächst überwiegend felsigen Klippenküste, an die sich einige hübsche kleine Orte schmiegen, bis zum Naturschutzgebiet an der Mündung des Flusses Ythan in die Nordsee. Seehunde sind hier ebenso häufig zu Gast und gern gesehen wie Delfine. Hier beginnt nach Süden eine einzigartige Dünenlandschaft, die sich bis zum Stadtstrand und geschäftigen Hafen Aberdeens hinunterzieht. Trotz umfangreicher Proteste der Bevölkerung gelang es dem ehemaligen US-Präsidenten Donald Trump, einen Golfplatz inmitten der Dünen anzulegen, der leider nachhaltigen Einfluss auf das wertvolle Naturreservat hatte.

Über die Universität in Old Aberdeen und das Hafendorf Footdee kehren wir wieder zum Startpunkt zurück.

RESTAURANTS / ÜBERNACHTUNGEN

EINKEHREN

★ BREWDOG ABERDEEN
Die junge, aber extrem erfolgreiche Craftbeer-Brauerei startete 2010 mit dem rustikalen Lokal gegenüber dem Marischal College ihre gastronomische Erfolgsgeschichte. Das Bier steht im Vordergrund, aber es gibt auch kleine Gerichte. Für ausgezeichnete Burger lohnt der kurze Weg zur Dependance in der Union Street.
www.brewdog.com/uk/brewdog-aberdeen

★ TOR-NA-COILLE HOTEL
Spitzenköche schwingen die Kochlöffel in dem exquisiten Restaurant, das mit kulinarischen Offenbarungen hinter der Granitfassade des viktorianischen Country-House Hotels in Banchory lockt.
www.tornacoille.com

★ THE MASH TUN
Das runde Gebäude am Spey in Aberlour, das insbesondere für seine überragende Auswahl an Whisky gerühmt wird, besitzt auch eine hervorragende Küche mit regionalen Produkten. Der Schankraum ist recht klein, daher ist eine Vorbestellung sinnvoll.
www.mashtun-aberlour.com

★ THE PENNAN INN
Durch den Film »Local Hero« bekannt gewordener kleiner Kult-Pub, der von einem deutschen Paar als B & B mit Kunstgalerie geführt wird. Es gibt daher nur einige kleine Gerichte, zum Ausgleich dafür aber einen unvergleichlichen Blick auf den Moray Firth.
www.thepennaninn.co.uk

★ THE SILVER DARLING
Auf der rundum verglasten ersten Etage des populären Fischlokals laden ausgezeichnete Meeresfrüchte, wie frittierte Austern, zum Verweilen ein. Beeindruckend ist auch die Aussicht über die Hafeneinfahrt, wo mit etwas Glück Delfine zu sehen sind.
www.thesilverdarling.co.uk

ÜBERNACHTEN

★ GLEN TANAR
Gleich sieben gut ausgestattete Ferienhäuser stehen in dem zauberhaften Landschaftspark am Fuß der Cairngorm Mountains zur Verfügung. Diverse Freizeitmöglichkeiten finden sich vor Ort.
www.glentanar.co.uk

★ BRAEMAR CARAVAN PARK
Einer der schönsten Campingplätze der Royal Deeside im Herzen der Cairngorms, der auch im Winter geöffnet ist. Neben zahlreichen Stellplätzen gibt es auch kleine Hütten.
www.braemarcaravanpark.co.uk

★ THE STATION HOTEL
Im Zentrum von Rothes am Spey bietet das ehemalige Bahnhofshotel von 1901 15 exzellente Zimmer und eine Whisky-Bar mit über 500 unterschiedlichen Destillaten. Im Ort liegen allein vier Brennereien.
www.stationhotelspeyside.com

★ SEAFIELD ARMS
Auf 200 Jahre illustre Geschichte blickt das frühere Cullen Hotel zurück, das sich nach aufwendiger Renovierung im Look modernen Komforts präsentiert. Im Restaurant unbedingt die Spezialität »Cullen Skink«, eine Fischsuppe, probieren.
www.seafieldarmscullen.co.uk

Dampfende Fässer bei der Wiederaufbereitung in der Küferei Craigellachie Cooperage

1

ABERDEEN – DIE SILBERNE STADT

GESICHTER EINER METROPOLE

Durch die Nähe zum Nordseeöl, durch den geschäftigen Hafen mutierte Aberdeen in den letzten Jahren zur inoffiziellen Energie-Hauptstadt Europas, sowohl für fossile Brennstoffe als auch für Zukunftstechnologien. Aber die Metropole im Nordosten des Landes hat noch einiges mehr zu bieten.

Grau, trist, langweilig – die Synonyme für die drittgrößte Stadt Schottlands tendieren überwiegend ins Negative. Darüber hinaus genießt sie den zweifelhaften Ruf, in einer Schlechtwetter-Region zu liegen, wo es unaufhörlich nieselt und das schlichte Grau der Gebäude zu einer unansehnlichen, gräulichen Masse mutiert. Wagt sich aber die Sonne hindurch, und dies geschieht entgegen aller gängigen Klischees unvermutet häufig, dann glänzt und glitzert Aberdeen geradezu glamourös und aristokratisch. Aus der Ödnis einer grauen »Granite-City« wird urplötzlich eine höchst erquickende »Silver City«. Diese besitzt zudem reichlich Grün und mit dem weitläufigen Duthie Park am Ufer des Dee nicht nur eine grüne Lunge.

Wann genau die Stadt gegründet wurde, lässt sich nicht eindeutig klären. Der heilige Machar, ein Weggefährte St. Columbas, soll um 580 eine Kirchengründung auf einer Anhöhe oberhalb des Don vorgenommen haben. Ihm ist die prächtige Kathedrale in Old Aberdeen gewidmet, die im 12. Jahrhundert just am Standort jenes Sakralbaus errichtet wurde und deren Innenraum eine prächtige, hölzerne Kassettendecke aus dem 16. Jahrhundert überspannt. Old Aberdeen ist eine der beiden Siedlungen, die zwischen den Mündungen des Don und des Dee angelegt wurden und heute zu einer großen Stadt verschmolzen sind. Das alte Aberdeen dominieren die kopfsteingepflasterte Main Street und das Studentenviertel der drittältesten Universität des Landes, des King's College, sowie dessen markante sandsteinfarbene Universitätskirche mit der filigranen Kronenkuppel, dem ältesten Gebäude des Viertels von 1505. Einen Kontrast dazu – nicht weit entfernt – bildet der moderne Kubus der Uni-Bibliothek und seine unverwechselbare Dschungelfassade.

↑ Die Aberdeen Art Gallery wurde 2021 nach umfangreicher Renovierung wiedereröffnet. Sie beherbergt auch Sammlungen zeitgenössischer schottischer Künstler.
← Selbst im Modell im Maritime Museum von Aberdeen wirkt eine Ölbohrplattform noch gigantisch.

Zwei Dörfer – eine Stadt

Zwischen Don und Dee erstreckt sich der schöne Sandstrand des Aberdeen Beach, der Hausstrand der Aberdonians, die viel Freizeit hier verbringen. Nicht nur mit Golf auf den Grüns des King's Links Golfplatzes, sondern vor allem mit Sonnenbad, Beach Volleyball oder schlichtem Badevergnügen. Im Queen Links Leisure Park gibt es zusätzlich Angebote von Riesenrad bis zum einarmigen Banditen. An der Südspitze des Strandes ragt der Navigationsturm an der Mole über der Einfahrt in den betriebsamen Hafen himmelwärts. Unmittelbar daran erstreckt sich das schachbrettartig angelegte Fischerdorf Footdee, das liebevoll »Fittie« genannt wird. Die einfachen Häuserreihen entstanden im 19. Jahrhundert nach Plänen von John Smith, dem Architekten von Balmoral Castle, und beherbergten die Familien der Seeleute der einst umfangreichen Flotte an Heringsfischern. Geschützt vor Wind und Wetter findet sich hier ein heimeliger Mikrokosmos aus kleinen Grünflächen, verspielten Schrebergärten und Ferienhäuschen, schnurrenden Katzen, flatternder Wäsche und grinsenden Gartenzwergen.

Das typische graue Silber Aberdeens findet man vornehmlich an der Union Street und in faszinierender Ausprägung am Marischal College, der zweiten Universität der Stadt. Diese Viertel, das New Aberdeen, entstanden teilweise oberhalb der historischen Unterstadt, des Merchant Quarter. Dieser mittelalterliche Stadtteil mit seinen Kopfsteinpflastergassen, The Green, Keimzelle des ursprünglichen Aberdeen, besitzt eine ganz eigentümliche Atmosphäre. Kleine Bars, Pubs und Restaurants sind insbesondere bei den Studenten beliebt.

TOP ERLEBNISSE

★ KUNSTMUSEUM

Die Aberdeen Art Gallery wurde 2021 zum Gebäude des Jahres in Schottland gekürt. Man ehrte damit die hervorragende Restaurierung und Überarbeitung des fast 140 Jahre alten Gebäudes, das insgesamt über 18 verschiedene Ausstellungsbereiche verfügt.
www.aberdeencity.gov.uk/AAGM

★ TORRY BATTERY

Delfine kommen erstaunlich häufig bis fast in den Hafen hinein. Von der alten Festungsanlage nahe dem schlanken, weißen Leuchtturm von Aberdeen, Girdle Ness, bieten sich zauberhafte Aussichten vielleicht auf die Tiere, bestimmt aber über die Hafenanlagen, die Skyline der Stadt, das städtebauliche Kleinod »Fittie« und die schier endlose Strandpromenade.
www.undiscoveredscotland.co.uk/aberdeen/torrybattery/index.html

★ MARITIME MUSEUM

Die enge Verbindung Aberdeens mit der Welt der Seefahrt kommt in beeindruckender Form im Aberdeen Maritime Museum zum Ausdruck. Auf vier Etagen spiegeln Modelle, Bilder und Gegenstände die abwechslungsreiche nautische Geschichte des Ortes und der Region wider. Prunkstück: das maßstabsgerecht verkleinerte Modell einer Ölplattform, das die gesamte Raumhöhe vereinnahmt.
www.aberdeencity.gov.uk/AAGM

KÖNIGLICHES TAL

Rauschende Gewässer, wogende Wälder, erhabene Berge, die einen Teil des Nationalparks der Cairngorm Mountains ausmachen, charakterisieren die Vielfalt Aberdeenshires jenseits der Nordseeküste.

Die reizvolle Landschaft der Royal Deeside erschließt sich dem Reisenden bereits, wenn er auf der A93 von Aberdeen in Richtung der Quelle des Dee fährt. Die Dichte an Schlössern und Burgen in der näheren Umgebung, manch pittoreske Ruine exponiert am Hang, andere verträumt gelegen, bewohnt und für die Öffentlichkeit zugänglich, ist selbst für schottische Verhältnisse ungewöhnlich hoch. Einige stehen gar als hochherrschaftliche Unterkunft zur Verfügung.

Mit Geschichten über exzentrische Geistererscheinungen geizen die gastfreundlichen Schotten erst recht nicht. Es wimmelt geradezu von »Grey«, »Green« oder »White La-

2

dies«, die durch die historischen Hallen wandeln oder in den gepflegten Parks und Gärten ringsum unterwegs sind. Beinahe jedes dieser imposanten Gebäude berichtet von königlichen Besuchen und bedeutenden Begebenheiten. Die besondere Anmutung des rosa getünchten Craigievar Castle soll sogar Walt Disney zum gezeichneten Synonym seiner romantischen Märchenschlösser inspiriert haben. Wer genauer den Vorspann aus der Hollywood-Traumschmiede ansieht, der wird Ähnlichkeiten erkennen. Und in Crathes Castle, einem perfekten Exemplar eines typischen Wohnturms aus dem 16. Jahrhundert, findet sich das schönste Beispiel von noch im Originalzustand erhaltenen Deckenfresken einer schottischen Burg. Die Abbildungen halten selbst heute noch manch kleines Geheimnis bereit, das auch die legendäre Queen Victoria auf der Durchreise nach Balmoral nicht zu lösen vermochte.

Royale Sommerfrische

Die unternehmungslustige Königin hatte sich schon bei ihrem ersten Besuch 1848 schockverliebt in das weite Tal, durch das das klare Wasser des Dee in zahmen und wilden Schwüngen mäandriert, um aus den Bergen durch Wälder und Felder zur Nordsee zu gelangen. Wir folgen also ihren königlichen Spuren, die sie ehedem mit der Eisenbahn und ab Ballater mit der Kutsche zurücklegte, bis wir bei Crathie vor den Toren der Ländereien von Balmoral Castle stehen. Das Königshaus ließ das verträumte Schloss um 1860 an dieser Stelle errichten und nutzt es bis zum heutigen Tag als schottische Sommerresidenz. Nicht weit davon liegt mit der Royal Lochnagar Distillery die Brennerei des königlichen Whisky-Hoflieferanten.
In Braemar sollte die Bahnstrecke einst enden, davon zeugt das kleine Bahnhofsgebäude mit der gut gepflegten, riesigen Anzeige »Great North of Scotland Railway« am Castleton Place, das der Schienenstrang nie erreichte, wenngleich alles dafür vorbereitet war. Der Wanderweg »Deeside Way« nutzt weite Teile des fertigen Gleisbettes, das auch einige Brückenquerungen über den Dee beinhaltet. Lediglich ein paar Häuser von der geplanten Endstation entfernt liegt, eine dezente Schrifttafel weist darauf hin, das Cottage, in dem Robert Louis Stevenson 1881 einen Sommerurlaub verlebte und mit dem Verfassen seines berühmten Romans »Die Schatzinsel« begann. Dem Schriftsteller und seinem Werk widmet sich ein Raum im nahen Braemar Castle, das, obwohl als Jagdschloss gedacht, wie eine trutzige Befestigung mit neckischen, aufgesetzten Türmchen wirkt und recht authentisch die Lebenswelt der einstigen herrschaftlichen Eigentümerfamilie widerspiegelt.

↑ Bis weit ins Frühjahr hinein kann im Tal von Glenshee noch Wintersport betrieben werden.
← Trotz seines trutzigen Antlitzes diente Braemar Castle weniger als wehrhafte Befestigung denn als repräsentativer Jagdsitz des Earl of Mar.

TOP ERLEBNISSE

★ GLENSHEE
Schottland gehört nicht zu den klassischen Wintersportdestinationen, hat aber – entsprechende winterliche Wetterverhältnisse vorausgesetzt – einige beachtliche Alpinregionen aufzubieten. Glenshee, auf einer Höhe von 650 Metern in den Cairngorms, besitzt die mit zwei Kilometern längste und beste Abfahrt des Landes, zudem eine ausgezeichnete Infrastruktur an Loipen, Pisten und Liftanlagen.
www.ski-glenshee.co.uk

★ LOCH MUICK
Die drei Gipfel des Dark Lochnagar beherrschen das bergige Panorama südlich von Ballater. Ein Anblick, der Poeten wie gekrönte Häupter inspirierte, gleichermaßen ein ideales Wandergebiet, das zu den Ländereien von Balmoral gehört und dessen idyllische Hochlandeinsamkeit nach langer und kurviger Zufahrt durch das Glen Muick erreicht werden kann. Wanderwege führen rund um den weitläufigen, aber stillen See Loch Muick, vorbei an der Victoria Lodge »Glasallt Shiel«, eine kleine Villa, in die sich die Königin einst zurückzog und die von der königlichen Familie zuweilen noch heute genutzt wird.
www.walkhighlands.co.uk/cairngorms/loch-muick.shtml

3

DAS MALT WHISKY COUNTRY

LEBENSGEWÄSSER

Der Loch Spey in der unwirtlichen Hochlandregion im Nordosten des Ben Nevis speist den zweitlängsten und sicherlich berühmtesten Fluss Schottlands. Das klare, reine Wasser des River Spey bahnt sich seinen Weg im Tal zwischen den Monadhliath Mountains und dem Nationalpark der Cairngorm Mountains und mündet bei Kingston in den Moray Firth.

Reißend und wild, dazu beliebt bei Lachs und Forelle, fließt der Spey durch das zentrale schottische Hochland. Er passiert zunächst raue, felsige Gebirgslandschaften, bevor er sich allmählich in die Zivilisation, in nur sporadisch besiedeltes Gebiet wagt, was er spätestens bei Newtonmore erreicht hat. Die Schnellstraße A9, als wichtigste Nord-Süd-Verbindung zwischen Inverness und Edinburgh, begleitet der Fluss, bis er hinter dem touristischen Zentrum Aviemore eine nordöstliche Richtung einschlägt. Bei Boat of Garten dringt er vor in den lieblicheren Teil Aberdeenshires, eine sich gefällig erweiternde vielfältige, teilweise bewaldete und nur noch leicht hügelige Landschaft, der Speyside.

World-Wide-Whisky

Speyside steht für die bedeutendste von den fünf Whisky-Regionen Schottlands. Für eine facettenreiche Keimzelle des gerühmten »schottischen Goldes«, das längst nicht mehr nur Getränk ist, sondern Weltanschauung, wichtiger Wirtschaftsfaktor und international geschätzte Wertanlage. Die Dichte an populären Brennereien wird auf dem »Malt Whisky Trail« deutlich, der an der Glenlivet-Destillerie auf den Höhen unterhalb von Tomintoul beginnt und über Grantown-on-Spey bis nach Elgin und Forres führt. Dieser vom Schottischen Fremdenverkehrsamt offiziell zusammengestellte und ausgeschilderte Pfad auf den Spuren historischer und zeitgenössischer Whiskyherstellung, lässt sich problemlos um einige weitere prominente Produktionsstätten erweitern, die sich fast wie Perlen an einer Schnur links und rechts entlang der Ufer des Spey aneinanderreihen. Einziger Nachteil der alkoholgeschwängerten Phalanx: Der selbstfahrende Individualreisende muss sich sehr bremsen bei den obligatorischen Probierrunden unterschiedlicher Whiskys im Anschluss an die stets unterhaltsamen Führungen und wohl besser auf den angebotenen »wee dram« (kleiner Schluck) verzichten.

Während die etwas abgeschiedene, 1824 gegründete Glenlivet-Destillerie noch das Wasser des River Avon für die Produktion nutzte, konnte die vergleichsweise kleine, 45 Jahre später von John Smith initiierte Cragganmore-Destillerie bei Ballindalloch die damals neue Bahnstrecke für den Transport ihrer Destillate in Anspruch nehmen. Am Ort gibt es neben dem traditionsreichen Glenfarclas auch die junge Ballindalloch-Destillerie, die erst 2014 ihre Produktion aufnahm. In Aberlour liegen die gleichnamige Brennerei, der Herstellungsbetrieb der schottischen Kultgebäcks »Walkers Shortbread« sowie Cardhu, woher die flüssigen Grundlagen der Weltmarke Johnnie Walker stammen. 1824 war auch das Gründungsjahr der Macallan-Destillerie bei Craigellachie, die sich heute architektonisch mehr als nur bemerkenswert, großflächig und hypermodern unter einem rhythmisch gewölbten Grasdach befindet.

Ein weiteres Meisterwerk der Baukunst überspannt nicht weit davon den Spey. 1814 schuf Thomas Telford die heute älteste erhaltene, gusseiserne Bogenbrücke Schottlands. Ein filigranes Konstruktions-Kunstwerk, das das flache Ufer mit dem steilen Ufer gegenüber verbindet. In Rothes tummeln sich gleich fünf Brennereien, Dufftown, der Austragungsort des alljährlichen »Spirit of Speyside Whisky Festival«, wartet mit Glenfiddich auf, und in Keith findet sich die Strathisla-Destillerie mit ihren beiden Pagodendächern. Gegründet 1786, ist sie die älteste aktive Whiskybrennerei des Landes.

↑ Neben der Schneeeule hat sich die Tierwelt der nördlichen Hemisphäre im Kincraig Wildlife Park versammelt.
← Ganz besonders typisch für die Anlagen von Whiskybrennereien, wie jener von Strathisla in Keith, sind die markanten, asiatisch anmutenden Pagodendächer.

TOP ERLEBNISSE

★ HIGHLAND WILDLIFE PARK

2022 feiert der weitläufige Wildpark bei Kingussie seinen 50. Geburtstag und blickt aufgrund jüngster Zucht erfolge stolz in die Zukunft. Der Schwerpunkt liegt naturgemäß auf der heimischen Fauna vertreten durch Wolf, Wildkatze, Luchs oder Vielfraß, aber auch die Tierwelt der Polarregion, Nordskandinaviens und des Himalaya wird repräsentiert durch Elch, Rentier, Polarfuchs, Schneeleopard, Yak und Amurtiger. Ein tierisches Erlebnis für Groß und Klein.
www.highlandwildlifepark.org.uk

★ KEITH & DUFFTOWN RAILWAY

Die Eisenbahnverbindung zwischen Aberdeen und Elgin datiert zurück bis ins Jahr 1862. Ihre Stilllegung und ein Teilabbau der Trassen erfolgte 1991, die Route zwischen Keith und Dufftown blieb als Museumsbahn erhalten und erfüllt nun auf 18 Kilometern als »Whisky Line« mittels historisch-nostalgischen Triebwagen und Zuggarnituren den Zweck einer entspannten Entdeckung der Langsamkeit in zauberhafter Landschaft.
www.keith-dufftown-railway.co.uk

FLIEGENDE BAUMSTÄMME UND WEHENDE KILTS

Stämmige Mannsbilder, die Röcke tragend und in engen verschwitzten Shirts schwere Gewichte werfen, zierliche junge Damen, die in seidenen Ballettschuhen auf flinken Füßen filigran übers Parkett schweben – die Bandbreite der sportlichen Aktivitäten bei klassischen »Highland Games« könnte kaum größer sein.

Alljährlich Anfang Mai beginnt, meist im Battery Park in Gourock am River Clyde, die Saison der »Highland Games«, der schottischen Variante olympischer Spiele. Beinahe flächendeckend findet dann bis etwa Mitte September dieses urschottische Sportereignis in so ziemlich jeder Gemeinde des Landes, selbstverständlich auch in den Lowlands, statt. Wurden vor fast tausend Jahren Wettkämpfe in annähernd ähnlicher Form unter den verschiedenen Clans des Landes ausgetragen, um jeweils die besten und stärksten Krieger zu ermitteln, haben die zumeist eintägigen Veranstaltungen heute dann doch eher den Charakter eines traditionellen Volksfestes, einer großen, fröhlichen Feier für

← Mitglieder der königlichen Familie geben sich regelmäßig als Schirmherrschaft und prominente Zuschauer beim »Royal Highland Gathering« im Stadion von Braemar die Ehre.
↙ Der traditionsreiche Highland Fling ist einer der spektakulärsten Tänze bei den farbenfrohen Wettbewerben im »Highland Dancing«.

Einheimische und Gäste. Es hat sich gar eine Art »Highland Games«-Tourismus etabliert, der für Teilnehmer wie für Besucher gilt und längst nicht exklusiv auf Schotten beschränkt ist.

Disziplin mit Tradition

Der Sportdress der teilnehmenden, ungemein kraftstrotzenden Männer ist natürlich der Kilt, und auch die Damen, die sich auf dem hölzernen Tanzboden miteinander im fairen Wettstreit um die Krone der Besten im »Highland Dancing« messen, tragen kariert. Was so locker, leicht und graziös aussieht und von den Mädchen mit einem steten Lächeln begleitet wird, seien es nun der höchst anspruchsvolle Schwerttanz, der »Highland Fling« oder der anspruchsvolle »Gaelic Stepdance«, ist in Wirklichkeit eine immense körperliche Anstrengung, die viel Training, Ausdauer und höchste Konzentration erfordert.
Gleichwohl tragen die Herren der Schöpfung traditionell das schwerere Paket und haben ob der extrem kräftezehrenden Betätigungen während des Wettkampfes entsprechend eine recht stattliche Statur, die bei dem einen oder anderen eines Freistilringers würdig wäre. Zu den historischen Sportarten gehören »Tug-o-War«, das Tauziehen in der Gruppe, »Tossing the Caber«, das Werfen eines gut fünf Meter langen, geraden und etwa 50 Kilogramm schweren Baumstammes, wobei es nicht auf die größte Wurfweite ankommt, sondern auf eine präzise Landung des Wurfgerätes, nämlich möglichst in der Senkrechten zum Werfer, und der »Scottish Hammer«, ein Hammerwurf mit einem an einem festen Stiel angebrachten Gewicht von 7,5 oder zehn Kilogramm. Sehr spektakulär auch »Weight for Height«: Hier muss ein 25-Kilogramm-Gewicht rückwärts über eine Latte gewuchtet werden.
Weitere Wurfwettbewerbe zielen dann aber auch auf große Weiten ab, wobei sehr unterschiedliche Gewichte Verwendung finden. Die Bandbreite reicht vom »Haggis Hurl« über den Gummistiefelweitwurf (»Tossing the Wellie«) bis hin zum 25-Kilogramm-Gewicht. Auch Laufveranstaltungen – die Jüngeren haben großen Spaß bei der 30 Meter Konkurrenz im Sackhüpfen – gehören zum Standardrepertoire der »Highland Games«, die von traditionellen Klängen des Dudelsacks und der Fiddle begleitet werden. Die passende Jahrmarktatmosphäre liefern Karussells für Kinder und rustikale kulinarische Versorgungsstände.
Saisonhighlight ist das bereits im Jahr 1832 etablierte »Highland Gathering« im stets gut besuchten Stadion der Cairngorms Gemeinde Braemar am ersten Samstag im September, das nicht von ungefähr ein »Royal« in seinem Namen trägt. Über mehr als 70 Jahre fungierte Queen Elizabeth II. als Schirmherrin der Veranstaltung, beobachtete höchstpersönlich und sichtlich amüsiert im Kreis weiterer Familienmitglieder das bunte Treiben auf dem sportlichen Grün. Eine Tradition, die König Charles III. fortsetzen und sicher auch manch königliche Ehrung wie einst seine Mutter vornehmen wird.
www.braemargathering.org

4

DIE KÜSTE ABERDEENSHIRES

HELDENHAFTE ORTE, SAGENHAFTE STRÄNDE

Im Osten eher flach und feinsandig, im Norden etwas schroffer mit von imposanten Felsen gesäumten Buchten – die Küstenstreifen an der Nordsee präsentieren sich höchst abwechslungsreich, voll spannender Geschichten, großer Traditionen und beeindruckender Naturerlebnisse.

Lossiemouth, das Städtchen an der Mündung des Flusses Lossie in den Moray Firth, wurde einst als Wirtschaftshafen für Elgin angelegt. Inzwischen fristet die Fischerei nur noch ein Nischendasein, dafür liegen an den Kais nun die Jachten der Freizeitkapitäne und die schnellen Motorboote der touristischen Veranstalter für Ausflüge zu Seehundbänken, zur Vogel- und Delfinbeobachtung vor der Küste. Der Ort sieht sich gern als »Juwel des Moray Firth« und liegt damit gar nicht so falsch angesichts des traumhaft breiten, goldgelben Strandes, der flankiert von einem mächtigen Dünenstreifen über mehrere Kilometer bis zur Mündung des Spey nördlich von Fochabers reicht. Zum populären, feinsandigen Areal führt ein zierlicher, hölzerner Steg. Dort kann man die Seele baumeln lassen, untermalt vom Kreischen der Möwen und manchmal auch vom Motorenlärm der Kampfjets des nahen Militärflughafens.
Am Westende der Bucht vor Cullen, unterhalb des Dörfchens Portknockie, ragt der skurrile »Bow Fiddle Rock« aus den bi-

zarren Quarzsandsteinklippen, eine stets umschwärmte Felsformation, einem Geigenbogen nicht unähnlich. Nach Osten öffnet sich der Blick in die weite, sandige Bucht, in die sich der Ort kuschelt, der durch seine sämige, kräftige Schellfischsuppe mit Kartoffeln und Zwiebeln, die »Cullen skink«, die Phalanx traditioneller schottischer Gerichte bereichert. Das pittoreske Fischerviertel Seatown wurde um 1820 nach Plan angelegt. Heute zumeist als Ferienhäuser genutzt, waren sie Heimat der Fischer des einst florierenden kleinen Hafens. Die hohen Viadukte der Bahnstrecke der in den 1960er-Jahren stillgelegten »Great North of Scotland Railway« teilen den Ort, der sich steil den Hang hinaufzieht, in zwei charakterlich sehr unterschiedliche Hälften.

↑ Die Distel als schottische Nationalblume ziert einen der Bereiche in der gepflegten Gartenanlage von Pitmedden.
← Pennan und seine legendäre Telefonzelle spielen die Hauptrolle im Hollywood-Film »Local Hero« von 1983. Auch das Wetter bietet zuweilen eine prächtige Kulisse.

Maritimes Dorfidyll

Surfer schätzen die kräftige Brandung an der breiten Sandbucht vor dem winzigen Fischerdorf Sandend. Die nahe Glenglassaugh Whiskybrennerei wurde erst 2008 wieder zum Leben erweckt. Ältester Hafen an der Küste ist der von Portsoy, dessen historische Strukturen, umgeben von grauen Feldsteingebäuden und Mauern aus dem Ende des 17. Jahrhunderts noch genutzt werden und jährlich Schauplatz eines historischen Bootfestivals sind. Das charakteristische Baumaterial stammt aus der Region, die auch den ungewöhnlich grünlich-pink schimmernden Marmor für die Kamine von Schloss Versailles lieferte. Ein eigentümlicher ummauerter Graben zieht sich durch den Ort hinunter zum Hafen. Über den nicht mehr aktiven Bahnanschluss wurde damals der Marmor zum Hafen befördert.

Malerisch gruppieren sich die Häuschen von Gardenstown um den in Hufeisenform angelegten Fischereihafen. Ein nicht ständig begehbarer Fußweg entlang der Küste führt in das Nachbardorf Crovie (sprich: Kriwie). Entlang einer Promenade verteilen sich die wenigen Häuser direkt an der Brandungslinie unterhalb steil aufragender Klippen, für Autos ist kein Platz mehr. Basstölpel bevölkern die Felsen am nahen Troup Head, doch können im Naturschutzgebiet auch viele andere Seevögel beobachtet werden. Etwa drei Dutzend Häuser machen das Dorf Pennan aus, das als pittoreske Kulisse für den Kultstreifen »Local Hero« diente. Die im Film stetig frequentierte rote Telefonzelle genießt Bestandsschutz.

TOP ERLEBNISSE

★ MUSEUM OF SCOTTISH LIGHTHOUSES

Am äußersten Zipfel Fraserburghs liegt das sehr sehenswerte Ausstellungsareal, das sich intensiv mit der zuweilen abenteuerlichen Geschichte der Leuchttürme des Landes auseinandersetzt. Sie ist eng verbunden mit der Familie Stevenson, die im 18. und 19. Jahrhundert dafür sorgte, dass an den Küsten Lichter zur maritimen Sicherheit aufgingen.
www.lighthousemuseum.org.uk

★ ICECREAM SHOP CULLEN

Süße Verführungen, nicht nur der gefrorenen Art sind in dem kleinen, familiengeführten Laden an der Hauptstraße zu bekommen. Das traditionell, aber variantenreich hergestellte Eis konnte schon mehrere bedeutende Auszeichnungen verbuchen. Dazu bunte Bonbons, Lollys und viele andere Leckereien in großen Einmachgläsern.
www.facebook.com/theicecreamshop-cullen

★ PITMEDDEN GARDEN

Die zauberhafte Parkanlage am öffentlich nicht zugänglichen Pitmedden House vertritt den Stil der für Schottland eher unüblichen französischen Barockgärten und stammt aus der Zeit um 1675. Sieben Kilometer Buchsbaumhecken sind zu aufwendigen Mustern angelegt, die im Sommer eine prächtige Blütenvielfalt füllt.
www.nts.org.uk/visit/places/pitmedden-garden

Robust, gutmütig und widerstandsfähig - die Attribute der zotteligen, rotbraunen Hochlandrinder unterstreichen ihre vorzügliche Eignung für die raue Landschaft.

Das Glenfinnan Monument gedenkt, Loch Shiel überblickend, des Freiheitskampfs der Highlander.

ROUTE 9 – AUF DER ROAD TO THE ISLES ZUR ISLE OF SKYE

HÖHEPUNKTE OHNE ENDE

Die »Straße zu den Inseln« gilt als eine der ältesten und bekanntesten touristischen Straßen Schottlands, obwohl sie lediglich eine Länge von 70 Kilometern umfasst. Zahlreiche bedeutende Sehenswürdigkeiten reihen sich aneinander, bevor wir zur Erkundung der beliebten Insel Skye übersetzen.

Fort William unterhalb des höchsten Berges des Vereinigten Königreichs, des Ben Nevis, der sein Haupt gern mit watteweichen Wolkengebilden umgibt, hat einen guten Ruf als Zentrum für jegliche Art von Outdoor-Aktivitäten, dabei insbesondere bei Wintersportlern. Am Kreisverkehr bei der Ben Nevis Distillery nimmt die A830 ihren Anfang und führt in westlicher Richtung zunächst über den Fluss Lochy und kurz danach über den Caledonian Canal, die künstliche Wasserstraße zwischen Atlantik und Nordsee.

INFO

Start: Fort William
Ziel: Fort William
Länge: 591 Kilometer
Dauer: 2–4 Tage
Beste Reisezeit: April – November

Mit dem Loch Eil und der parallel verlaufenden Bahnstrecke zur Linken durchqueren wir ein typisches, von einer überwiegend baumlosen schroffen Bergwelt dominiertes Hochlandszenario, bis wir den Loch Shiel erreichen, das 1 **Glenfinnan Monument** und dort den spätestens seit der Verfilmung der Harry-Potter-Romane weltberühmten Glenfinnan Viadukt. In den Sommermonaten verkehren die Züge der »West Highland Line« nicht nur zur Freude der Fans des mutigen Zauberlehrlings häufig noch mit Dampflokomotiven.

Die A830 windet und schlängelt sich nun, ebenso alternierend wie die Bahntrasse, durch erhabene, scheinbar unberührte Landschaften. Am Loch Eilt trennen sich die Wege: der Schienenstrang verläuft nun am südlichen Ufer. Bei Lochailort zweigt die A861 zur noch einsameren Ardnamurchan-Halbinsel ab. Wir erreichen am Loch Nan Uamh erste atlantische Gestade und können bei Arisaig die kleine B8008 nehmen, die näher an der Küste verläuft und hinter dem aus dem Film »Local Hero« bekannten Strand Silver Sands of Morar wieder auf die A830 stößt. Kurz danach gelangen wir nach Mallaig und nehmen die Fähre und damit den traditionellen Weg zur Insel Skye. Armadale ist der Hauptort der südlichen Halbinsel Sleat. Über die A851 kommen wir zum Zentrum der Gälischen Kultur »Sabhal Mòr Ostaig« und biegen an der ersten Kreuzung links ab, um über eine schmale gewundene Strecke an die Westküste zu gelangen und einen tollen Ausblick über Loch Eishort auf die markanten Höhenzüge der Cuillin Hills zu bekommen. Die A851 führt uns nach Harrapool auf die recht stark befahrene A87. Hinter Broadford lohnt der Abstecher über die A8083 nach Elgol. Von dort aus besteht die Möglichkeit, mit dem Schiff bis an den Fuß der mächtigen Cuillins zu gelangen.

Bei der eindrucksvollen dreibogigen Brücke von Sligachan nehmen wir die A863 nach links. In Carbost weisen Schilder auf die am Loch Harport gelegene Talisker Distillery hin. Wir fahren weiter in nordwestlicher Richtung und genießen die spektakulären Blicke über die zerklüftete Küste. In Dunvegan zweigen wir links auf die A864 ab, an deren Ende der

Die Meerenge Kyle of Lochalsh trennt die schottische Westküste von der Nebelinsel Isle of Skye.

malerische Leuchtturm Neist Point auf uns wartet. Auf dem Weg zurück von dort nehmen wir am südlichen Zipfel von Loch Dunvegan die kleine Straße links und fahren weiter auf der A858. Hinter dem Ort Dunvegan liegt das gleichnamige Schloss, über 800 Jahre Stammsitz des MacLeod-Clans. In den Gemächern findet sich die mittlerweile etwas mitgenommene uralte »Fairy Flag«, die der Legende nach den MacLeods Schutz gewährt, solange sie in deren Besitz ist. Ein Abstecher von hier führt an die Coral Beaches, blendend weiße Strandabschnitte aus fein gemahlenem Muschelkalk. Die A858 trifft in Borve auf die A87. Diese führt uns in nördlicher Richtung, ab Uig als A855, in weitem, aussichtsreichen Bogen über die Halbinsel Trotternish, vorbei an den beeindruckenden landschaftlichen Schönheiten von den Fairy Pools über The Quiraing und Kilt Rock bis zum Old Man of Storr. Schließlich erreichen wir die malerische Hauptstadt Skyes, **2 Portree**.

Schottische Synonyme

Die A87 bringt uns entlang der nicht minder zerklüfteten Ostküste nach Kyleakin, wo die 1995 fertiggestellte Brücke als feste Landverbindung Skye seines klassischen Inselstatus beraubte. Wieder schottisches Festland unter den Rädern zweigen wir im Ort links ab und folgen dem schmalen Weg unweit des Ufers von Loch Carron bis zum verträumt-romantischen Hafendorf **3 Plockton**. Über Achmore fahren wir dann auf der A890 nach Süden, biegen in Auchtertyre links auf die A87 ab und haben bald den Inbegriff schottischen Klischees vor Augen, Eilean Donan Castle. Die Burganlage, bekannt sowohl als Filmkulisse als auch von unendlich vielen Fotografien, liegt zweifellos ausgesprochen pittoresk auf einem kleinen Inselchen bei Dornie im Loch Duich. Wir fahren entlang des Lochs und weiter in östlicher Richtung durch das Tal des River Shiel, das uns allmählich auf die Höhe bringt und sogleich mehrmals imposante Ausblicke über das schottische Hochland beschert.

Zur Rechten passieren wir Loch Cluanie, bevor wir in Invermoriston auf Loch Ness stoßen. Am westlichen Ufer des wegen seines noch immer nicht nachweislich gesichteten Seeungeheuers berühmtesten und aus diesem Grunde auch geheimnisvollsten schottischen Sees geht es nach Fort Augustus, wo wir auf eine der Schleusentreppen des Caledonian Canal treffen, der uns nun weiterhin in streng südwestlicher Richtung begleitet und dabei mehrere lang gestreckte Seen durchmisst. Am Commando War Memorial zweigen wir rechts ab auf die B8004, die uns entlang des River Spean zum Kanal geleitet und diesem dann parallel folgt, bis wir hinter Neptune's Staircase wieder nach Fort William gelangen.

RESTAURANTS / ÜBERNACHTUNGEN

EINKEHREN

★ THE WILDCAT
Das kleine vegane Café an der Middle Street in Fort William serviert kleine Gerichte mit vorwiegend lokalen Produkten aus ökologischem Anbau, backt eigenes Brot und vorzüglichen Kuchen.
www.facebook.com/TheWildcatFortWilliam

★ KINLOCH LODGE
In der Küche des renommierten Hotels auf der Halbinsel Sleat, das der Kochbuchautorin Lady Claire MacDonald gehört, geben sich Sterneköche die Ehre, entsprechend werden hier Frühstück, mit ausgezeichnetem Porridge, und Dinner zelebriert.
www.kinloch-lodge.co.uk

★ THE THREE CHIMNEYS
Unter den drei Schornsteinen schlummert die wohl feinste und mit Auszeichnungen hochdekorierte Küche der Hebriden. Innovative Gastronomie im typischen Ambiente.
www.threechimneys.co.uk

★ SEA BREEZES
Zauberhaftes, informelles Fischrestaurant in einem der bunten Häuser am Quay im lauschigen Hafen von Portree. Besonders die Meeresfrüchte-Platte ist zu empfehlen.
www.sea-breezes-skye.co.uk

★ PLOCKTON SHORES
Fischsuppe und gemischte Meeresfrüchte unter dem Label moderner, schottischer Cuisine sind die Renner auf der Karte des kleinen Restaurants mit Blick über den Hafen Plocktons.
www.plocktonshores.com

ÜBERNACHTEN

★ KINLOCH CAMPSITE
Allein von der Lage her unmittelbar am Loch Dunvegan gehört Kinloch zu den schönsten und bestens ausgestatteten Campingplätzen von Skye. Selbst der gern etwas böige Wind stört da nicht weiter. Die familienfreundliche Anlage ist terrassenartig gestaltet und bietet einen schönen Blick aufs Wasser.
www.kinloch-campsite.co.uk

★ MARMALADE
Modernes Interieur kontrastiert mit der schon über 200 Jahre alten Architektur des georgianischen Hauses etwas oberhalb des Zentrums von Portree. Das hauseigene Restaurant Chargrill hat sich auf Grillgerichte spezialisiert. Auch Seafood ist zu empfehlen.
www.perlehotels.com/marmalade

★ KINTAIL LODGE HOTEL
Zwischen den Mündungsarmen der Flüsse Shiel und Croe in Loch Duich liegt mit der Kintail Lodge ein uriges kleines Hotel mit tollen Ausblicken über den See und Restaurant mit typischer Pub-Atmosphäre.
www.kintaillodgehotel.co.uk

★ INVERLOCHY CASTLE
Wie ein richtiges Schloss präsentiert sich die viktorianische Villa mit Blick auf den Ben Nevis ihren Gästen. Nicht gerade preisgünstig, aber ein wahrhaft aristokratisches Erlebnis. Die verschwenderische Eleganz genoss schon die legendäre Queen Victoria bei ihrem Besuch Mitte des 19. Jahrhunderts, von dem sie euphorisch berichtete.
www.inverlochycastlehotel.com

Königliches Spiel vor königlicher Unterkunft – das ehrwürdige Inverlochy Castle Hotel

AUF DEN SPUREN HARRY POTTERS

Zauberhafte Berglandschaften, durchzogen von geheimnisvollen Flüssen und Bächen, gepaart mit Aussichten über stimmungsvolle Seen, lang gestreckte Meeresarme und Relikte aus dramatischer schottischer Geschichte machen den Reiz des westlichen Hochlandes aus.

Am fast rechtwinkligen Übergang von Loch Eil in auch den tief in die Highlands hineinragenden Meeresarm Loch Linnhe hat sich Fort William einen Namen als touristisches Drehkreuz erarbeitet. Seine zentrale Lage am Südende des Caledonian Canal, am Startpunkt der vermutlich schönsten Eisenbahnstrecke des Vereinigten Königreichs sowie am Fuße des Ben Nevis, des mit knapp 1345 Metern höchsten Berges der Britischen Inseln, prädestinierte das um 1690 auf Geheiß Oliver Cromwells gegründete Städtchen für diese Aufgabe, ohne selbst über allzu viele herausragende Sehenswürdigkeiten zu verfügen. Bergwanderer und Mountainbiker streben himmelwärts. Erstere beginnen ihren Aufstieg etwas nördlich der Stadtmitte und nehmen den traditionellen »Pony Track« oder die Route von Torlundy aus.

1

Der Aufstieg hier ist nicht wirklich schwierig, trotzdem sollte man insbesondere stets die Wetterverhältnisse im Blick haben, die schnell umschlagen können. Andere vorhandene Aufstiegsmöglichkeiten sind wesentlich anspruchsvoller und setzen auch Klettererfahrung voraus. 1911 unternahm der Sohn eines Edinburgher Ford-Händlers einen werbewirksamen Ausflug mit einem »Model T« auf die Bergspitze und wiederholte dieses Unterfangen 1928 mit einem »Model A«. Von derlei Expeditionen sieht man im 21. Jahrhundert jedoch ab und lässt vielmehr Radler mit ihren geländegängigen Drahteseln aufwärts und vor allem wieder abwärts strampeln. Die Routen sind seit nunmehr 20 Jahren Teil der internationalen »Mountain Bike World Cup Tour«. Und ambitionierte Läufer sprinten alljährlich seit 1951 beim »Ben Nevis Race« ebenfalls einmal zum Gipfel und zurück.

Filmreif

Seit Harry Potter mit seinen Zauberfreunden im »Hogwarts Express« über den Glenfinnan Viadukt dampfte, ist ein nicht enden wollender Hype unter Eisenbahnfreunden und Fans des Zauberlehrlings ausgebrochen. Dem wesentlich älteren und geschichtsträchtigeren Glenfinnan Monument schenkt hingegen kaum noch jemand Beachtung. Der schlanke Turm, errichtet 1815, am Ufer des von drei Flüssen gespeisten Loch Shiel markiert den Ort, an dem Bonnie Prince Charlie, der letzte große Name aus der Stuart-Dynastie, 1745 seine Standarte hisste, um dem Anspruch als legitimer Thronfolger Ausdruck zu verleihen und den Kampf gegen die englische Krone aufzunehmen. Der Aufstand der Clans wurde in der Schlacht bei Culloden im April 1746 endgültig niedergeschlagen. Die Figur im Kilt, die die Spitze des Monuments ziert, steht symbolisch jedoch nicht für Charlie, sondern für all jene Highlander, die hier zusammentrafen, um das schottische Recht zu verteidigen.
Auf 21 Pfeile rn, die eine Höhe von bis zu 30 Metern erreichen, ruht die im weiten Bogen über das Tal des Finnan verlaufende imposante, 380 Meter lange Eisenbahnbrücke. 1901 offiziell eingeweiht und längst zum kultverdächtigen Fotomotiv avanciert, insbesondere dann, wenn im Sommer Züge des »Jacobite-Trains« mit Dampflokomotiven von Fort William nach Mallaig schnaufen, war der Viadukt auch ein architektonisches Novum, da er gänzlich aus Beton gefertigt wurde. In der Bucht von Arisaig erreichte Bonnie Prince Charlie 1745 das schottische Festland, um seinen Feldzug zu starten. Der kleine Ort rühmt sich heute der westlichsten Bahnstation Schottlands.

↑ Die Züge der »West Highland Line« mit den traditionellen Wagengarnituren enden am Fährhafen von Mallaig.
← Die Verfilmungen von Harry Potter hievten den imposanten Eisenbahnviadukt von Glenfinnan in die Spitzengruppe der attraktivsten schottischen Sehenswürdigkeiten.

TOP ERLEBNISSE

★ JACOBITE TRAIN
Die Bahnreise zwischen Fort William und Mallaig auf der legendären »West Highland Line« ist ein unvergessliches Ereignis, auch wenn einmal keine Dampflok die Personenwagen durch die prächtige Hochlandlandschaft zieht. Seit 1984 befahren Dampfloks die Route, was sich als touristischer Selbstläufer mit Unterstützung aus Hollywood herausstellte. Sicherheitsbedenken stoppten 2024 zeitweise den Dampfbetrieb.
www.westcoastrailways.co.uk/

★ DIE KLEINEN HEBRIDENINSELN
Von Mallaig aus erreicht man auch die ganz kleinen, bewohnten Inseln der Inneren Hebriden, Eigg und die allerkleinste Muck, Rum, die Größte der Kleinen, und Canna, die – im Schatten der Prominenz der Isle of Skye – jede für sich ihren ganz eigenen Charme besitzen und sinnvollerweise mit dem Rad oder per pedes erkundet werden sollten.
www.calmac.co.uk/article/2983/Small-Isles-Mallaig---Eigg---Muck---Rum---Canna

DIE INSEL SKYE

DIE POPULÄRE NEBELINSEL

Bei Umfragen nach dem schottischen Lieblingsort landet die Isle of Skye stets ganz oben in der Hitliste. Die flächenmäßig größte Insel der Inneren Hebriden bildet einen Mikrokosmos aus fünf Halbinseln und vereint grandiose Hochlandszenarien mit romantischer Lieblichkeit, liebenswerter schottischer Exzentrik, zuvorkommender Gastfreundschaft und einem Quäntchen Abenteuer.

Skye gilt im tatsächlichen Sinne gar nicht mehr als Insel, denn seit 1995 überspannt die Skye Bridge den Loch Alsh als feste Straßenverbindung und nagte damit ein wenig am ureigenen Inselmythos, ohne ihm jedoch größeren Schaden zuzufügen. Gleichwohl herrschte in den Anfangsjahren einiger Unmut über die Brücke, da sie mittels Mautgebühr refinanziert wurde. Die traditionelle Anreise führt aber auch heute noch über die legendäre »Road to the Isles«, die Route von Fort William über Glenfinnan nach Mallaig. Von dort aus verkehren dann die Fähren der Reederei Caledonian

2

MacBrayne im regelmäßigen Takt über den Sound of Sleat nach Armadale. Eine erlebenswerte Alternative stellt die »Skye Ferry« dar, die mittels der MV »Glenachulish«, der einzigartigen und weltweit letzten Drehtellerfähre, seit 1934 die bisweilen durch starke Strömungen nicht ganz ungefährliche Meerenge von Kylerhea quert. Für die knapp 800 Meter Distanz von Glenelg auf dem Festland nach Kyle Rhea benötigt das ungewöhnliche Transportmittel fünf Minuten. Armadale ist die größte Ansiedlung auf Sleat, der südlichsten Halbinsel der Insel Skye. Ein paar kleine Kunstgewerbeläden, Cottages und einige Einkaufsmöglichkeiten machen den Ort aus, doch sein besonderes Aushängeschild stellt das Anwesen Clan Donald Skye rund um die Ruine Armadale Castle aus dem 19. Jahrhundert dar, dem Stammsitz der Macdonalds of Sleat. In den weitläufigen Ländereien ringsum pflanzten die Hausherren damals ein üppiges Waldgebiet mit teils exotischen Baumarten. Auch aus diesem Grund nennt man Sleat gern den »Garten Skyes«, denn es hat landschaftlich einiges zu bieten, präsentiert während des Jahreslaufs ein vielfältiges, buntes Blütenmeer. Dafür halten sich die Berge in ihrer Ausprägung hier vornehm zurück.

Berge, wohin man blickt

Die charakteristischen Gipfelformationen der Cuillins bilden immer wieder einen pittoresken Hintergrund. Die eindrucksvollen Bergsilhouetten der Red und der Black Cuillins, die durch das Glen Sligachan voneinander getrennt sind, locken alljährlich Bergwanderer und Naturliebhaber aus der ganzen Welt zu erlebnisreichen Ausflügen. Charakteristisch ragen die gezackten Gipfel der Black Cuillins in den Himmel, oft durchdringen sie sogar die Wolkendecke. Mit dem knapp 1000 Meter hohen Sgurr Alasdair liegt hier die höchste Erhebung der Hebriden. Er ist auch von der Bucht des Loch Scavaig aus zu sehen, die man mit dem Boot vom kleinen Hafen in Elgol überqueren kann und über den schmalen Loch Coruisk bis zu seinen Füßen gelangt.
Der Weg, eine lange, überwiegend als Single track gehaltene spektakuläre Sackgasse, führt durch die Red Cuillins in das winzige Dörfchen, an dessen Gestaden schon Bonnie Prince Charlie in einer Höhle bei seiner Flucht 1746 eine Zeit lang verweilte. Er hinterließ seinem Helfer John MacKinnon als Dank das immer noch geheimnisvolle Rezept für den Drambuie-Likör, das sich im Besitz der Familie befindet. Drambuie wurde erstmals 1893 im Broadford Inn der MacKinnons öffentlich ausgeschenkt. Einen Blick sind auch die Tafone am Ufer von Elgol wert. Die ausgewaschenen Sandsteinfelsen mit ihrer filigranen Bienenwabenstruktur ziehen sich mystisch an der Küste entlang.
Am Abzweig beim Sligachan Hotel von 1830 stolpert jeder Besucher über eines der zahlreichen Postkartenmotive der Isle of Skye, die alte Brücke aus grobem Feldstein, die sich mit ihren drei Bögen anmutig über den River Sligachan wölbt, erbaut um 1815 von keinem Geringeren als Thomas Telford und perfekter Vordergrund für ein – zu jeder Tageszeit - geniales Foto der Cuillins. Nur Radler und Fußgänger dürfen den über 200 Jahre alten Architekturschatz noch überqueren. Spätestens am letzten Zipfel im äußersten Westen der Halbinsel Duirinish wartet das nächste Highlight eifriger Fotopirsch, der Leuchtturm Neist Point. Er verbirgt sich hinter einer mächtigen, wellenförmigen Felsenklippe und ist nur zu Fuß zu erreichen. Vom hinter Waterstein gelegenen Parkplatz aus führt eine steile Treppe – nichts für zarte Ge-

← Das Museum of Highland Life im Norden der Trotternish-Halbinsel zeigt eindrucksvoll die Lebens- und Arbeitsverhältnisse vergangener Zeiten.
↗ An Sommerabenden wird der Busbahnhof Portrees gerne einmal zur Arena der örtlichen Pipe-Band.

müter – hinab, dann geht es gleich wieder bergan, um nach Erklimmen der zweiten Anhöhe endlich den Blick auf den Leuchtturm zu bekommen. 1909, natürlich von einem Mitglied der Stevenson-Familie gebaut, pfeift um die spektakuläre Landmarke permanent der oft mehr als nur böige Wind, während die allgegenwärtigen Schafe gemsengleich an den Felskanten entlangbalancieren, Möwen unablässig kreischen, und das Kollern der Basstölpel zu hören ist. Vor allem abends ein unvergleichliches Erlebnis.
Weit am Horizont liegt die hügelige Inselwelt der Äußeren Hebriden, die im Gegenlicht über dem silbrig-glitzernden Meer geheimnisvoll zu schweben scheinen, sich manchmal aber auch unter einem tiefhängenden Wolkengebirge ducken, bis sie gar nicht mehr zu sehen sind.

Faszination der Landschaft

Auch Flora MacDonald, die Bonnie Prince Charlie zur Flucht nach Frankreich verhalf, hat ihre letzte Ruhestätte in Kilmuir gefunden, hoch im Norden auf der Halbinsel Trotternish. Ein Obelisk auf ihrem Grab, ebenfalls mit unverstelltem Hebridenblick, erinnert an ihre heldenhafte Tat. Nicht weit davon verrät das Museum of Island Life, unter welchen Umständen die Menschen auf der Insel lebten, die auch stark unter den »Highland Clearances«, der Vertreibung der Inselbewohner zugunsten extensiver Schafzucht, litten. Skurrile Felsformationen prägen den Charakter Trotternishs und finden sich in großer Zahl in den landschaftlich reizvollen Wandergebieten am Quiraing oberhalb von Staffin und bei der signifikanten, 48 Meter hohen Basaltsäule Old Man of Storr. Aus der Höhe betrachtet – der nicht ganz leichte Aufstieg lohnt – wirkt das Panorama vom »Wächter der Berge« aus einfach nur traumhaft. Aber auch er versteckt sich bisweilen in einem wolkigen Mantel und begründet damit die gälische Bezeichnung von Skye, die übersetzt »Insel im Nebel« bedeutet.
Ganz schottisch zeigt sich die Isle of Skye an der Küste, just dort, wo der Abfluss des Loch Mealt über 55 Meter in die Tiefe stürzt und einen beeindruckenden Wasserfall kreiert. Die Klippe namens »Kilt Rock« besteht aus Basaltsäulen in verschiedenen Rottönen und basiert auf vulkanischen Gesteinsschichten, die einem Schottenrock im Tartan-Muster ähneln. Gut 9000 Menschen leben auf Skye, die meisten davon in der malerischen Hauptstadt Portree, die sich um ein natürliches Hafenbecken schmiegt. Nach welchem »König der Häfen«, so die Bedeutung des gälischen Namens, allerdings benannt ist, konnte bisher nicht geklärt werden. Die hübsche Promenade mit den bunten Häusern unmittelbar am Wasser vermittelt den Eindruck eines Seebades. Aufgrund seiner Größe bildet Portree in jedem Fall das touristische Zentrum der Isle of Skye.

↖ In gediegener abendlicher Atmosphäre kommt der Seebad-Charakter der Inselmetropole Portree rund um den kleinen Hafen ganz besonders intensiv zum Ausdruck.
↙ Der Old Man of Storr ist eines der wichtigsten Ausflugsziele für jeden Besucher der Insel Skye.

★

TOP ERLEBNISSE

★ SHINTY

Der Hockey-Sport der Kelten hat sich bis ins 21. Jahrhundert halten können. Es wirkt etwas martialisch, wenn sich zwölf Spieler pro Team auf dem großen Feld am Ortsrand Portrees gegenüberstehen und versuchen, den Ball mittels Schläger in das hohe quadratische Tor zu befördern. Nur der Torwart darf den Ball in die Hand nehmen. Die Regeln ähneln jenen des Feldhockeys, und das Zuschauerinteresse ist überraschend groß.
www.shinty.com

★ FAIRY GLEN

Niemand kann sich der Magie dieses besonderen Ortes entziehen, der am Ende einer Sackgasse auf der Höhe oberhalb des Fährhafens Uig liegt. Eine kleine Feenwelt mit Bächen, kleinen Teichen, anmutigen Wiesenflächen und skurril geformten Bäumen, umringt von nicht weniger skurrilen Felsen, schafft ein einzigartiges Naturerlebnis in stetig wechselndem Licht.
www.isleofskye.com/skye-guide/skye-places/fairy-glen

★ SKYE CANDLES

Die Geschichte der Insel, die gälische Kultur, die Sprache, die Kunst, die Musik – dies alles lässt sich in den ständigen Ausstellungen und Galerien des Kulturzentrums bei Portree erkunden, das seit 2022 als Besucherzentrum der Isle of Skye Candle Co. fungiert und zudem über Veranstaltungsräume, ein Kino, ein Restaurant und einen gut sortierten Shop verfügt.
www.skyecandles.co.uk

WASSERWEG UND KULTMONSTER

Eine Fahrt auf der A82 von Fort William nach Inverness führt vorbei an einer endlosen, mal schmalen, mal breiten Wasserfläche umrahmt von signifikanten Höhenzügen. Die Gewässer bergen jedes für sich ihre mystischen Heimlichkeiten und stehen für schottische Traditionen.

Der sagenumwobene Loch Ness ist nicht nur eindrucksvolles Planschbecken eines geheimnisumwitterten Fabelwesens, sondern bildet auch mit einer Ausdehnung von mehr als 36 km den längsten See Großbritanniens und verfügt zudem über das größte Wasservolumen aller Seen des Landes. Seine lang gestreckte, schmale Form verdankt er den Gletschern der Eiszeit. Die spezielle Topografie der Region und die Ausrichtung von Südwest nach Nordost machte sie zur idealen Zwischenstation für die Einrichtung eines künstlichen Wasserweges, der den Atlantik mit der Nordsee und damit beide schottischen Küsten miteinander verbinden konnte.

Beim Bau des Kaledonischen Kanals nutzte der bekannte schottische Konstrukteur und Ingenieur Thomas Telford (1757–1834) die vorhandenen natürlichen Gegebenheiten der Seenkette, die aus südwestlicher Richtung vom Ende des

← Aufwendige Video-Präsentationen geben Auskunft in den Besucherzentren über die mysteriöse Geschichte des Loch Ness.
↙ Gegründet im 13. Jahrhundert auf den Resten einer alten Burganlage bot Urquhart Castle für gut 400 Jahre beste Möglichkeiten zur Nessie-Beobachtung, bevor es 1692 zerstört wurde.
↓ Nessie als Stofftier für Jungs und Mädchen

Loch Linnhe in Banavie bei Fort William über Loch Lochy und Loch Oich, Loch Ness und den River Ness bis nach Inverness führt. Dabei musste nur ein knappes Drittel der Strecke ausgegraben und befestigt werden, dennoch dauerte es fast 20 Jahre vom Baubeginn 1803 bis zur Eröffnung des Kanals 1822. Mit 96,5 Kilometern ist der Caledonian Canal die längste künstliche Wasserstraße im Vereinigten Königreich. 29 Schleusen überwinden einen Höhenunterschied von insgesamt 60 Metern, eine für diese Zeit mehr als bewundernswerte konstruktionstechnische Meisterleistung. Gleich zu Beginn der Wasserstraße trägt die aus acht Kammern bestehende Schleusentreppe »Neptune's Staircase« bei Banavie die Seefahrer 20 Meter aufwärts.

Das Monster im See

Der hohe wirtschaftliche Nutzen, den sich die Erbauer des Kanals von dem Projekt erhofft hatten, blieb schon in den Anfangsjahren recht überschaubar, zumal die Investitionskosten mehr als doppelt so hoch lagen als ursprünglich veranschlagt – ein planerisches Phänomen, das bis in das 21. Jahrhundert überdauert hat. Heute ist der Kanal bei Freizeitskippern sehr beliebt. Kanutouren und Segeltörns auf dem traditionsreichen Wasserweg gehören zu den Highlights eines Schottlandurlaubs. Wander- oder Radtouren auf den parallel verlaufenden Treidelpfaden sind ebenso möglich wie die entspannte Reise an Bord eines Hotelschiffes oder eines komfortablen Hausbootes auf einer kurzweiligen Binnenkreuzfahrt, zu der natürlich auch das sorgfältige Ausschauhalten nach dem vermeintlichen Ungeheuer von Loch Ness gehört.
Der heilige Columban war der Überlieferung zu Folge der Erste, der im Jahr 595 eine Begegnung mit einem ungeheuerlichen Wassergeschöpf im Loch Ness hatte und es durch ein Gebet vertreiben konnte. Die neuerliche Sichtung eines Londoner Ehepaares im Sommer 1933 motivierte die Redaktion des »Inverness Courier« zu einem Artikel über ein Monster im See und lieferte ein Jahr später ein unscharfes Foto nach. Damit war ein Hype ausgelöst, der bis heute nicht nur Touristen anlockt, sondern auch Forscher und Wissenschaftler, die auf jede nur erdenkliche Weise dem Mysterium zu Leibe rücken möchten. Gleich zwei Besucherzentren in Drumnadrochit behaupten von sich, die besseren Erkenntnisse und die »eine« Wahrheit über das Seeungeheuer zu haben, stellen sich aber in erster Linie als gut bestückte Souvenirshops für Nessie-Devotionalien heraus. Der Fremdenverkehr nimmt es gelassen und hat »Nessie« längst fest im Programm als Garant für einen unablässigen Besucherstrom rund um die malerische Burgruine Urquhart Castle.
www.scottishcanals.co.uk/canals/caledonian-canal

3

PLOCKTON UND EILEAN DONAN CASTLE

MÄRCHENHAFTE KULISSEN

Der Weg vom Kyle of Lochalsh über Fort Augustus am Loch Ness zurück nach Fort William birgt ein Kaleidoskop an einzigartigen landschaftlichen Reizen und führt zu Plätzen, die Schottlands internationales Renommee als romantisch verklärtes Traumziel begründen.

Das Postkartenidyll trügt, denn eigentlich entstammt die Gründung Plocktons einem traurigen Kapitel der schottischen Geschichte. Zum Ende des 18. Jahrhunderts begannen die Großgrundbesitzer vielerorts im Hochland eine Art Flurbereinigung und vertrieben die Kleinbauern von ihren gepachteten Flächen, um Schafzucht im großen Stil betreiben zu können. Die »crofter« der Region emigrierten zunächst aus dem kleinen Hafen Plocktons, wurden aber später im dort zu weiten Teilen, so auch die Kirche, nach Plänen von Thomas Telford neu errichteten Fischerdorf angesiedelt und zwangsweise zu Fischern umgeschult. Einigermaßen lukrative Heringsfischerei konnte die in der Mitte des 19. Jahrhunderts im Dorf herrschende Armut zumindest vorübergehend lindern.

Palmen säumen die heutige Uferpromenade und schaffen eine karibische, beinahe etwas laszive Aura, die eines traditionellen mediterranen Seebades würdig wäre. Die schweren Zeiten scheinen im selbsternannten Juwel des Hochlandes vergessen hinter frisch getünchten Hausfassaden, zwischen üppig geschmückten Blumenbeeten und einer entspannten Ruhe. Das Mikroklima der Bucht von Loch Carron machte aus Plockton eine begehrte Fremdenverkehrsdestination, bisweilen auch prominente Filmlocation, deren einziges Manko die Zufahrtsstraßen sind. Gewunden und einspurig führen sie in diese verträumte Ecke des Hochlandes, die sich aber ideal für eine, auch längere Auszeit eignet. Kunsthandwerker, B&Bs und Gastronomie, die den Fang der wenigen, noch aktiven Fischer zu delikaten Menüs aufbereitet, bilden nun das ökonomische Rückgrat des 450-Seelen-Ortes.

↑ An der Mündung des Loch Long in Loch Duich liegt das Dorf Dornie vor typischer Hochlandkulisse.
← Eilean Donan Castle im Loch Duich ist aufgrund seiner fotogenen exponierten Lage vermutlich die berühmteste und bekannteste schottische Burg überhaupt.

Festung im Rampenlicht

Oft wird behauptet, Eilean Donan Castle bei Dornie im Loch Duich sei die schönste Burg Schottlands. Natürlich ist das eine Geschmacksfrage. Tatsache jedoch bleibt, dass diese auf einem winzigen Eiland gelegene Burg mit ihrem dreibogigen, steinernen Brückenzugang zu den malerischsten ihrer Art zählt. Wann immer sie ins Blickfeld kommt, bildet sie den Mittelpunkt eines pittoresken Landschaftsensembles voller Mystik, voller Drama oder Romantik. Ursprünglich stammt sie aus dem 13. Jahrhundert, fungierte als Festung zur Sicherung der Seewege für die Lords of the Isles und wurde 1719 während der Jacobitenaufstände vollständig zerstört. Erst zwischen 1912 und 1932 erfolgte der Wiederaufbau der Burg nach historischen Plänen durch Oberstleutnant MacRae-Gilstrap, der zuvor Insel und Ruine erworben hatte.
Die besonderen Reize Eilean Donan Castles, das für die Welt außerhalb Schottlands alle Klischeekriterien erfüllt, blieben auch der glamourösen Glitzerwelt Hollywoods nicht verborgen. Und so spielte es bereits 1948 eine prominente Rolle neben David Niven in der Verfilmung des Lebens des Nationalhelden Bonnie Prince Charlie. Mit dem »Highlander« von 1986 rückte die Burg dann endgültig und nachhaltig ins Rampenlicht mit Christopher Lambert in der Hauptrolle. Selbst Pierce Brosnan gab sich 1999 als James Bond hier die Ehre. Ein kleines, für die Öffentlichkeit zugängliches Museum zeigt Bilder und Aufnahmen in erster Linie von den Dreharbeiten zum »Highlander«. Die Burg selbst kann für Hochzeiten gemietet werden, allerdings nur außerhalb der regulären Besuchszeiten.

TOP ERLEBNISSE

★ PLOCKTON BREWERY

Bierbrauen ist echtes Handwerk und Zeitvertreib für den pensionierten Marineoffizier Andy Will, der seit 2007 in seinem Gartenhaus am südlichen Ortsrand Plocktons eine erstaunliche Vielfalt an unterschiedlichen Gerstensäften in kleinen Auflagen herstellt, die im nahen Plockton Inn verkostet werden können.
www.quaffale.org.uk/php/brewery/1126

★ EAGLE BARGE INN

Der einzige schwimmende Pub des Caledonian Canal befindet sich bei den Laggan Locks, den Schleusen im Norden von Loch Lochy. Im umgebauten holländischen Lastkahn erwartet die Gäste eine maritime Atmosphäre, liebevoll zubereitete Speisen und eine gut sortierte Whisky-Bar.
www.eaglebargeinn.weebly.com

★ INVER COILLE CAMPING

Glamping liegt voll im Trend, Zelte mit offenem Kamin, Küche und Duschkabine versprechen ungeahnten Camping-Luxus ganz nah an der Natur. Die beiden kugelförmigen Geodomes auf dem Platz oberhalb von Loch Ness bieten Platz für vier Personen. Wohnmobile oder Wohnwagen sind nicht gestattet.
www.inver-coille.co.uk

TRAUMSTRASSE DES NORDENS

Einsam, rau und abgeschieden, galt der nördlichste Teil der Britischen Insel als unwirtlich und wenig reizvoll. Ließ man sich jedoch darauf ein, erkannte man schnell die wahren Schönheiten dieser Region. Seit der Einrichtung der Ferienstraße North Coast 500 im Jahr 2015 erstrahlt diese Perle in neuem Glanz.

Die stolze »Hauptstadt« der Highlands, **1 Inverness**, ist der Ausgangs- und auch Endpunkt dieser Rundreise durch den Norden des schottischen Festlandes, das wir im Uhrzeigersinn erkunden. Zunächst fahren wir also in westlicher Richtung aus der Stadt heraus, überqueren den Fluss Ness, der die Verbindung vom »Monstersee« Loch Ness zum Beauly Firth herstellt. Dessen Küstenverlauf folgen wir auf der A862. Sie wendet sich hinter der Brücke über den River Beauly nordwärts durch das kleine Klosterstädtchen gleichen Namens. Im Zentrum von Muir of Ord, dem Tor zur Halbinsel Black Isle, führt uns die A832 West Road aus dem Ort heraus. Wir passieren weites Land mit vereinzelten Höfen und der Bergwelt des Hochlandes am Horizont, queren den River Orrin und biegen in Marybank im rechten Winkel ab. Unter Alleebäumen hindurch steuern wir über die einspurige Moy Bridge auf den Ort Wester Moy und die A835 zu, die uns durch allmählich karger werdende Landschaft am Ufer des Black Water geleitet. Am Loch Garve sind wir bereits am nur noch gelegentlich besiedelten, hier teilweise recht waldreichen Bergland angelangt. Hinter dem Dorf Garve biegen wir wieder links auf die A832, die uns entlang des Flusses Bran führt, der sich mehrfach zu großen Seeflächen ausbreitet, während die

INFO

Start: Inverness
Ziel: Nairn
Länge: 781 Kilometer
Dauer: 3–5 Tage
Beste Reisezeit: April – November

Beauly Priory wurde um 1230 als Sitz des römisch-katholischen Männerordens der Valliscaulianer gegründet.

0
10 km
N
Linksness
St. John's Head
Hoy
Cava
Scapa Flow
Lyness
Fara
Longhope
Melsetter
South Walls
Swona
Pentland Firth
Stroma
Dunnet Head
Castle of Mey
Scarfskerry
Huna
John o'Groat's
Dunnet Bay
Dunnet
Mey
Cape Wrath
Clo Mor Cliffs
Faraid Head
Balnakeil Church
Durness
Sango Bay
Whiten Head
Smoo Cave
Torrisdale Bay
Eilean nan Ròn
Totegan
St. Mary's Chapel
Scrabster
Buldoo
Thurso
Castletown
Freswick
Strathnaver Museum
Portskerra
Melvich
Reay
Nybster
Midfield
Bettyhill
Roadside
Sinclair's Bay
Kinloch-bervie
Loch Hope
Tongue
Calder Mains
Halkirk
Kirk
Eriboll
Dalhaivaig
Watten
Keiss
Olgrinmore
Rhiconich
927
Ben Hope
Loch Loyal
Mybster
Wick
Pulteney Distillery
Castle of Old Wick
Westerdale
Handa Island
Laxford Bridge
Altnabreac Station
Thrumster
Dun Dornaigil Broch
Alltnacaillich
Dalvina Lodge
Forsinard
Grey Cairns of Camster
Achavanich
Ulbster
Scourie
Loch Stack
Rosal Clearance Village
Hill o' Many Stones
Dalnawillan Lodge
Glutt Lodge
Whaligoe
Eddrachillis Bay
Kinloch
Lybster
Oldany Island
Kylestrome
Altnaharra
Loch Naver
Latheron
Clann Gunn Museum
Culkein
Drumbeg
Ben Klibreck
962
Loch nan Clàr
Kinbrace
Braemore
Morven
705
Dunbeath
The Minch
Eas a Chual Aluinn
Newton
Loch Choire Lodge
Achmelvich
Skiag Bridge
Crask Inn
Kildonan Lodge
Berriedale
Lochinver
Loch Assynt
Ardvreck Castle
Helmsdale
Langwell Gardens
Inchnadamph
998
Ben More Assynt
Rubha Réidh
Duchally
Back Water
Reiff
Loch Shin
Balnacoil
Lothmore
Helmsdale
Cul Mòr
849
Elphin
Ledmore
Dalchork
Achiltibuie
Inverpolly Nature Reserve
Lairg
Brora
Summer Isles
Culnacraig
Pittentrail
Clinelish Distillery
Drumrunie
Invercassley
Golspie
NORDSEE
Priest Island
Loch Broom
Dunrobin Castle
Isle Martin
Strath Kanaird
Oykel Bridge
Falls of Shin
Gruinard Bay
Inveran
Littleferry
Rubha Mòr
Ullapool
East Rhidorroch
Culrain
Badluarach
Proncy
Bonar Bridge
Dornoch
Mellon Charles
Badcaul
Blarnalearoch
Ardgay
Tarbat Ness
Ardcharnich
Skibo Castle
Dornoch Firth
Dundonnell
Fearn Lodge
Portmahomack
Melvaig
Loch Ewe
An Teallach
1062
Deanich Lodge
Edderton
Tain
Longa Island
Midtown
Tournaig
Inverewe Gardens
Beinn Dearg
1081
Kildermorie Lodge
Fearn Station
Moray Firth
Poolewe
Fionn Loch
Corrishalloch Gorge
Balintore
Branderburgh
Lossiemouth
Gairloch
Loch Vaich
Spey Bay
Loch Gairloch
Kerrysdale
Loch Maree
Wyvis Lodge
Dalnavie
Milton
Sgurr Mòr
1109
Alness
Invergordon
Balnapaling
Burghead
Duffus Castle
Spey Bay
Ben Wyvis
1046
Cromarty
Findhorn
Elgin
Victoria Falls
Loch Fannich
Eileanach Lodge
Cromarty Firth
Balblair
Kinloss
Brodley
Redpoint
Achanalt
Gorstan
Whiteness Head
Brodie Castle
Mosstodloch
Lower Diabaig
Kinlochewe
Garve
Strathpeffer
Dingwall
Black Isle
Nairn
Forres
Fochabers
Fearnmore
Liathach
1053
Achnasheen
Milton
Fortrose
Fort George
Dallas Dhu Distillery
Loch Torridon
Shieldaig
Torridon
Contin
Conon Bridge
Avoch
Dallas
Marybank
Muir of Ord
Tore
North Kessock
Clephanton
Rothes
Scardroy
Torridon Hills
Beauly
Beauly Firth
Cawdor Castle
Glen Grant Distillery
Beauly Priory
Culloden Moor
Ferness
Craigellachie
Applecross
Lair
Loch Monar
Inverness
Tamdhu Distillery
Cardhu Distillery
Upper Knockando
Glenfiddich Distillery
Sgurr a'Choire Ghlais
992
Kilmorack
Daviot
Dufftown
Strathcarron
Marypark
Glenfarclas Distillery
Toscaig
Ardarroch
Lochcarron
Farrar
Struy
Loch Moy
Auchindoun Castle
Loch Carron
Sgurr na Lapaich
1150
Loch Ness Monster Centre
Dores
Balnafoich
Carn Glaschoire
659
Lochindorb
Plockton
Drumin
Duirinish
Stromeferry
Cannich
Milton
Glenlivet Distillery
Cabrach
Erbusaig
Loch Mullardoch
Drumnadrochit
Tomatin
Tomatin Distillery
Grantown-on-Spey
Kyle of Lochalsh
Dornie
Carn Eige
1183
Glen Affric
Urquhart Castle
Duthil
Kyleakin
Eilean Donan Castle
Morvich
Tomich
Loch Mhor
Carrbridge
Tomintoul
Carn Mòr
804
Broadford
Kylerhea
Shiel Bridge
Affric
Invermoriston
Foyers
Findhorn
Glenelg
Five Sisters of Kintail
Carn na Saobhaidhe
810
Coignafearn Lodge
Dulnain
Cairngorm
Colnabaichin
Isleornsay
Dalchreichart
Moriston
Garragie Lodge
Aviemore
Inverdruie
Glenmore Lodge
Corgarff Castle
Arnisdale
Loch Quoich
Loch Cluanie
Fort Augustus
Monadhliath Mountains
Highland Wildlife Park
Loch Morlich
Cairn Gorm
1245
Gairnshiel Lodge
Sound of Sleat
Kincraig
National Park
1019
Meall Buidhe
Kinloch Hourn
Loch Loyne
Invergarry
941
Carn Ban
Kingussie
Ben Macdui
1309
Braemar
Ballater
Crathie Church
Crathie
Loch Garry
Newtonmore
Feshie

In der Region um Durness laden gleich mehrere Wanderwege zu entspannenden Spaziergängen entlang der traumhaften Strände ein.

Landschaft immer karger wird, Bäume immer seltener, bis wir am Kreisverkehr hinter Achnasheen, nun schon mitten im Hochland, links auf die A890 abzweigen. Sie hält dem Tal des Bran die Treue und geht bei Strathcarron schnörkellos in die A896 über. Diese windet sich, abseits der wenigen Siedlungen meist als Single track, durch die Höhen oberhalb des Loch Carron, bevor wir sie am Café in Tornapress verlassen, um den legendären »Pass of the Cattle«, die durchaus abenteuerliche und nicht für Wohnwagengespanne geeignete Route geradezu alpinen Charakters bis nach Applecross, zu bewältigen. Wir folgen weiter der schmalen Küstenstraße am Inner Sound und genießen die Ausblicke auf die faszinierenden Silhouetten der Inseln Raasay und Skye.
Die Wegstrecke wird in der Folgezeit sehr unruhig, immer wieder unterbrochen durch tiefe Einschnitte, die die Erdgeschichte und die Erosion durch das offene Meer in das Land hineingefräst haben. Bei 2 **Shieldaig** kehren wir zurück auf die A896, wo uns der Loch Torridon Ausblicke auf eine majestätische Landschaft beschert. In Kinlochewe treffen wir die A832, die entlang des nicht minder spektakulären Loch Maree führt. Durch den Hafenort Gairloch bringt sie uns nach Poolewe und vorbei am unbewohnten Eiland Isle of Ewe. Vereinzelt laden golden schimmernde Strände zum Verweilen ein. Bei den Wasserfällen Corrieshalloch Gorge ist die A835 erreicht, die sich über den Fährort Ullapool streng nordwärts richtet. Im Westen liegen die einsamen Summer Isles; die nahezu baumlose, hügelige Landschaft wird immer rauer. Unser Weg heißt ab dem Abzweig Ledmore A837 und ab Lochinver B869, die auf schmalen Asphalt einen weiten Bogen um Assynt schlägt und an der A894 endet. Diese wiederum geht nach aussichtsreicher Küstenstrecke bei der historischen Laxford Bridge in die A838 über.

Karibisches Flair

In 3 **Durness** mit seinen Traumstränden kommen wir zum nordwestlichsten Punkt der NC500. Häufig schmal, windet sie sich eng am Küstenverlauf entlang nach Osten. Weiße Strände und smaragdgrünes Wasser zwischen schroffen Felsen sorgen für karibisches Flair. Nach dem Kyle of Tongue übernimmt die A836 die Routenführung durch spärlich besiedeltes Gebiet, das im August vom Violett des Heidekrauts dominiert wird. Hinter dem Dorf Bighouse in der Mündung des Halladale River ändert sich das Landschaftsbild der Region Caithness, es wird flacher, bekommt fast eine liebliche, entspannte Note. Felder, Wiesen und Weiden, garniert mit den unvermeidlichen Schafen, beherrschen die Szenerie. In Scrabster, dem Hafen der Stadt Thurso, legen die Fähren nach Orkney ab, während sich der tolle Strand der Dunnet Bay bei Castletown hinter grünen Dünen duckt. Wir passieren das Lieblingsschloss der einstmals höchst lebenslustigen Königinmutter, »Queen Mum«, das Castle of Mey, und gelangen kurz darauf zur nordöstlichen Ecke unserer Route, die anschließend von John o'Groats aus wieder südwärts führt.
Streng auf der A99 dem Verlauf der Küste folgend, die zunächst von Felsen, später von langen Stränden geprägt ist, erreichen wir den Hafenort 4 **Wick** mit der traditionsreichen Pulteney-Destillerie. Ab hier nimmt die Küste wieder felsige Charakterzüge an, die moderat gewellte Landschaft, in der sich winzige Weiler und Gehöfte verlieren, verändert sich kaum, wird grüner in den Mündungsbereichen der wenigen Flüsse, wird merklich schroffer, je weiter wir – ab Latheron auf der A9 – nach Süden kommen. Am Aussichtspunkt von Berriedale führt eine neu ausgebaute Serpentine auf alpine Art abwärts in das Tal des Berriedale Water, eine Wegführung, die uns bis Helmsdale noch mehrmals begegnet, gleichzeitig weite Blicke übers Meer eröffnet. Ab Brora wird es wieder flacher, Strände und weitläufigere Mündungsgebiete lösen die Klippenküste ab. Über Dunrobin Castle und Golspie gelangen wir zum Dornoch Firth und bewegen uns nur noch wenige Meter oberhalb des Meeresspiegels. Hinter Tain erreichen wir die Nigg Bay im Cromarty Firth, an der nicht nur Ölplattformen auf ihren Einsatz warten, sondern auch Kreuzfahrtschiffe im Hafen von Invergordon. Wir passieren Dingwall, schließen den Rundkurs der NC500 in Muir of Ord und fahren über Inverness noch an die Küste des Moray Firth bis 5 **Nairn** und Burghead.

RESTAURANTS / ÜBERNACHTUNGEN

EINKEHREN

★ APPLECROSS INN
Das Kultlokal an einem der spektakulärsten Straßenabschnitte Schottlands bietet eine erstaunlich gute Küche und tolle Auswahl an Getränken. Aufgrund des geringen Platzangebotes sollte man unbedingt reservieren. Fish and Chips vom Foodmobil vor dem Haus sind ebenfalls sehr zu empfehlen.
www.applecrossinn.co.uk

★ GILLE BRIGHDE
Der etwas mühsame Weg nach Lower Diabaig lohnt, denn in dem kleinen Lokal im ehemaligen Schulhaus mit Blick auf Loch Torridon erwarten den Gast allerfeinste kulinarische Genüsse, unbedingt reservieren.
www.gille-brighde.com

★ KYLESKU HOTEL
Kleines stimmungsvolles Hotelrestaurant mit fantastischer Aussicht und exzellenten Fisch- und Meeresfrüchtegerichten sowie reichhaltiger Getränkeauswahl mit u. a. regionalen Bieren.
www.kyleskuhotel.co.uk

★ CAPTAIN'S GALLEY
Das mehrfach ausgezeichnete kleine Fischlokal im Hafen von Scrabster mit Blick auf den Anleger der Orkney-Fähren serviert kulinarische Glanzlichter aus allerfrischesten Meeresfrüchten.
www.captainsgalley.co.uk

★ INVERNESS BAR
Der Brauerei-Ausschank der Black Isle Craftbeer-Brewery kredenzt neben einer reichhaltigen Auswahl an eigenen und regionalen Gerstensäften ausgesprochen kreative Pizzen mit schottischem Einschlag.
www.blackislebrewery.com/bars/inverness-bar

ÜBERNACHTEN

★ TORRIDON YOUTH HOSTEL
Sehr gut ausgestattetes, kostengünstiges Hostel in spektakulärer Lage an der Mündung des River Torridon in Loch Torridon. Perfekter Startpunkt für Outdoor-Aktivitäten.
www.hostellingscotland.org.uk/hostels/torridon/

★ INVER LODGE HOTEL
Luxushotel in traumhafter Lage in der Region Assynt mit großen, komfortablen Zimmern und sehr gutem Restaurant.
www.inverlodge.com

★ CAMPSITE DURNESS
Toller Campingplatz oberhalb der großartigen Sango Beach mit unvergleichlicher Aussicht über Küste und Meer, perfekter Ausgangspunkt für Küstenwanderungen. Buchbar auch zwischen November und März.
www.sangosands.com

★ KINCRAIG CASTLE
Zauberhaftes Country House Hotel aus dem 17. Jahrhundert mit 15 gediegen eingerichteten Zimmern und gepflegtem Park oberhalb von Invergordon am Cromarty Firth. Ausgezeichnetes Restaurant, erstklassiger Service.
www.kincraigcastle.co.uk

★ LEANACH FARM
Zauberhaftes B & B mit drei Zimmern und Frühstücks-Wintergarten auf einem noch aktiven Bauernhof unweit des Schlachtfeldes von Culloden und nahe Inverness.
www.leanachfarm.co.uk

Der Applecross Inn ist gut geeignet zum Verschnaufen nach Bewältigung des Pass of the Cattle.

DIE SÜDROUTE

VON KÜSTE ZU KÜSTE

Im Landesinneren begleitet eine Vielzahl von Seen und Talsperren, Flüssen und Bächen die NC500. Sie zieht sich dabei durch mehrheitlich extrem dünn besiedelte Gebiete, stets flankiert von eindrucksvollen, kargen wie baumlosen Berglandschaften mit meist abgerundeten Gipfeln.

Die »Hauptstadt des Hochlandes« – diesen Titel trägt Inverness, das Städtchen am Übergang des Moray in den Beauly Firth, als wirtschaftliches und kulturelles Zentrum des Nordens mit einigem Stolz. Erst im Jahr 2000 wurde es mit dem Status als Stadt, mithin der fünften City Schottlands, versehen. Damit zählt Inverness, wegen seiner strategisch günstigen Lage an der Mündung des River Ness eine der ältesten Siedlungen Schottlands, zu den am schnellsten wachsenden Orten im Land. Zusammen mit den umliegenden Gemeinden leben hier etwa 65 000 Menschen. Inverness Castle überragt aus erhabener Hügellage den Ort. Erbaut zwischen 1833 und 1835 trägt es mit seinen verschachtelten Türmen starke viktorianische Züge. Schon im 11. Jahrhundert residierte Macbeth an diesem Ort, der die

1

↑ Die Klosterbrüder sind in Beauly längst Geschichte, doch im Ortsbild noch stets präsent.
↙ Die Creig Street Bridge verbindet seit 1882 die beiden Ufer des Flusses Ness und damit die beiden Stadtteile von Inverness.

ursprüngliche Festung vereinnahmte und dort König Duncan, frei nach Shakespeare, den Atem aushauchte.

Kleine und große Plagegeister

Ob der Name des Örtchens Beauly vom französischen Begriff für Schönheit abstammt, lässt sich nicht eindeutig belegen. Der Ruine des 1230 gegründeten und nach der Reformation aufgegebenen Klosters kann man allenthalben einen anmutigen Reiz nicht absprechen. Der südwestlich gelegene Glen Affric führt auf herrlichen Wanderwegen durch reizvolle Hochlandlandschaft und wird gern als schönstes Tal Schottlands bezeichnet. Es bedarf schon einer gehörigen Portion Selbstironie, seinen gastronomischen Betrieb nach den größten Plagegeistern, die Schottland zu bieten hat, zu benennen. Das Café »The Midge Bite« besitzt diese Eigenschaft und huldigt damit den »midges«, den zuweilen in riesigen Schwärmen auftretenden winzigen Mücken, die Outdoor-Aktivitäten in windgeschützten, leicht feuchten Gebieten des Hochlandes zum quälenden Martyrium werden lassen. Im hügeligen offenen, von zahlreichen Wasserläufen durchströmten Bergland bei Achnasheen, dem wichtigen Verkehrsknotenpunkt auf der Ost-West-Achse zwischen den Meeren, sind die Tierchen keine wirkliche Seltenheit. Gleich beim Café liegt der Bahnhof, der theoretisch eine zügige Flucht begünstigt.
Nach seiner gälischen Bezeichnung »A'Chomraich« ist Applecross am Ufer des Inner Sounds eine heilige Stätte, was auf der Gründung eines Klosters um 673 beruht. Davon finden sich nur noch marginale Relikte auf dem Friedhof und in der Dorfkirche. Gleichwohl wird manch ein Reisender zumindest in Gedanken ein Gebet auf den Lippen haben, wenn er diesen Ort dann letztlich nach schier endlosen Kurvenfahrten und Steigungen von teilweise 20 Prozent erreicht hat. Nicht selten aus der Ferne beobachtet von gleich mehreren Paaren großer, dunkler Hirschaugen. Bis Ende des 18. Jahrhunderts gab es überhaupt keine Straßenverbindung von Osten her, diese kam erst mit dem Bau des phasenweise abenteuerlichen Pass of the Cattle. Eine schmale Straße, die sich in wilden, engen Schwüngen den Berg bis auf 626 Meter hinaufwindet und zu einer der höchstgelegenen des ganzen Landes wird. Wie der Name schon vermuten lässt, diente der Weg in seiner Anfangszeit zunächst dem Viehtrieb, bevor Touristen seine Vorzüge entdeckten und mit den vielfältigsten Hilfsmitteln die Route zu bewältigen suchten.

TOP ERLEBNISSE

★ KISHORN SEAFOOD BAR

Die sensationelle Meeresfrüchteplatte und die genialen Desserts machen aus dem unscheinbaren, babyblauen Blockhaus im skandinavischen Stil einen Gourmettempel mit Aussicht hinüber zum Loch Kishorn. Ein hervorragender Platz zur Stärkung, bevor man den Pass of the Cattle in Angriff nimmt.
www.kishornseafoodbar.co.uk

★ EDEN COURT INVERNESS

Die multifunktionale Veranstaltungsarena am Ufer des Flusses Ness stammt ursprünglich von 1976 und wurde während einer Umbauphase bis 2008 großzügig ausgebaut. Darstellender und bildender Kunst der Highlands ist hier ein opulentes Forum mit Ausstellungen, Konzerten und Vorführungen geboten, das auch sportliche Aktivitäten einschließt.
www.eden-court.co.uk

★ GLEN ORD DISTILLERY

Der Prozess der Whiskyherstellung wird den Besuchern während kurzweiliger Führungen durch die bereits 1838 gegründete und für den Namen Singleton historisch bedeutsame Brennerei nähergebracht.
www.malts.com/en-gb/distilleries/the-singleton-of-glen-ord

2

DIE WESTROUTE

DIE ATLANTIKKÜSTE

Im Nordwesten scheinen die Straßen noch eine Spur schmaler zu sein, noch gewundener als im Rest des Landes. Die Landschaft gebärdet sich in einer rauen überwältigenden Schönheit, während die Dörfer immer winziger werden und die Besiedlung immer weiter zurückgeht.

Das kleine, dicht bewaldete und unbewohnte Eiland, das im Sichtfeld der Promenade des gemütlichen Fischerdorfs Shieldaig am Südufer des Loch Torridon liegt, weckt die Aufmerksamkeit der Botaniker. Auf ihm wachsen Nachkommen der schottischen Kiefer, die einst das hölzerne Rückgrat des Caledonian Forest gewesen ist, zu der Zeit vor etwa 4000 Jahren, als Schottland ein großflächiges Waldgebiet war. Das Dorf selbst besteht eigentlich nur aus einer Aneinanderreihung kleiner Häuser mit hervorragender Aussicht. Eine solche bietet auch der winzige Weiler Lower Diabaig ganz am Ende des nördlichen Ufers von Loch Torridon und insbesondere die recht mühsame Anfahrt dorthin, die unterhalb der Höhen des Beinn Alligin, des 922 Meter hohen »Berges der Schönheit«, verläuft.

Die Einsamkeit der Berge

Über sieben Gipfel mit einer maximalen Höhe von 1010 Metern verfügt der Beinn Eighe als zentraler Punkt des ersten Naturparks Großbritanniens, der 1951 eingerichtet und 1976 zum UNESCO-Biosphärenreservat wurde. Ein aktuelles Waldprojekt im Nationalpark will den in den letzten 70 Jahren behutsam aufgeforsteten Baumbestand in den kommenden 70 Jahren komplett sich selbst überlassen, um wieder einen keltischen Regenwald zu schaffen. Der Berg überblickt sowohl Loch Torridon als auch den malerischen Loch Maree. Dieser besitzt mit dem Slioch (981 Meter) ebenfalls einen markanten Hausberg und mit »Muc-sheilch« ein sagenhaftes, nicht ganz so bekanntes Fabeltier, das in der Tiefe des Sees hausen soll. Der alte Fischerort Gairloch ist Ausgangspunkt für spannende Walsafaris und für Küstenwanderungen zum Leuchtturm Rubha Reidh sowie zum geheimnisvoll rötlichen Sandstrand Red Point Beach.

Von Ullapool, der größten Ansiedlung im schottischen Nordwesten, legen die Fähren ab nach Stornoway auf die Äußeren Hebriden und die Ausflugsschiffe auf die abgelegenen, wildromantischen Summer Isles. Der Ort wurde 1788 als geplanter Hafen für die Heringsfischerei angelegt, die bis Mitte des 20. Jahrhunderts recht lukrativ war und nochmals in den 1970er-Jahren durch Fabrikschiffe aus Osteuropa mit Fischverarbeitung direkt an Bord florierte. Nun ist Ullapool wichtiger Ausgangspunkt für Wanderungen und diverse Outdoor-Aktivitäten in die großartige Landschaft der Highlands. Bei Ardvreck Castle am Loch Assynt beginnt mit der gleichnamigen Region im Westen Sutherlands der vielleicht einsamste Teil an der NC500, der gespickt ist mit mystischen Höhlen, faszinierenden Höhenzügen und wilden Klippenküsten.

Es gibt eine Möglichkeit, die Route der NC500 von Inverness aus diagonal zu halbieren. Dazu verlässt man die östliche Küste am Dornoch Firth und fährt auf der A836 über Bonar Bridge und Lairg, von dort auf der überwiegend einspurigen A838 über Achfary bis zur Laxford Bridge. In nordwestlicher Richtung wird dabei die Landschaft einsamer, werden die Berge höher, charakterstärker. Lang gestreckte Seen wie der Loch Shin und der Loch More bilden den zauberhaften Vordergrund dieser Bühne. Der winzige Weiler Achfary unterhalb des gewaltigen Gipfels des Ben Stack verdient besonderes Augenmerk, denn er entstand erst in der zweiten Hälfte des 19. Jahrhunderts für die Bediensteten des damaligen Grundbesitzers. Und er besitzt die einzige britische Telefonzelle in Schwarz-Weiß.

↑ Die Brücke über den Kyle of Sutherland ist die dritte ihrer Art an gleicher Stelle bei Bonar Bridge.
← Erst im Januar 1912 ging der Leuchtturm Rubha Reidh in der Nordwestecke Ross-shires in Betrieb. Das Haus des Leuchtturmwärters ist heute Ferienwohnung.

TOP ERLEBNISSE

INVEREWE GARDEN

Günstige klimatische Voraussetzungen bedingt durch die Lage zum Golfstrom nutzte Osgood Mackenzie in der Mitte des 19. Jahrhunderts zur Anlage der Gärten von Inverewe. Mehr als 2500 Pflanzenarten aus der ganzen Welt mit Schwerpunkt auf Asien und Ozeanien sind versammelt und geben dem rauen Nordwesten ein exotisches Flair. Allein die unglaubliche Vielfalt zahlloser Rhododendren verzückt von März bis weit in den Sommer hinein.
www.nts.org.uk/visit/places/inverewe

CORRIESHALLOCH GORGE

Die grüne, dicht bewaldete enge Schlucht, die durch eiszeitliches Schmelzwasser vor langer Zeit gebildet wurde, stellt das kleinste schottische Naturreservat, in dem eine vielfältige Tierwelt lebt. Der River Droma stürzt sich dramatisch rauschend über 45 Meter in die Tiefe, was man von einer Fußgängerbrücke sowie einer Aussichtsplattform bestens beobachten kann.
www.nts.org.uk/visit/places/corrieshalloch-gorge

SANDWOOD BAY

Um den endlos langen goldgelben Strand im nordwestlichen Zipfel Schottlands zu erreichen, ist eine Wanderung von gut sechs Kilometern notwendig, die auf dem Parkplatz im Örtchen Blairmore beginnt. Der »Schäfer«, eine markante Felsnadel in der Brandung, wacht über die schon oft besungene Bucht, die auch von Fabelwesen, darunter Meerjungfrauen, frequentiert werden soll.
www.johnmuirtrust.org/about-us/where-we-work/sandwood

SEGEN ODER FLUCH?

Um den Tourismus in den wirtschaftlich eher schwachen Regionen im Norden anzukurbeln, entwickelte das Schottische Fremdenverkehrsamt in Zusammenarbeit mit einem regionalen Wirtschaftskonsortium das Konzept einer Ferienstraße.

Die Idee war eigentlich gut, und der Gedanke erwies sich zunächst als Selbstläufer und fand überall großen Zuspruch, auch von Seiten der schottischen Regierung und der britischen Monarchie in Person des heutigen Königs Charles III., der auf größere Besucherzahlen im Castle of Mey, einst Wohnsitz der legendären Queen Mum, hoffte. Schon bald stand eine Streckenführung auf bereits bestehenden Routen fest, die 516 Meilen (830 Kilometer) umfasste, folgerichtig als NorthCoast 500 bezeichnet und seit Frühjahr 2015 als »Schottlands Antwort auf die Route 66« vermarktet und gepriesen wurde. Den ersten positiven Berichten von Reisenden auf der NC500 folgte in kürzester Zeit ein regelrechter Boom, zusätzlich angespornt durch ein wenig später eingeführtes Stempelsystem, das eine Art Rekordjagd auslöste. Statt die vorbeiziehende Landschaft entspannt auf sich wirken zu lassen, begann man, die Strecke in mög-

← An Sommertagen steht der Campingplatz von Durness hoch im Kurs.
↙ Das Castle of Mey war das Lieblingsschloss der leutseligen Queen Mum und beherbergt nun eine interessante Ausstellung über ihr Leben.
↓ In Gruppen, aber auch einzeln ignorieren Schafe nicht nur gelegentlich alle Verkehrsregeln.

lichst kurzer Zeit zu absolvieren. Die Unfallzahlen schnellten bereits 2016 in die Höhe, denn die an vielen Stellen aus den typischen Single track roads bestehende Verkehrsführung war und ist für ein solches Fahrverhalten nicht ausgelegt. Menschen und vor allem viele Tiere kamen zu Schaden.

Aufschwung mit Schattenseiten

Ein positiver ökonomischer Schub stellte sich in der Anfangszeit in den an der NC500 beteiligten Gemeinden und Kommunen zwar ein, doch die erhofften verbesserten Übernachtungszahlen hielten sich, wie auch der Profit im Handel, in überschaubaren Grenzen. Letztlich hatte man viel mehr Arbeit und Umstände mit den Hinterlassenschaften der Reisenden, die die Landschaft verschandelten und Müll achtlos zurückließen. Hinzu kam eine ungewohnte Lärmbelästigung, welche die einst gepriesene Ruhe und Abgeschiedenheit ad absurdum führte. Die Corona-Sommer 2020 und insbesondere 2021 schließlich sorgten für Eskalationen in den unterschiedlichsten Bereichen. Da den Briten das Reisen mehr oder weniger im eigenen Land gestattet war, zeigte sich nun ganz massiv, dass die Straßen dem Ansturm in keiner Weise gewachsen waren.
Gleich mehrere Wohnwagengespanne hintereinander verstopften die »passing places«, die in regelmäßigen Abständen auf den Single tracks eingerichteten Ausweichstellen. Es ging weder vor noch zurück. Staus waren die Folge, allenthalben sprichwörtliches Verkehrschaos im dünnbesiedelten hohen Norden der britischen Insel. Ungeduldige Autofahrer ließen zuweilen gar die Fäuste fliegen, um ein schnelleres Vorwärtskommen mit schlagenden Argumenten zu erzwingen. Ratlos, verständnislos und zunehmend erzürnt musste die einheimische Bevölkerung zusehen, wie ihre geliebte Region immer mehr aus den Fugen geriet. Wohnmobilverleiher rieten ihren Kunden gar davon ab, die NC500 für ihre Urlaubstour in Erwägung zu ziehen.
Eine Lösung der reinen verkehrstechnischen und infrastrukturellen Probleme scheint nicht in Sicht, ein Ausbau der gesamten Route ist weder absehbar noch finanzierbar oder gar realistisch. So wird es zumindest in den Sommermonaten weiterhin voll bleiben in manchen Teilbereichen auf der NC500, wird das entspannte Schottland-Erlebnis ein klein wenig gedämpft, denkt man allein an die vielfach erwartbaren Manöver beim gegenseitigen Passieren. Vernunft und Rücksichtnahme sind gefragt, während prestigeträchtige Rekordjagden mit tiefergelegten PS-Bolliden und Kolonnenfahrten mit rollenden Eigenheimen unbedingt der Vergangenheit angehören sollten.

SUTHERLANDS SCHÖNHEIT

Großartige Einsamkeit strahlen die Regionen Sutherland und Caithness aus. Man begegnet einer beeindruckenden Natur und den nicht selten unbarmherzigen Naturgewalten, weniger den Menschen, die sich ein friedvolles, zuweilen entbehrungsreiches Leben hier oben haben einrichten können.

Der Weg nach Cape Wrath ist mühsam. Um zum »Kap des Zorns« zu gelangen, ist ein 16 Kilometer langer Weg durch unbewohnte Landschaft zu bewältigen, zu Fuß oder mit dem Mini-Bus. Dies allerdings nur zwischen Mai und September, wenn die kleine Cape Wrath Ferry von Keoldale für ihre zehnminütige Kreuzfahrt über den Kyle of Durness aktiv bereitsteht. Ganz am Ende ragt der schon fast 200 Jahre alte Stevenson Leuchtturm auf, der bei günstigen Wetterverhältnissen einen unvergleichlichen Blick über den Horizont erlaubt, von Harris und Lewis bis zum Orkney-

3

Archipel. Damit wäre der wirklich äußerste nordwestliche Zipfel der britischen Insel erreicht, ein Superlativ, den das unscheinbare Dörfchen Durness als abgelegenste Siedlung teilt.

Felsen und Sand

Umgeben von einer schroffen Klippenküste breiten sich vor dem Ort fantastische Sandstrände aus, die zu einem Bad einladen, was letztlich jedoch nur hartgesottenen Zeitgenossen vorbehalten bleibt. Insbesondere die etwas nördlich gelegene Balnakeil Bay gibt sich dem Besucher hin als schier übernatürlicher Traum aus Sand, Dünen und türkisblauem Meer. Diese Anmut teilt sie oft nur mit dem Wind und den Seevögeln. Vom ehemaligen winzigen Dorf ist nichts weiter übrig als der frühere Gutshof von 1744, der komplett als Ferienunterkunft vermietet wird, und der uralte Friedhof mit der in Ruinen liegenden Kapelle. Aus den schmucklosen Baracken der in den 1950er-Jahren gegründeten Raketenfrühwarnstation am Weg zum Strand entstand das Balnakeil Craft Village, eine kleine Kolonie von Kunsthandwerkern, die die unvergleichliche Inspiration aus der Umgebung kreativ in Schmuck, in Bildern und Gebrauchsgegenständen umsetzen. Es gibt eine kleine Bibliothek mit Cafeteria sowie das viel gerühmte Cocoa Mountain Café, das mit exzellentem heißen Kakao die Lebensgeister nach einer Strandwanderung wieder auf Trab bringt.

»In My Life«, ein Beatles-Song, geschrieben von John Lennon, wird oft als Hommage des Musikers an Durness gesehen. In seiner Jugend verbrachte er hier viel Zeit, streunte entlang der Strände und warf sicher mehr als einen Blick in die geheimnisvolle Welt der Smoo Cave. Wenn das Wasser des Flusses Allt Smoo 24 Meter in die Tiefe der Meeresgrotte fällt, erzeugt es eine diabolische Geräuschkulisse, die an den Wänden der Höhlenkammern in vielstimmigem Echo widerhallt. Mit kleinen Booten kann die illuminierte Höhle erkundet werden. An Lennon erinnern ein Gedenkstein und ein kleiner Garten.

Schroffe Klippen im Wechselspiel mit tollen, meist einsamen Stränden machen den Reiz der Nordküste Großbritanniens aus, unterstützt von einigen, tief ins Land hineinragenden Fjorden. Ein kleiner feinsandiger Isthmus stellt die Verbindung zur historischen Kalkgrube und -brennerei Ard Neackie auf einem Inselchen im Loch Eriboil her. Das gegenüberliegende Ufer erreichte man früher, als es noch keine durchgehende Straße gab, mittels einer Fähre. Thurso als größte Stadt an der Küste war der wichtigste Ankerplatz für die Wikinger auf ihren Feldzügen nach Schottland und diente auch in der jüngeren Historie als wesentlicher Umschlagplatz für den Handel mit Skandinavien.

↑ Rote Telefonzellen sind im Vereinigten Königreich längst zu Kultobjekten mutiert.

← Der fantastische Strand von Balnakeil Bay erstreckt sich entlang der Halbinsel Faraid Head im Norden von Durness und bietet ein unvergleichliches Panorama.

TOP ERLEBNISSE

★ DUNNET HEAD

Eine gewundene Single track road führt zum nördlichsten Festlandspunkt der Britischen Insel, Dunnet Head. Der Leuchtturm von 1831 thront auf den sturmumtosten Klippen, die von zahlreichen Seevögeln als Brutplätze genutzt werden. Die ehemaligen Wohnungen der Leuchtturmwärter können als Ferienunterkunft gebucht werden.
www.dunnetheadlighthouse.com

★ NORTH COAST WATER SPORTS

Surfen in der Karibik kann jeder, aber auf den mächtigen Wellen am Rande Schottlands, das ist eine besondere Herausforderung. Im Angebot, das an der fantastisch breiten Sandbucht Dunnet Bay startet, ist neben der Surf-Schule auch Stand-up-Paddling.
www.northcoastwatersports.com

4

DIE OSTROUTE

DAS ENDE DES SCHOTTISCHEN FESTLANDS

Caithness und der Osten Sutherlands sind im Vergleich zum Nordwesten etwas dichter besiedelt. Die Landschaft wirkt, abgeschirmt von den permanenten Westwinden, besser geschützt und daher fruchtbarer, dafür sind die Strände in den von schroffen Klippen gesäumten Buchten wesentlich kleiner.

Was Land's End für Südengland ist, ist John o'Groats für Schottlands Norden. Schon häufig suchten Menschen einen Ausgleich zum Alltag, indem sie ihr Land diagonal vom äußersten Südwesten zum äußersten Nordosten durchquerten, für die Bewältigung der 1405 Kilometer die unterschiedlichsten Transportmittel wählten und die erhoffte öffentliche Aufmerksamkeit auf sich zogen. Ein mit reichlich bunten Aufklebern verzierter Wegweiser am Hafen weist just dorthin, aber auch in die Hauptstadt Edinburgh, nach Orkney und Shetland und in die neue Welt, nach New York. Im späten 15. Jahrhundert richtete der Niederländer Jan de Grot von hier eine Fährverbindung zum Orkney-Archipel ein. 1938 startete hier die Rallye Monte-Carlo. Den tatsächlich nordöstlichsten Festlandspunkt der britischen Insel markiert indes der Leuchtturm Duncansby Head von 1924. Er bietet einen grandiosen Blick nach Süden entlang der Küste auf die markanten, vorgelagerten Felsen Duncansby Stacks.

Der Ortsname Wick verrät seine Herkunft: Im skandinavischen Sprachraum beschreibt »vik« eine Bucht. Diese nutzten schon die Wikinger für Handel und Wandel im Land der Skoten und Pikten, und der von Thomas Telford um 1830 gebaute Hafen galt lange Zeit als europäisches Zentrum des Heringsfangs. Die Fischerei spielt heute nur noch eine untergeordnete Rolle, wichtiger ist nun seine Funktion für die Ölindustrie. Telford war bereits ab 1808 für die Anlage und Gestaltung des neuen Stadtteils Pulteneytown verantwortlich. Aus dieser Zeit berichtet anschaulich das Wick Heritage Museum oberhalb des Hafens. Bei einer Führung durch die 1826 gegründete Old-Pulteney-Whiskydestillerie erfährt man neben interessanten Details aus der Herstellung, dass die dabei entstehende Wärme eine beachtliche Zahl von Wohnungen in der Umgebung beheizt.

↑ Die Destillerie Old Pulteney in Wick feiert 2026 ihr 200-jähriges Bestehen.
← Am Übergang der Nigg Bay in den Moray Firth liegt das Örtchen Cromarty und erlaubt nicht selten den Blick auf unterhaltsames Spiel von Delfinen.

Das Traumschloss des Nordens

Bis ins frühe 13. Jahrhundert reicht die Geschichte des verspielten Märchenschlosses Dunrobin Castle zurück, das seither Sitz der Earls und Lords of Sutherland ist und zu den ältesten bewohnten Gebäuden Großbritanniens zählt. Das ursprüngliche Schloss wurde nach und nach erweitert und erhielt sein heutiges cremeweißes romantisiertes Antlitz mit Türmchen und Zinnen erst Mitte des 19. Jahrhunderts durch den Londoner Architekten Sir Charles Barry. Dieser gestaltete auch die sich zur Küste hin öffnende zauberhafte Gartenanlage und die Houses of Parliament, den britischen Regierungssitz. Während des Sommers finden im Park Falknerei-Vorführungen statt.

An der Spitze der Halbinsel Black Isle, die vorwitzig in die Meeresbuchten des Cromarty, Beauly und Moray Firth hineinragt und deren Namensgebung auf der Tatsache beruht, dass sie so gut wie nie von Schnee bedeckt wird, liegt das pittoreske Cromarty. Eine Wanderung durch die Straßen des Dorfes gleicht einer Zeitreise in die Mitte des 18. Jahrhunderts, um East Church, Brauerei und Court House und die kleinen, weiß getünchten Bürgerhäuser. Das Geburtshaus des bekannten Geologen Hugh Miller trägt sogar wie zu seiner Bauzeit 1711 ein Reetdach, während der gedrungene Leuchtturm von 1846 lediglich noch seine Aufgabe als wachhabende Landmarke in der Dorfmitte erfüllt. Von Bord der Personenfähre hinüber nach Nigg lassen sich im Sommer Delfine beobachten. In Nigg liegen Produktions- und Wartungsstätten für Ölplattformen.

TOP ERLEBNISSE

★ CAITHNESS SEACOAST

Spannende Bootsausflüge veranstaltet der Anbieter aus Wick entlang der Küste von Caithness. Das hochseetüchtige Motorboot bietet Platz für insgesamt zwölf Personen und fährt zu den herausragenden Naturschönheiten der Region.
www.caithness-seacoast.co.uk

★ HOLLINGWELLS EQUESTRIAN

Die großartige Hochlandschaft lässt sich trefflich auch vom Pferderücken aus erkunden. Trekkingtouren von 30 Minuten bis zu einem Tag befinden sich ebenso im Angebot wie Picknick-Touren an den Strand.
www.hollingwells.co.uk

★ CLYNELISH DISTILLERY

Bereits 1819 gegründet, erlebte die Whiskybrennerei einige Besitzerwechsel und temporäre Schließungen. 1967 entstand direkt daneben eine neue Destillerie, 1969 wurde diese unter dem Namen Brora bis 1983 weitergeführt.
www.malts.com/en-row/distilleries/clynelish

SCHOTTLANDS SCHICKSAL

Als Abstecher von der NC500 lohnt es von Inverness aus, die nähere Umgebung in östlicher Richtung entlang der Küste des Moray Firth und des Hinterlandes zu erkunden. Es erwarten uns alternative Lebensformen ebenso wie Orte voller großartiger Geschichte wie trauriger Begebenheiten, die das Schicksal des Landes nachhaltig beeinflussten.

Die Schlacht im sumpfigen, schwer zugänglichen Drummossie Moor am 17. April 1746, die als »Battle of Culloden« in die Historie einging, war die letzte kriegerische Auseinandersetzung auf britischem Boden und eine herbe, verlustreiche Niederlage für die aufständischen Jakobiten. Ihr Anführer, Bonnie Prince Charlie, versuchte damit verzweifelt, das entglittene Machtimperium der Stuarts, die schottische Freiheit, zurückzugewinnen. Keine Stunde hielten die einseitigen Kampfeshandlungen an, die nicht nur mehr als 2000 seiner Gefolgsleute den Tod brachten, sondern auch das Ende uralter schottischer Traditionen besiegeln sollten. Der Weg war geebnet für die »Highland Clearances«, die großflächige Vertreibung der Kleinbauern zugunsten ausschweifender Schafzucht. Fahnen markieren

5

↑ Eine zünftige Wetterfahne dreht sich auf dem Dach der Benromach Distillery in Forres.
↙ Fahnen markieren die Frontlinien zwischen Schotten und Engländern, die sich im April 1746 im Moor von Culloden zur schicksalhaften Schlacht gegenüberstanden.

heute wieder die Gefechtsstellungen, Gedenksteine erinnern an die gefallenen Clanangehörigen. Virtuelle, authentische Dokumentationen im Besucherzentrum werfen ein düsteres und schmerzvolles Licht auf den erlittenen Schrecken. Unmittelbar nach Culloden legten die Bezwinger der Jakobiten auf einer Halbinsel im Moray Firth die Befestigung Fort George an, um damit vor weiteren Angriffen gewappnet zu sein. Und die Geschichte sollte zeigen, dass der Bau über einen Zeitraum von gut 20 Jahren komplett überflüssig war und das Fort nie zu Verteidigungszwecken genutzt wurde. Dafür verwaltet Historic Environment Scotland nun eine vollständig erhaltene Zitadelle, in der sich das Regiments-Museum der Queen's Own Highlander befindet und die überdies eine atemberaubende Aussicht über die größte Meeresbucht Schottlands mit Blick auf den Chanonry Point auf der Black Isle bietet. Für William Shakespeare war das alles Zukunftsmusik, als er – so wird es vermutet – im späten 16. Jahrhundert Cawdor Castle besuchte. Auf der trutzigen Burg, die selbst heute noch trotz bunter Gartenanlage und neckischer Türmchen etwas abweisend wirkt, hauchte Macbeth dem generösen König Duncan das Leben aus.

Plätze an der Sonne

Schottlands sonnigstes Plätzchen zu sein beanspruchen gleich einige Orte für sich. So auch das Hafenstädtchen Nairn, das sich wegen seiner langen Sandstrände und guten Golfplätze als beliebtes Feriendomizil einen Namen gemacht hat, gar als »Brighton des Nordens« bezeichnet wird. Die großzügige Anlage Nairns mit vielen Wiesen- und Parkflächen rund um den heimeligen alten Fischerhafen sorgt für eine sehr entspannte Atmosphäre. Eine solche wünschten sich die Gründer der alternativen Siedlung Findhorn an der Mündung des gleichnamigen Baches ins Meer im Jahr 1962 auch, doch ihre, das freie Leben propagierende Kommune, die auf dem dortigen Campingplatz in umgebauten Caravans ihren Anfang nahm, stieß nicht nur auf positives Echo. Gleichwohl gibt es die Findhorn Foundation noch heute, noch immer etwas alternativ in der Lebensform, bietet sie modernes Wohnen für Kulturschaffende und Kunsthandwerker. Am gegenüberliegenden östlichen Ende der endlos langen Sandbucht feiern die Bewohner des Fischerdorfs Burghead das Neue Jahr gleich zweimal: am 1. und am 11. Januar. Letzterer ist der Neujahrstag nach dem Julianischen Kalender, dann wird ein brennendes Teerfass durch die Straßen getragen, um für Glück im kommenden Jahr zu werben.

TOP ERLEBNISSE

★ BOWHUNTER ARCHERY

Die Kurse im Bogenschießen dauern in der Regel ein bis zwei Stunden und beschränken sich nicht nur auf Zielscheiben. Sie beinhalten auch Exkursionen in einem Waldstück mit einigen Fabeltieren, dämonischen Figuren und Zombies.
www.bowhunterarchery.co.uk

★ MORAY FIRTH FISHING CHARTERS

Aus dem Hafen von Burghead geht es hinaus zum spannenden Hochseefischen. Im Angebots-Portfolio finden sich zudem unterhaltsame Ausflugsfahrten für die ganze Familie und Walsafaris zur Beobachtung von Seevögeln, Seehunden und Delfinen.
www.morayfirthfishingcharters.co.uk

★ DALLAS DHU

Die Whiskydestillerie etwas südlich von Forres, gegründet 1899, ist ein typisches Beispiel für die Brennereien zu Beginn des 20. Jahrhunderts. Die wechselvolle Geschichte endete mit der letzten Abfüllung 1983, fünf Jahre später wurde sie als zeitgeschichtliches Museum wiedereröffnet.
www.historicenvironment.scot/visit-a-place/places/dallas-dhu-historic-distillery

Narzissen verkünden den Frühling im Landschaftspark von Brodie Castle aus der Mitte des 16. Jahrhunderts nahe des Moray Firth.

SCHOTTLAND NORDISCH

Die Orkney- und Shetland-Inseln bilden den nördlichen Außenposten Schottlands. Sie stellen, reich an prähistorischen Schätzen und einer überwältigenden Natur, auf vielfältige Weise eine Verbindung zu Skandinavien her. Shetland liegt näher an Norwegen als am britischen Festland und gelangte wie Orkney erst als Sicherheit für eine königliche Mitgift im 15. Jahrhundert unter schottische Regentschaft.

Gut 90 Minuten dauert die Überfahrt von Scrabster im hohen Norden des Vereinigten Königreichs in das Hafenstädtchen Stromness im Südwesten der Hauptinsel Orkneys. Der nach Kirkwall zweitgrößte Ort im Archipel besteht im Prinzip nur aus einer einzigen langen, zuweilen recht engen Straße, die entlang des Hafens führt, vorbei an den alten Steinhäusern der Seeleute, an Läden und Galerien. Am nördlichen Kreisverkehr verlassen wir die A965 Ferry Road und fahren auf der Nebenstrecke dem Loch of Stenness entgegen. Hinter dem Maeshowe Visitor Centre geht es links auf der B9055 auf die Landenge, die den See vom Loch of Harray trennt und auf der mit dem Ring of Brodgar ein prähistorischer Schatz besonderer Güte zu finden ist. Wir lassen Loch Skaill links liegen und besuchen an der Bucht das historische Dorf Skara Brae. Weiter nordwärts bewegen wir uns oberhalb einer spektakulären Klippenküste, bis wir in Redland zum Broch of Gurness abzweigen.
Von hier nehmen wir die B9057, die uns über flaches baumloses Land vorbei an der Click Mill und dem Corrigall Farm Museum an den Loch of Harray und zum beeindruckenden Grabhügel Maes Howe

INFO

Start: Stromness, Orkney
Ziel: Skaw, Shetland
Länge: 575 Kilometer
Dauer: 3–4 Tage
Beste Reisezeit: April – November

Möwen wie Schafe fühlen sich auf dem Orkney-Archipel mehr als pudelwohl.

rkney Islands
0
15 km
N
ATLANTISCHER
OZEAN
Mull Head
Papa Westray
North Ronaldsay
Noltland Castle
Knap of Howar
North Ronaldsay Firth
Noup Head
Pierowall
Westray
The North Sound
Scar
Northwall
Midbea
Sanday
Rapness
Calf of Eday
Carrick Ho
Kettletoft
Faraday
Quoyness Cairn
Westray Firth
Braeswick
Wasbister
St. Magnus's Church
Eday
Sanday Sound
Rousay
Birsay Earl's Palace
Backaland
Whitehall
Brough of Birsay
Costa
Brinyan
Egilsay
Aith
Stronsay
Brough Head
Birsay
Broch of Gurness
Wyre
Evie
Gairsay
Stronsay
Sandwick
Twatt
Rothiesholm
Mainland
Dounby
Tingwall
Edmonstone
Skara Brae
Loch of Harray
Harray
Balfour
Shapinsay
Aith
Auskerry
Yesnaby
Maes Howe
Bay of Firth
Sandgarth
Ring of Brodgar
Finstown
Kirkwall
Shapinsay Sound
Loch of Stenness
Mull Head
Stromness
Highland Park Distillery
Kirkwall Airport
The Gloup
Ness Battery
Orphir
Graemsay
Hobbister
Gritley
Linksness
Houton
Foubister
Ward Hill 481
Cava
Scapa Flow
St. Mary's
Churchill Barriers
Copinsay
John's Head
Betty Corrigall's Grave
Fara
Burray
Rackwick Beach
Hoy
Lyness
Flotta
Hoxa Head
St. Margaret's Hope
Herston
Longhope
South Ronaldsay
Melsetter
Windwick Bay
South Walls
Tomb of the Eagles
Swona
Burwick
Liddel
Pentland Firth
Stroma
Muckle Skerry
Dunnet Head
Castle of Mey
Duncansby Head
Dunnet Bay
Scarfskerry
Huna
John o'Groat's
Dunnet
Mey
John o'Groat's
rabster
Freswick
Stacks of Duncansby
urso
Castletown
Nybster
Roadside
Sinclair's Bay
Halkirk
Kirk
Thurso
Watten
Keiss
Noss Head
Castle Girnigoe and Sinclair
Mybster
esterdale
Wick
Castle of Old Wick
1
2
3
965
966
967
9055
964
961
960
9047
836
9
882
895

Herma Ness
Lamba Ness
Hermaness National Nature Reserve
Skaw
Norwick
Burrafirth
Haroldswick
Unst
Baltasound
Lund
Yell
Cullivoe
Uyeasound
Dalsetter
Belmont
Muness Castle
Gutcher
Uyea
Point of Fethaland
Yell Sound
Fetlar Reserve
Camb
Brough Lodge
Fetlar
Isbister
Mid Yell
North Roe
Funzie
North Roe
West Sandwick
Colgrave Sound
Esha Ness
Ronas Hill 449
Housetter
The Hollanders Graves
Ollaberry
Burravoe
Stenness
Sullom Voe Oil Terminal
Ulsta
Gate of Giants
Hillswick
Old Haa
Toft
Out Skerries
Saint Magnus Bay
Hamnavoe
Lunna
Laxobigging
Isleburgh
Busta House
Brae
Skaw
Muckle Roe
Hillside
Vidlin
Whalsay
Papa Stour
Laxo
Vementry
Symbister
West Burrafirth
Voe
Neap
Melby
Aith
Brettabister
Erne's Stack
Bridge of Walls
Bixter
Dale
Weisdale
Mainland
Wats Ness
Tresta
Walls
Veensgarth
Vaila
Culswick
Tingwall
Heogan
Bressay
Scalloway Castle
Lerwick
The Deeps
Scalloway
Isle of Noss
Kirkabister
Hamnavoe
Orkneyman's Cave
Quarff
Bard Head
West Burra
East Burra
Royl Field 293
Minn Beach
Aithsetter
South Havra
Channerwick
Mousa
Broch of Mousa
Cliff Sound
Sandwick
St. Ninian's Isle Church
Levenwick
Dunrossness
Croft House Museum
Quendale
Toab
Fitful Head
Sumburgh Head
Jarlshof
Fair Isle
Stonybreck
NORDSEE
N
0
15 km
Shetland Islands
4
5
968
970
9076
9071
971
9074

Die St. Nicholas Church in Orphir ist die einzige erhaltene mittelalterliche Rundkirche Schottlands.

bringt. Über die Inselhauptstadt **1 Kirkwall** streben wir ganz in den Osten Orkneys zum Naturreservat Mull Head und zum Naturphänomen »The Gloup«. In die nach oben und zum Meer hin offene Felshöhle schwärmen allabendlich Unmengen von Staren zum Schlafen hinein, erzeugen dabei eine eigentümliche, ohrenbetäubende Geräuschkulisse aus Meeresrauschen und Gezwitscher. Auf dem Weg zurück zweigen wir an der Schule in Foubister links auf die B9052 ab. Sie führt uns an den **2 Churchill Barriers** auf die A961, die uns auf Brücken und Dämmen über die kleinen Eilande Lamb Holm, Glimps Holm und Burray zur Südinsel South Ronaldsay geleitet. Hier statten wir dem Hafenort St. Margaret's Hope einen Besuch ab, genießen die Aussichten über zauberhafte Sandstrände und eindrucksvolle Klippen.
An den Barriers bleiben wir anschließend auf der A961 und fahren hinter der traditionsreichen Highland-Park-Destillerie auf der A963 links durch Scapa, folgen der Hauptstraße A964 bis zur Orphir Kirk und biegen dort links auf die Gyre Road ab. Sie bringt uns zur einzigen mittelalterlichen Rundkirche Schottlands am Orkneyinga Saga Centre. Bei Houton verlassen wir dann die A964, um mit den »Orkney Ferries« in einer Stunde zur **3 Insel Hoy** überzusetzen, die wir von Lyness aus erkunden.

Shetland von Süd nach Nord

Der hoch oben auf spektakulären Felsklippen gelegene Leuchtturm Sumburgh Head am südlichsten Punkt der shetländischen Hauptinsel Mainland ist der Ausgangspunkt unserer Fahrt. Nach Norden hin liegt Mainland vor uns, in unmittelbarer Nähe der wichtige Inselflughafen. Wir passieren die prähistorische Siedlung Jarlshof, den tollen Strand West Voe Beach und queren die durch eine Ampel gesicherte nördliche Landebahn des Flughafens. Über das Shetland Crofthouse Museum und die Quendale Mill fahren wir auf Nebenstraßen nordwärts, blicken dabei immer wieder über beeindruckende Küstenformationen, fantastische Strände und durchqueren winzige Dörfer zwischen Felsen und grünem, hügeligen Weideland, das sich die zotteligen Shetlandponys mit vornehmlich wohlgenährten Schafen teilen. Die Hauptroute A970 verlassen wir an der Abzweigung auf die B9073, die uns zur alten Hauptstadt Scalloway und die Inseln Tondra und East Burra führt.
Zurück am Abzweig gelangen wir bald in das geschäftige Inselzentrum **4 Lerwick**, wo auch die Fähren aus Aberdeen anlegen. Vorbei an der kleinen Shetland-Brauerei und dem Golfclub biegen wir in Veensgarth links ab zum kleinen Stadtflughafen Tingwall an der A971. Wir bleiben auf dieser Straße und winden uns durch die raue, baumlose Landschaft bis an die tief zerklüftete Küste heran. Fjorde ragen weit ins Inselinnere hinein, schaffen ein Gewirr aus Felsen und Meer, über das permanent kräftiger Wind weht. Hinter Bixter biegen wir nach rechts auf die B9071 ab. Diese führt uns, schmal und kurvenreich, über weitläufige Höhenzüge im Dorf Aith wieder ans Meer heran und in Voe auf die wichtige Hauptroute A970. Wir folgen ihr auch über die Weggabelung hinaus, die in Hillside nach rechts abknickt zur Weiterfahrt in Richtung Yell und Unst, bleiben weiter an der Westküste und passieren die verschlafenen Dörfer Burravoe und Brae. Die A970 endet letztlich auf Burraland, dem nördlichen Zipfel Mainlands. In Brae biegen wir nach diesem Abstecher links auf die B9076 ab.
Entlang der Küste kommt bald das Sullom Voe Oil Terminal ins Blickfeld. Die Ölvorkommen in der Nordsee tragen maßgeblich zur guten ökonomischen Lage Shetlands bei. Am Fährhafen von Toft legen die Fährschiffe über den Yell Sound nach Ulsta im Süden der Insel **5 Yell** ab. Die A968 verläuft nah an der westlichen Inselküste, die mit einigen sehenswerten Strandabschnitten aufwartet, und schwenkt dann über die Inselmitte an die Ostküste. Auch hier finden sich nur vereinzelte Siedlungen, bis schließlich am Loch Gutcher mit dem alten Postgebäude der Fähranleger zur Überfahrt nach **5 Unst** und damit die nördlichste Insel Shetlands und Schottlands erreicht ist. Wir durchqueren sie, misstrauisch beobachtet von den unvermeidlichen Vierbeinern, bis wir am Strand der Hofschaft Skaw zum nördlichsten Haus des Vereinigten Königreichs gelangen.

RESTAURANTS / ÜBERNACHTUNGEN

EINKEHREN

★ THE SKERRIES RESTAURANT
Allerfeinste, frische Früchte des Meeres und regionale Spezialitäten serviert der gastronomische Betrieb im Merkister Hotel am Ufer des Loch Harray mit weitem Blick gen Westen.
www.merkister.com/restaurant

★ THE FOVERAN
Bei toller Aussicht über die Bucht des Scapa Flow genießt man hervorragende regionale Küche, dabei auch das Fleisch von North-Ronaldsay-Schafen, die sich ausschließlich von Seetang ernähren.
www.thefoveran.com

★ HAMNAVOE
Etwas versteckt in einer kleinen Gasse in Stromness liegt diese kleine familiengeführte Gaststätte, die noch als kulinarischer Geheimtipp gilt. Frische lokale Produkte liebevoll zubereitet.
www.hamnavoe-restaurant.co.uk

★ FJARÅ COFFEE
Große Fensterflächen erlauben einen tollen Ausblick auf die Bucht von Brewick im Süden Lerwicks. Im modernen Restaurant im skandinavischen Stil gibt es alles vom Frühstück bis zum Dinner. Früchte des Meeres dominieren die Karte, aber auch spannende Burger-Kreationen.
www.fjaracoffee.com

★ FRANKIE'S FISH & CHIPS
Im Dörfchen Brae serviert der mehrfach ausgezeichnete und nördlichste Chippie Großbritanniens ausgezeichnete Menüs aus frischen, zumeist lokalen Produkten zu moderaten Preisen.
www.frankiesfishandchips.com

★ THE SPIGGIE
Eines der ältesten Gasthäuser Shetlands kredenzt eine feine, lokale Küche und schenkt an der Bar auch die schmackhaften regionalen Biere der Lerwick und der Valhalla-Brauerei aus.
www.spiggie.co.uk

★ THE WEST END
Am Rand des Zentrums von Kirkwall gelegen, offeriert das Gasthaus in der 200 Jahre alten ehemaligen Kapitänsresidenz in ruhiger Lage an der Main Street gemütliches Ambiente, komfortable Zimmer und ein kleines Restaurant.
www.westendkirkwall.co.uk

ÜBERNACHTEN

★ AVALON HOUSE
Das ausgezeichnete B & B im Norden Kirkwalls verfügt über fünf komfortable, individuell eingerichtete Zimmer und ist nur wenige Gehminuten von Ortszentrum entfernt.
www.avalon-house.co.uk

★ MURRAY ARMS HOTEL
Mitten im ruhigen Städtchen St. Margaret's Hope liegt das traditionsreiche Haus mit sechs Zimmern und einem exzellenten, auf Meeresfrüchte spezialisierten Restaurant.
www.themurrayarmshotel.com

★ SUMBURGH HOTEL
Im ehemaligen herrschaftlichen Adelssitz von 1867 besitzt das im Süden Mainlands nahe dem Flughafen und dem Jarlshof gelegene Hotel 32 komfortable Zimmer und diverse Veranstaltungsräume.
www.sumburghhotel.com

★ ORTOLAN HOUSE B&B
Gelegen in einem der ältesten Häuser im Herzen Lerwicks bieten die Betreiber von Shetland Seabird Tours zuvorkommenden Service und ein fantastisches Frühstück.
www.shetlandseabirdtours.com

★ THE AULD HAA
Tommy Hyndman, gebürtiger New Yorkerund Künstler, betreibt die malerische B&B Unterkunft im Cottage von 1700. Zum tollen Naturerlebnis gibt es bei ihm komplette Verpflegung.
www.fair-isle.blogspot.com

Krabben kommen vom Kutter frisch aus der Nordsee auf den Fischmarkt.

PRÄHISTORISCHE FUNDGRUBE

Die Dichte an gut erhaltenen Schätzen aus der frühen Historie der Britischen Inseln, als Wikinger und Pikten das Zepter schwangen, ist geradezu phänomenal, speziell auf Mainland, der Hauptinsel im Orkney-Archipel. Kaum ein Stein, kaum eine Mauer, die nicht etwas geschichtlich Interessantes zu berichten wüsste.

Wenn in Kirkwall, der Hauptstadt des Orkney-Archipels, am 25. Dezember und am Neujahrstag das martialisch anmutende Straßenfußballspiel »The Ba« stattfindet, die Türen und Fenster der Läden in der Hauptstraße und den engen Gassen verrammelt sind und »Uppies« und »Doonies« um den Besitz eines mit Kork gefüllten, schweren Lederballs ausgesprochen unsanft miteinander rangeln, dann fühlt es sich an, als wären die Wikinger wieder aktiv. Im Schatten des Turms der beeindruckenden St. Magnus-Kathedrale, der nördlichsten ihrer Art

Der Steinkreis Ring of Brodgar, eine historische Kultstätte

1

in Großbritannien und neben St. Mungo in Glasgow der einzigen, die vor der Reformation fertiggestellt wurde, beginnt zur Mittagszeit das Spiel, das die wenig zimperlichen Nordmänner zu ihrer Zeit mit den Köpfen ihrer Feinde getrieben haben sollen. Keine Legende ist hingegen, dass Norweger den Grundstein für den Sakralbau 1137 legten und gut 300 von ihnen bis zu seiner Vollendung am gelben und roten Sandstein werkelten.

Dörfer mit Vergangenheit

Aus welchen Beweggründen um 2500 v. Chr. der Ring of Brodgar aus 60 flachen Monolithen entstand, von denen noch 36, flechtenbewachsen, einige gespalten, andere nur noch rudimentär übrig sind, konnte bis heute nicht eindeutig geklärt werden. Kreisrund angelegt umgibt ihn ein ebenfalls kreisrunder, von Heidekraut überwucherter Graben, darum herum Steinsetzungen und Grabstätten aus etwas jüngerer Zeit. 3000 Menschen würden im Innern des Steinkreises problemlos Platz finden, um womöglich an rituellen Zeremonien teilzunehmen. Mangelndem Verantwortungsbewusstsein einiger weniger Besucher ist es zu verdanken, dass man mittlerweile nur noch auf vorgegebenen Pfaden um das beeindruckende Bauwerk der Jungsteinzeit auf dem Isthmus zwischen Loch of Stenness und Loch of Harray herumgehen kann und nicht mehr ins Zentrum des Ringes gelangt.
Gut 2000 Jahre jünger ist der Broch of Gurness am Aiker Ness im Osten Mainlands, der über mehrere Jahrhunderte von verschiedenen Völkern bewohnt wurde. Ungewöhnlicherweise findet sich der runde, hohe Wohnturm mit seinen dicken Mauern nicht als architektonischer Solist, sondern ist umgeben von einem kleinen Dorf mit steinernen Häusern und Gassen. Die Siedlung in ihren Grundmauern erscheint dem Besucher zunächst etwas chaotisch, aber er wird anhand von Tafeln gut durch die Siedlung geführt. Etwas übersichtlicher präsentiert sich die Grabkammer Maes Howe, das mit 91 Metern Durchmesser größte Hügelgrab des Vereinigten Königreichs von etwa 2800 v. Chr. Unter dem Grasteppich, der sich auf eine Höhe von elf Metern auftürmt, liegen am Ende eines Ganges eine zentrale Kammer, die die Sonne nur am kürzesten Tag des Jahres erleuchtet, von der wiederum kleine Kammern abgehen.

Schottisches Gold vom Archipel

Die Highland-Park-Destillerie am südlichen Ortsrand von Kirkwall blickt auf eine große Tradition der Whiskyherstellung zurück, die bereits 1798 ihren Anfang nahm. Der Whisky ähnelt jenen von der Insel Islay, seine torfige Note besitzt jedoch einen ganz eigenständigen, unverwechselbaren Charakter. Den Rang als nördlichste Brennerei Schottlands hat ihr zwischenzeitlich die noch junge Saxa Vord Distillery auf Unst abgelaufen. Dennoch tritt Highland Park nach wie vor als wichtiger kommunaler Sponsor auf und unterstützt neben anderen Projekten die kürzeste Linienflugverbindung der Welt, den gut 90 Sekunden dauernden Luftsprung im Norden des Archipels von Westray nach Papa Westray, ein Pilgerziel für Flugzeugfans aus der ganzen Welt.

TOP ERLEBNISSE

★ EARL'S PALACE, BIRSAY
An der schroffen, mit eindrucksvollen Klippenformationen und fantastischen Aussichten gespickten Nordküste Mainlands liegt das Dörfchen Birsay, das von der faszinierenden Ruine Earl's Palace dominiert wird. Erbaut von Robert Stewart, Sohn des schottischen Königs James V., zwischen 1569 und 1574, der 1581 zum Inselfürsten Earl of Orkney bestimmt wurde, erlebte das Schloss nur eine extrem kurze Blütezeit. Als die Truppen Cromwells 1653 eintrafen, war es bereits dem Verfall preisgegeben. Heute verströmen die dunklen, noch ansatzweise prunkvollen Mauerreste eine eigentümliche, fast mystische Eleganz. www.historicenvironment.scot/visit-a-place/places/earls-palace-birsay

★ SPURENSUCHE TELEFONZELLE
Allmählich verschwinden die ikonischen roten Telefonzellen aus dem Landschaftsbild Großbritanniens. Der Reiseveranstalter LoveOrkneyTours bietet eine ungewöhnliche, geführte Tour zu den im Archipel noch relativ häufig vorkommenden Kommunikationszentren des vergangenen Jahrhunderts der Versionen K2 oder K6. Das flexible Programm kann nach Wunsch über die roten Landmarken hinausgehen und die eine oder andere zusätzliche historische Attraktion am Wegesrand miteinschließen. www.loveorkneytours.com

Das filigrane Deckengewölbe der italienischen Kapelle

2

DIE ITALIENISCHE KAPELLE

HEILIGES WELLBLECH

Die Orkney-Inseln spielten insbesondere während des Zweiten Weltkrieges eine überaus wichtige strategische Rolle als Marinebasis. Davon zeugt manch unaufgeräumt wirkendes Bauwerk, einer schnöden Baracke nicht unähnlich, doch mit erstaunlichem Inhalt.

Nachdem es einem deutschen U-Boot im Oktober 1939 gelungen war, in den schmalen Holm Sound einzudringen und die dort liegende HMS »Royal Oak« mit 835 Mann Besatzung zu versenken, reagierte Winston Churchill sofort. Er sah die Funktion Scapa Flows in Gefahr, sandte 13 000 italienische Kriegsgefangene in den Archipel, mit der Aufgabe, Barrieren aus Beton, die »Churchill Barriers«, zu errichten, um den östlichen Teil der Basis nachhaltig abzusichern. Bei der Gelegenheit entstanden auch Dämme, die günstigerweise für feste Straßenverbindungen zu den südlichen Inseln Lamb Holm, Glimps Holm und insbesondere South Ronaldsay sorgten.

Der italienische Lagerpriester bekam die Erlaubnis, für seine damals auf Lamb Holm internierten Landsleute eine Kapelle aus zwei zusammengefügten Wellblechhütten auf einer Anhöhe des Eilands zu errichten. Die Innengestaltung mit einfachsten Mitteln übernahmen maßgeblich ein Schmied und ein Betonbauer, unterstützt von fantasievollen, christlichen Malereien über dem Altar und an den Seitenwänden des Chors. Das improvisierte, später liebevoll restaurierte Kirchlein gehört zu den meist besuchten Attraktionen Orkneys. Seine rührende Geschichte begründete zudem eine enge Freundschaft zur Stadt Moena, dem Herkunftsort des für die Bilder verantwortlichen Künstlers Domenico Chiocchetti.

TOP ERLEBNISSE

★ OLAV'S WOOD

Aus den ersten Pflanzungen in den 1970er-Jahren an der Straße zur einsamen Windwick Bay ist mittlerweile ein beachtliches, naturbelassenes Biotop geworden, mit niedrigem Baumbestand, Heideflächen und kleinen Stromschnellen des Oback Burn. www.olavswood.org.uk

3

Die Felsnadel Old Man of Hoy

HOY

BESUCH DES »ALTEN MANNES«

Als zweitgrößte der 17 bewohnten Inseln im Südwesten des Orkney Archipels bietet Hoy mit Abstand die spektakulärsten Landschaftseindrücke. Am Ward Hill befindet sich die höchste Erhebung und am St. John's Head liegen die steilsten Klippen Großbritanniens.

Nur eine einzige Straße erstreckt sich vom Fährhafen Lyness im südlichen Drittel Hoys entlang der Ostküste. Sie führt nach Linksness im Norden mit Passagierverkehr nach Stromness und auf die dem Ort gegenüberliegende Inselseite zum weitläufigen Rackwick Beach. Der dortige Wanderparkplatz ist meistens gut besucht, denn das Glanzlicht des bei Naturfreunden beliebten Eilandes ist am einfachsten von hier aus erreichbar. Über einen weitgehend offenen, ungeschützten und stets Wind und Wetter ausgesetzten Höhenweg erreichen wir den Old Man of Hoy. Die markante Felsennadel aus rötlich schimmerndem Gestein, stets von kreischendem Möwenvolk umschwärmt, ragt 137 Meter in die Höhe und ist die höchste ihrer Art im Königreich. Sie galt als unbezwingbar, bis 1966 die ersten Kletterer die steinerne Herausforderung bewältigten.
Unweit der Bucht von Rackwick befindet sich mit dem Berriedale Wood der nördlichste, natürlich gewachsene Wald des Landes, nicht weit davon der mystische Dwarfie Stane aus rotem Sandstein, der vermutlich einzigen prähistorischen Grabkammer Britanniens, die aus einem einzigen Felsblock geschlagen wurde. Ganz im Süden liegt auf der Halbinsel South Walls das liebliche, fruchtbare Areal des Eilands mit dem Leuchtturm Cantick Head von 1858 an der Spitze.

★

TOP ERLEBNISSE

★ SCAPA FLOW MUSEUM

Am Hafen in Lyness berichtet das Scapa Flow Museum in der alten Pumpstation über die zentrale Bedeutung des Ortes als Marinebasis während der Weltkriege. In einem noch erhaltenen, riesigen Öltank befindet sich eine Ausstellung mit Relikten aus diesen Zeiten.
www.hoyorkney.com

MUSTERDORF ALS KULTURSCHATZ

Mit der Aufnahme des historischen Dorfes Skara Brae in die Weltkulturerbeliste im Jahr 1999 adelte die UNESCO die gesamte Fülle steinzeitlicher Schätze des Orkney-Archipels, deren Dichte im westlichen und nördlichen Europa kaum Vergleichbares findet.

Der Jahrhundertsturm im Winter des Jahres 1850 förderte aus dem Dünensand unter der Grasdecke an der Bucht von Skaill im Westen der Hauptinsel Orkneys Teile einer archäologischen Sensation zutage: das Steinzeitdorf Skara Brae, das mehr als 4500 Jahre in Folge eines heftigen Sandsturms unter einem schweren, unbarmherzigen Sandteppich begraben war. Ein Zustand, der den Ort, spätestens nachdem man sich seiner historischen Tragweite bewusst wurde, als »schottisches Pompeji« in den allgemeinen Sprachgebrauch katapultierte. Entstanden lange vor den Pyramiden von Gizeh, gilt Skara Brae als das älteste bekannte, noch dazu bestens erhaltene jungsteinzeitliche Dorf Europas. Bis 1868 konnten die Mauern von vier Gebäuden freigelegt werden, dann unterbrach man die Arbeiten und bemühte sich erst wieder 1925 um die wertvolle Anlage, als ein neuerlicher Orkan einigen der Ausgrabungen Schäden zufügte und der

← Die Nähe des Dorfes Skara Brae zur Küste macht umfangreiche Schutzmaßnahmen zur Bewahrung der Welterbestätte erforderlich.
↙ Ein Nachbau eines prähistorischen Wohngebäudes im Besucherzentrum von Skara Brae vermittelt authentische Eindrücke über das Leben dieser Zeit.
↓ Das prähistorische Mauerwerk ist noch bestens erhalten.

Entschluss gefasst wurde, einen Schutzdeich anzulegen. Dabei stieß man auf weitere Grundmauern und legte zwischen 1928 und 1930 all jene Bereiche frei, die heute zu sehen sind. Erst in den 1970er-Jahren konnte der Nachweis erbracht werden, dass die Siedlung tatsächlich aus der späten Jungsteinzeit stammt und für nur etwa 600 Jahre bewohnt war.

Authentisch bis ins Detail

Durch die nahezu luftdichte Sandkonservierung blieb im Prinzip die gesamte Siedlungsanlage in perfektem Zustand, die Gebäude wie deren Interieur, die Gassen zwischen den Häusern noch immer bedeckt von den originalen Steinplatten. Das alltägliche Steinzeitleben auf Orkney lässt sich insbesondere an der häuslichen Einrichtung nachvollziehen. Mehr oder weniger war die Innenarchitektur überall ähnlich. Ein großer quadratischer Raum mit einer Feuerstelle in der Mitte, jeweils ein Bett an den gegenüberliegenden Seiten, eine Kommode vis-à-vis der Eingangstür – alles so, als wenn die Bewohner nur kurz unterwegs seien. Gefunden wurden darüber hinaus zahlreiche Objekte wie Würfel, Schmuck, Töpferwaren und Werkzeuge, aber keine Waffen, was auf ein friedliches Zusammenleben schließen lässt.
Im Besucherzentrum sind einige dieser Entdeckungen ausgestellt. Zusätzlich hat man ein komplettes Haus mitsamt Einrichtung nachgebaut und vermittelt damit den historisch Interessierten ein höchst authentisches Gefühl für die Zeit. Offen ist bis heute, wie das Leben aus dem Dorf verschwinden konnte. Ob es ausschließlich ein Sandsturm war oder ein allmählicher Prozess, darüber streiten sich die Gelehrten. Ein Problem hat Skara Brae, das sich unter der Obhut von Historic Environment Scotland befindet, jedoch nach wie vor: Denn noch immer nagt die Brandung am Gestade der Skaill-Bucht und rückt dem historischen Dorf unerbittlich näher. Hinzu kommen die vielen Besucher, die ebenfalls ihre Spuren hinterlassen und zwischenzeitlich nur noch bestimmte Bereiche betreten dürfen. Ein Spaziergang durch die gepflegten Anlagen rund um das prähistorische Dorf beinhaltet auch den Besuch der grauen, fast abweisend wirkenden Villa Skaill House. Ihr damaliger Eigentümer, der Grundbesitzer William Watt, war der Erste, der die freigewehten Siedlungsmauern entdeckte. Das Haus selbst, vor 400 Jahren auf Teilen eines Wikingerfriedhofs errichtet, ist ebenfalls ein kleines Museum, das manch eine, natürlich auch geisterhafte Geschichte vom Leben seiner Besitzer zu erzählen weiß. Die gedeckte Tafel des Speisezimmers wartet noch immer auf den Entdecker James Cook, der als Gast geladen war, doch die Verabredung nicht einhalten konnte, da ihn der plötzliche Tod auf Hawaii ereilte.

DER SÜDEN MAINLANDS

Archäologische Entdeckungen bekunden eine frühe Besiedlung der Shetland-Inseln. Eine nicht unerhebliche Rolle spielten dabei die Wikinger, die auch das Leben der größten Städte Lerwick und Scalloway noch beeinflussen. Beide sind nur elf Kilometer voneinander entfernt, liegen aber an Nordsee und Atlantik.

Die historische Burganlage, deren Überreste auf dem Kap am südlichsten Punkt von Mainland noch zu erkennen sind, war für die aus dem Altnordischen stammende Namensgebung verantwortlich, die Sumburgh als Burg im Süden umschreibt. Die Aussicht von der Höhe des Leuchtturms, der 1821 als Erster seiner Art auf Shetland errichtet wurde, ist phänomenal und reicht, klare Wetterverhältnisse vorausgesetzt, übers Meer gen Süden bis zu den bewohnten Inseln Foula und Fair Isle, gar bis zu den Orkneys. Im Inneren und in den Nebengebäuden wurde ein Besucher-

4

zentrum mit Café und verschiedenen, teils interaktiven Ausstellungen eingerichtet, die über die früheste Geschichte ebenso berichten wie über die letzten aktiven Leuchtturmwärter, die – wie wir heute - nicht nur den regen Schiffsverkehr beobachten konnten, sondern auch Wale und Delfine. Eine Sturmflut im späten 19. Jahrhundert wusch Teile der Klippenküste im Süden Mainlands aus und legte dabei ein prähistorisches Dorf frei, das nach Sir Walter Scott die Fantasiebezeichnung Jarlshof erhielt. Die Archäologen waren und sind von der Anlage besonders fasziniert, da sie eine nachweisbare Besiedlung über 4000 Jahre dokumentiert und deren markante Bauformen aufweist, von den Pikten über die Wikingerzeit bis zu einem Herrenhaus aus dem 17. Jahrhundert. Es finden sich Mauern und Feuerstellen, unterirdische Kammern, ein typischer Broch, Rundhäuser und ein Langhaus. Die Wassermühle von Quendale ist nur unwesentlich jünger, 1867 erbaut diente sie vor allem im Winter zum Mahlen von Getreide der Bauern aus der Region.
Nicht nur Seehunde dösen gern in der Sonne an den tollen Stränden, die den wild zerklüfteten Klippen an der Westküste von Mainland eine karibische Note verleihen. Der Spiggie Beach erfreut sich bei Besuchern großer Beliebtheit und auch der St. Ninian's Beach, ein Tombolo, ein malerischer, schmaler Dünenstreifen, der auf St. Ninian's Isle führt.

In der Hauptstadt

Als nördlichste Stadt Großbritanniens bildet Lerwick das wirtschaftliche und kulturelle Zentrum der Shetland-Inseln, die 1971 durch den Run auf Nordseeöl eine ökonomische Eruption ohnegleichen erlebten. Verschont blieb dabei der kleine Fischereihafen Lerwicks, den niederländische Fischer im 17. Jahrhundert anlegten, worüber das kleine Museum für Lokalgeschichte umfangreich Auskunft gibt. Gleich gegenüber ragt die futuristische, gläserne Fassade des Kulturzentrums Mareel auf das Wasser hinaus. Im Zentrum Lerwicks stammen die verschachtelt um die Commercial Street angelegten Bruchsteinhäuser aus dem 18. Jahrhundert. Schmale Stiegen und Treppen führen zu den etwas höher gelegenen Gebäuden, um sie herum wurde der 7000 Einwohner zählende Ort planmäßig erweitert und reicht inzwischen bereits weit über die bestens erhaltene Bronzezeitansiedlung Broch of Clickimin hinaus. Der ovale Wohnturm auf dem Eiland im Loch Clickimin, mit ungewöhnlich dicken Mauern aus grobem Feldstein, lässt einen authentischen Blick in das Leben vor mehr als 2000 Jahren zu. Ein geheimnisvoller, etwa 700 Jahre jüngerer Fußabdruck auf einer Steinplatte, dessen Sinn noch nicht eindeutig geklärt werden konnte, belegt, dass der Broch auch später noch als Wohnstätte diente.
Scalloway, gegründet zur Zeit der Wikinger, die ab 750 aus Norwegen nach Shetland kamen, verlor 1708 den Status als Kapitale von Shetland, worauf nicht nur die erst um 1600 errichtete, noch heute den Ort dominierende Burg in der Bedeutungslosigkeit versank, aufgegeben wurde und zusehends verfiel. Der Hafen rückte in der Folgezeit immer näher mit Lagerschuppen und Hallen an das stolze Gebäude heran, dessen Ruine nun nachhaltig an Präsenz eingebüßt hat. Dennoch lohnt es sich, den Schlüssel für die Burgpforte im 2012 gleich nebenan, vom norwegischen Ministerpräsidenten eröffneten Scalloway Museum zu holen und den Aufstieg in die Höhe zu wagen. Von oben bieten sich schöne Ausblicke über die Küste, den Atlantik und die verstreut liegenden kleinen Orte ringsum. Das Museum berichtet in seiner modern gestalteten Aus-

← Der Leuchtturm von Sumburgh Head, 1821 von Robert Stevenson errichtet, überblickt die Südspitze der shetländischen Hauptinsel Mainland.
↗ »Burra Bears« aus der Wolle shetländischer Schafe avancieren zum Markenzeichen für den Archipel.

stellung über die Geschichte und Geologie der näheren Umgebung Scalloways. Darüber hinaus nimmt der »Shetland Bus« eine prominente Stellung ein. Während des Zweiten Weltkriegs war der Hafen eine wichtige Station des norwegischen Widerstands, der von einem abgelegenen Bauernhof etwas weiter nördlich koordiniert wurde. Bis in die 1960er-Jahre bestanden auch Fährverbindungen nach Orkney und aufs schottische Festland, dann zogen sie ebenfalls nach Lerwick um.

Die Götter gnädig stimmen

Die Main Street Scalloways kann man getrost als kleine Promenade bezeichnen, jedoch ohne größere Bereiche für Spaziergänger. Dafür reihen sich mit bester Sicht übers Wasser hübsche kleine Häuser, zumeist weiß getüncht mit farblich akzentuierten Tür- und Fensterrahmen, aneinander, flankiert von zwei Nebenstraßen, in denen man etwas kräftigere Farben präferierte. Über diese Straße ziehen alljährlich an einem Abend Anfang Januar die Wikinger. Sie folgen einem zuvor in mühsamer Fleißarbeit gebauten, typischen Langschiff und feiern das Feuer-Festival »Up-Helly-Aa«.
Dieses Fest ist die kleine Ouvertüre für die gleichnamige, spektakuläre Veranstaltung in den Straßen von Lerwick, die am letzten Dienstag des Januars ausgerichtet wird. Es erinnert an die erste Besiedlung der felsigen, eher unwirtlichen Inseln im Atlantik, gedenkt der Wintersonnenwende und stimmt die nordischen Götter gnädig für einen milden Sommer und gute Ernten. Zu den mit furios brennenden Fackeln bewährten Nordmännern gesellen sich weitere Musik- und Fußgruppen und folgen dem hölzernen Schiff durch die unbeleuchteten Straßen der Stadt.
Die gewaltige Prozession endet auf dem Sportplatz King George V. Playing Field, wo sich alle Fackelträger im Kreis um die Galeere gruppieren. Ruhe kehrt ein, nur das Knistern der Fackeln im unbarmherzigen Wind ist noch zu hören. Der Häuptling, der Guizer Jarl, erhebt seine dröhnende Stimme, intoniert den »Galley Song«, eine Hymne an das Schiff, sogleich begleitet von der Menge, und verlässt danach seine Galeere. Sobald der letzte Ton verklungen ist, werden alle Fackeln auf das Schiff geworfen, das unmittelbar darauf in loderndem Feuerschein steht. Riesiger Jubel brandet auf, den nur noch der Lärm des nachfolgenden Feuerwerks übertönt. Damit jedoch ist »Up-Helly-Aa« noch lange nicht zu Ende. Die Party geht nun erst richtig los. An vielen Stellen Lerwicks sind Turnhallen, Schulen, öffentliche Gebäude zu großen Festsälen geworden, in denen die teilnehmenden Gruppen eigene Festivitäten veranstalten. Die Teilnehmer am Umzug ziehen von Halle zu Halle, singen, tanzen, lachen und haben jede Menge Spaß, bis schon lange der neue Tag angebrochen ist.

↖ Das moderne Kultur- und Veranstaltungszentrum Mareel wurde behutsam in die historischen Anlagen des Hafens von Lerwick eingefügt.
↙ Die alte Hauptstadt Scalloway überragen noch heute die schroffen Mauerreste der einst stolzen Burg.

TOP ERLEBNISSE

★ SHETLAND CROFTHOUSE MUSEUM

Bis 1962 war die kleine Farm, ein typisches shetländisches »croft« mit Strohdach und kleiner Wassermühle, noch in Betrieb. Gut zehn Jahre später dokumentiert sie als Museum, eingerichtet wie aus der Zeit um 1870, das typische ländliche Leben in der Abgeschiedenheit des Archipels. Zur Sicherung der Existenz war es notwendig, neben der Landwirtschaft noch Fischerei zu betreiben oder handwerklich tätig zu sein.
www.shetlandmuseumandarchives.org.uk/visit/crofthouse-museum

★ MOUSA BROCH

Kurz vor Beginn der modernen Zeitrechnung entstand vor Sandwick auf der Insel Mousa der 13 Meter hohe, sich leicht konisch nach oben verjüngende Mousa Broch. Die Wände des runden Turms messen gut 4,5 Meter, darin verbergen sich mehrere kleine Räume und Kammern. Über eine Treppe kann man in dem hervorragend erhaltenen Bauwerk nach oben steigen und das Innere aus der Höhe betrachten. Die kleine Insel ist mittels Personenfähre zu erreichen.
www.shetland-heritage.co.uk/mousa

★ BURRA BEARS

Strickwaren aus Shetland genießen weltweiten Ruhm aufgrund ihrer hochwertigen Qualität. Eher zufällig wurden die »Burra Bears« geboren, die seit 1997 als »Original Shetland Teddy Bears« in Heimarbeit hergestellt und vermarktet werden. Entstanden die ersten beiden noch aus übrig gebliebenen Wollresten, schöpft man nun bei der Herstellung aus einer Vielzahl typischer Muster, was der Individualität der knuffigen, mit Wolle gefüllten Stofftiere jedoch keinesfalls schadet.
www.burrabears.co.uk

REIZ DER ABGESCHIEDENHEIT

Um die beiden kleinen bewohnten Inseln zwischen Orkney und Shetland zu besuchen, kann man getrost aufs Auto verzichten. Zudem braucht es ein Quäntchen Geduld. Denn wenn Wind und Wetter sich zieren, bleiben Luft- und Seeweg verschlossen.

Fair Isle ist seit 1954 im Besitz des National Trust for Scotland, der das Eiland vom Vogelforscher George Waterston erwarb. Waterston, beeindruckt von der ornithologischen Vielfalt, erwarb Fair Isle 1947 und errichtete eine Vogelbeobachtungsstation, die auch als Besucherunterkunft diente. Sie wich 2009 einem Neubau, der 2019 einem Feuer zum Opfer fiel, aber 2024 wieder aufgebaut sein wird. Der National Trust wacht über die Entwicklungen auf Fair Isle. Neubürger müssen von ihren handwerklichen und sozialen Fähigkeiten her eine Ergänzung zur bestehenden Gemeinschaft darstellen. Bevorzugt werden junge Familien mit Kindern, die zur örtlichen Grundschule gehen können. Kommunalpolitisch gehört die Insel zu Shetland, doch im Prinzip verwalten sich die Fair Islander selbst.

← Wie ein Fels in der Brandung thront der Leuchtturm North Light über den Klippen Fair Isles.
↙ Schroff und unwirtlich gebärdet sich die Klippenküste Fair Isles gegen die permanenten Attacken der Gezeiten und des Wetters.
↓ In Folge des Klimawandels sind auch die einst großen Populationen der niedlichen Papageientaucher nachhaltig bedroht.

Die Insel bietet ein zweigeteiltes Bild. Im hügeligen und schroffen Norden, die höchste Erhebung ist der Ward Hill mit 217 Metern, dominiert das baumlose, raue Heide- und Moorland, während sich der Süden etwas flacher, grüner, ja fast lieblich, jedoch ebenso baumlos präsentiert. Hier steht der überwiegende Teil der Häuser, leben die gut 60 Insulaner, hier grasen die Schafe, liegen die Weiden und Äcker der Bauern sowie die beiden kleinen Kirchen und das Heimatmuseum. Einen Pub gibt es nicht, auch kein Restaurant, die Post und der kleine Laden richten sich mit ihren kurzen Öffnungszeiten nach den Flugtagen. Drei- oder viermal in der Woche, für wenige Stunden. Auf drei Anhöhen steht die lokale Energieversorgung in Form von zwei Windrädern, die 1982 als erste kommerzielle-Produktionsstätten von Windenergie europaweit in Betrieb gingen und seither zuverlässig der Gemeinschaft den benötigten Strom liefern. Die beiden Leuchttürme im Norden und Süden wurden 1892 gebaut, South Lighthouse schließlich als letzter bemannter Leuchtturm Schottlands am 31. März 1998 automatisiert.
Fair Isle ist bekannt vom Seewetterbericht der BBC, der manch wilde und ungemütliche Wetterlage am Ort zu vermelden weiß. Schiffswracks aus den vergangenen Jahrhunderten, die auf dem Meeresgrund rund um Fair Isle ruhen, zeugen von einigem maritimen Ungemach. Prominentestes Opfer war 1588 der Segler »El Gran Grifón«, der zur legendären spanischen Armada gehörte. 300 Seeleute erlitten Schiffbruch und mussten von der Inselbevölkerung für zwei Monate beherbergt werden, was zu chaotischen Zuständen und großen Versorgungsengpässen führte. Dafür aber sollen die Spanier Einflüsse in das für Fair Isle weithin bekannte Strickmuster gehabt haben, das jedoch auch aus Flandern stammen könnte.
Die Vögel gaben der südwestlich von Mainland gelegenen Insel Foula ihren Namen, abgeleitet aus dem Norwegischen. 800 n. Chr. kamen die Siedler und blieben bis Ende des 16. Jahrhunderts. Die Ortsnamen behielten ihren nordischen Charakter, auch überlebte die alte nordische Sprache lange.

Foula tickt anders

Die knapp 30 Einwohner feiern Weihnachten und Neujahr nach dem Julianischen Kalender, also 14 Tage später als üblich. Bei der Bestellung der Äcker orientiert man sich bis heute an den nordischen Festtagen. Der eigentümliche Mix aus Natur mit den zweithöchsten Klippen Großbritanniens, ungewöhnlich sturen Schafen und Kultur in Verbindung mit einem rauen Klima macht den Besuch zu einem unvergesslichen Erlebnis in einer eigenen, abgeschlossenen Welt. www.shetland.org/visit/plan/areas/fair-isle, www.shetland.org/visit/plan/areas/foula

5

YELL UND UNST

INSELN IM SCHOTTISCHEN NORDEN

Bevor Großbritannien zu Ende ist, besuchen wir mit Yell und Unst noch die beiden nördlichsten Inseln, hinter denen nur noch die Weite des Nordatlantik liegt. Unst befindet sich dabei etwa auf der geografischen Höhe wie die Südspitze Grönlands.

Yell, als zweitgrößte Insel im Shetland-Archipel, wird auf dem Weg in den hohen Norden gern übersehen, dabei besitzt das baumlose Eiland einige reizvolle Sehenswürdigkeiten. Günstigerweise verlaufen im Süden Yells die westliche Hauptroute A968 und die östliche Nebenstrecke B9081 mehr oder weniger parallel. Zunächst liegt beim Weiler Sandwick der fantastische Strand Westsandwick. Sein kristallklares Wasser und der fast weiße Sand der Bucht locken zum Bade, wären da nicht die gewöhnungsbedürftigen Wassertemperaturen. Im Osten finden sich dagegen die meisten Siedlungen der gut 900 Einwohner Yells und mit dem Old Haa Museum in Burravoe eine höchst interessante kulturhistorische Sammlung. Das 350 Jahre alte Haus mit seinem lauschigen Garten dient zudem als Touristeninformation und Teehaus.

Eine Sackgasse bei Otterswick endet an der Galionsfigur »White Wife«. Die weiße Dame stammt von dem 1924 an der Küste Yells havarierten deutschen Segelschulschiff »Bohus«.

Noch immer scheint sie ungläubig ob der Geschehnisse auf das Meer zu schauen. An der Schmalstelle Mid Yell – hier ist die Insel nur knapp einen Kilometer breit – treffen die beiden Straßen wieder zusammen und führen in den noch einsameren Nordteil Yells, der mit Breckon Sands an der Spitze über einen weiteren ausgezeichneten Sandstrand verfügt. Vom Hafen Gutcher in South Garth aus verkehren Fähren nicht nur zum erstrebten Reiseziel Unst, sondern auch zur vorgelagerten, wildromantischen Insel Fetlar, wegen ihrer fruchtbaren Landschaft gern als »Garten Shetlands« tituliert.

↑ In Bobby's Bus Shelter ist Kurzweil beim Warten auf den Bus garantiert.
← Sie ist keine Geistererscheinung, sondern nüchternes Dokument einer tragischen Schiffshavarie vor 100 Jahren – die »weiße Dame« von Otterswick.

Attraktionen der Superlative

Die Villa Belmont House thront wie ein Wachposten auf der bescheidenen Anhöhe über der Bucht des Bluemull Sounds, in der die Fähren aus dem Süden anlegen, um mit Unst die nördlichste Insel des Vereinigten Königreichs zu erreichen. Um 1772 im Stil schnörkelloser Lowland-Architektur erbaut, dient es heute als exklusive Ferienunterkunft, den Blick fest nach Süden über die Welt des Archipels gerichtet. Und zum Londoner Doppeldeckerbus im Fährhafen, der umfunktioniert als Cafeteria für die gastronomische Komponente vor Ort sorgt. Eine überdachte Bushaltestelle bei Baltasound auf Unst macht seit 20 Jahren weltweite Furore und sorgt für einen zusätzlichen Besucherstrom: Bobby's Bus Shelter, das vermutlich komfortabelste Wartehäuschen überhaupt, wird regelmäßig thematisch neu eingerichtet, Fernseher, Sessel und Mikrowelle inklusive.

Etwas nördlich davon präsentiert der Unst Boat Haven in Haroldswick authentische Wikingergeschichte mit einem restaurierten, reetgedeckten Langhaus und dem rekonstruierten Schiff »Skibladner«. Der Leuchtturm auf dem winzigen Felseneiland Muckle Flugga ist von den Anhöhen des Naturschutzgebietes Hermaness aus zu sehen und bildet endgültig das britische Nordkap, umschwirrt von Möwen, Papageientauchern und unzähligen weiteren Luftakrobaten. Das nördlichste bewohnte Haus im Königreich schließlich befindet sich an der sandigen Bucht von Skaw, nicht weit davon auch der zauberhafte Strand Nor Wick. Für die eher unwirtliche Hochfläche gibt es hochtrabende Pläne, sie als Abschussbasis für Satelliten aufzurüsten, was für Ökonomie und Tourismus auf Unst sicher zuträglich wäre. Das Eiland, dessen Umrisse verblüffende Ähnlichkeit zur »Schatzinsel« aufweist, inspirierte den Schriftsteller Robert Louis Stevenson nach einem Besuch 1869 zu seinem literarischen Werk.

TOP ERLEBNISSE

★ MUNESS CASTLE – DIE NÖRDLICHSTE BURG BRITANNIENS

Die zweite Befestigung Shetlands neben Scalloway Castle liegt mit Muness Castle im Süden von Unst. 1598 wurde mit dem Bau des eindrucksvollen Wohnturms für den Earl of Orkney begonnen und das Gebäude mit den neckischen Türmchen erlebte sogleich turbulente, hart umkämpfte Jahre, einige Besitzerwechsel und war dem Verfall ab der Mitte des 18. Jahrhunderts preisgegeben. Trotzdem gibt es noch heute, nun unter der Verwaltung von Historic Environment Scotland, ein durchaus stattliches Bild ab.
www.historicenvironment.scot/visit-a-place/places/muness-castle/

★ GLASKUNST GLANSIN

Aufgewachsen in Norwick gab Cheryl Jamieson ihr Mathematikstudium auf und widmete sich der Kunst, fasziniert vom Werkstoff Glas mit all seinen Facetten. Insbesondere das Verschmelzen in Öfen, das sie bei einer Norwegenreise kennenlernte, hatte es ihr angetan und führte 2008 zur Gründung von Glansin Glass. Schmuck, fantasievolle Kunstobjekte, aber auch Gebrauchsgegenstände finden sich in ihrem Portfolio, wobei Blau, die Farbe des Himmels, eine tragende Rolle spielt.
www.glansinglass.co.uk

REGISTER

IMPRESSUM

Verantwortlich: Maren Langendorff, Susanne Kaufmann
Lektorat/Bildredaktion: Rosemarie Elsner
Gestaltung und Satz: BUCHFLINK Rüdiger Wagner
Korrektorat: Christiane Gsänger
Kartographie: Huber-Kartografie, Heike Block
Repro: LUDWIG:media
Herstellung: Alexander Knoll
Printed in Turkey by Elma Basim

★★★★★

Sind Sie mit diesem Titel zufrieden? Dann würden wir uns über Ihre Weiterempfehlung freuen.
Erzählen Sie es im Freundeskreis, berichten Sie Ihrem Buchhändler, oder bewerten Sie bei Onlinekauf. Und wenn Sie Kritik, Korrekturen, Aktualisierungen haben, freuen wir uns über Ihre Nachricht an Bruckmann Verlag, Postfach 40 02 09, D-80702 München oder per E-Mail an lektorat@verlagshaus.de.

Unser komplettes Programm finden Sie unter www.bruckmann.de

Alle Angaben dieses Werkes wurden vom Autor/von den Autoren sorgfältig recherchiert und auf den neuesten Stand gebracht sowie vom Verlag geprüft. Für die Richtigkeit der Angaben kann jedoch keine Haftung übernommen werden, weshalb die Nutzung auf eigene Gefahr erfolgt. Insbesondere bei GPS-Daten können Abweichungen nicht ausgeschlossen werden. Sollte dieses Werk Links auf Webseiten Dritter enthalten, so machen wir uns die Inhalte nicht zu eigen und übernehmen für die Inhalte keine Haftung.

In diesem Buch wird aus Gründen der besseren Lesbarkeit das generische Maskulinum verwendet. Weibliche und anderweitige Geschlechteridentitäten werden dabei ausdrücklich mitgemeint, soweit es für die Aussage erforderlich ist.

Bildnachweis Alle Bilder im Innenteil stammen von Udo Haafke, außer: S. 24 (shutterstock/Gail Johnson), 74/75 (shutterstock/Martin Gaal), 140 (shutterstock / Lukas Bischoff Photograph)

Seite 2/3: Auf dem Weg oberhalb des Loch Torridon zum abgelegenen Hafendorf Lower Diabaig
Seite 5: »The Saltire«, so nennen die Schotten ihre Nationalflagge.
Seite 6/7: Die Bladnoch Distillery erlebte seit ihrer Gründung 1817 eine höchst wechselvolle Geschichte.

Umschlag: Vorderseite: Eine Landstraße führt durch das nahezu übernatürlich wirkende Tal der Three Sisters in Glencoe (mauritius images / Novarc Images / Frame Focus Capture Photography);
Rückseite: Lautstarkes schottisches Kulturgut – der Dudelsack; verwegener, aber lammfrommer Begleiter am Wegesrand – Highland Cattle; Mit dem Wohnmobil im Hochland folgt jeder Steigung eine Abfahrt (oben v.l.n.r.); Crail, eines der Fischerdörfer im Kingdom of Fife (unten).

Die Deutsche Nationalbibliothek verzeichnet diese Publikation in der Deutschen Nationalbibliografie; detaillierte bibliografische Daten sind im Internet über http://dnb.d-nb.de abrufbar.

3. aktualisierte Auflage

Infanteriestraße 11 a, 80797 München

ISBN: 978-3-7343-2521-2

DER AUTOR

Udo Haafke arbeitet als freier Fotograf und Bildjournalist mit seinem eigenen Redaktionsbüro. Neben zahlreichen Fotoausstellungen im In- und Ausland, Veröffentlichungen zu regionalen, nationalen und internationalen Reisethemen, gerne auch zu Schottland, hat er sich bundesweit mit seinen Reisereportagen und Bildbänden einen Namen gemacht.

DANK

Herzlichen Dank für die Unterstützung bei der Realisierung dieses Buches an Juliane Frank (Visit Scotland), Wilfried Klöpping (Der SchottlandBerater) und die gastfreundlichen und hilfsbereiten Schotten, die stets mit Rat und Tat zur Seite standen.

Geradezu majestätisch erheben sich die gezackten Gipfel der Black Cuilins über Loch Scavaig und bilden einen starken Gegensatz zur filigranen Struktur der Tafone von Elgol.